번암집

한국고전번역원 한국문집번역총서

번암집 2

樊巖集

채제공 지음
蔡濟恭

조순희 옮김

일러두기

1. 이 책의 번역 대본은 한국고전번역원에서 간행한 한국문집총간 235~236집《번암집(樊巖集)》으로 하였다. 번역 대본의 원문 텍스트와 원문 이미지는 한국고전종합DB(http://db.itkc.or.kr)에서 확인할 수 있다.
2. 내용이 간단한 역주는 간주(間註)로, 긴 역주는 각주(脚註)로 처리하였다.
3. 한자는 필요한 경우 이해를 돕기 위하여 넣었으며, 운문(韻文)은 원문을 병기하였다.
4. 맞춤법과 띄어쓰기는 한글 맞춤법과 표준어 규정을 따랐다.
5. 이 책에서 사용한 부호는 다음과 같다.

( ) : 번역문과 음이 같은 한자를 묶는다.

〔 〕: 번역문과 뜻은 같으나 음이 다른 한자를 묶는다.

“ ” : 대화 등의 인용문을 묶는다.

‘ ’ : “ ” 안의 재인용 또는 강조 부분을 묶는다.

「 」: ‘ ’ 안의 재인용을 묶는다.

『 』: 「 」 안의 재인용을 묶는다.

《 》: 책명 및 각주의 전거(典據)를 묶는다.

〈 〉: 책의 편명 및 운문·산문의 제목을 묶는다.

차례

번암집 제3권

시 詩

단구록 상 丹丘錄上

번암집 제4권

시 詩

단구록 하 丹丘錄下

번암집 제5권

시 詩

번암집

제3권

詩 시

아버님[1]을 모시고 홍주의 시골집[2]에서 한양으로 출발했는데, 길에서 이형 상보 재망 가 작별하며 준 시에 차운하다[3]

정사년(1737, 영조13)

陪家大人 自洪州庄舍發向京城 路中次李兄尙輔 載望 贈別韻 丁巳

이때 내가 혼례를 치르려던 참이었다.[4]

들에 별빛 스러지고 새벽 기운 푸릇한데	野外殘星曉色蒼
흰 구름 뜬 남쪽 하늘[5] 저 아래가 홍주로다	白雲南望是洪陽

1 아버님 : 채응일(蔡膺一, 1686～1765)이다. 자는 경언(敬彦)이고, 부친은 채성윤(蔡成胤)이다. 1717년(숙종43) 진사시에 합격하였으며 현감을 지냈다. 《樊巖集 卷55 先考府君遺事》

2 홍주(洪州)의 시골집 : 홍주는 충청남도 홍성(洪城)의 고호(古號)이다. 번암의 조부인 채성윤과 종조부인 채명윤(蔡明胤)이 이곳에 터를 잡으면서부터 번암 집안은 줄곧 이곳에서 세거(世居)했던 것으로 보인다. 번암의 증조 채시상(蔡時祥)과 조부 채성윤의 묘소도 이곳에 있었다

3 길에서……차운하다 : 번암의 나이 18세이던 1737년(영조13)에 지은 시이다. 이재망(李載望)은 번암의 종조부인 채명윤의 외손으로, 부친은 이미년(李眉年)이다. 진사시에 합격하였으나 벼슬길에 오르지는 못한 것으로 보인다. 《樊巖集 卷40 伯從祖祖父……五視齋先生行狀》

4 이때……참이었다 : 첫 번째 부인 동복 오씨(同福吳氏)와 혼례할 때이다. 동복 오씨의 부친은 오필운(吳弼運)이다.

5 흰 구름……하늘 : 흰 구름은 고향을 의미한다. 당(唐)나라 때 적인걸(狄仁傑)이 병주(幷州)에 나가 있을 때 태항산(太行山)에 올라가 부모님이 있는 하양(河陽) 쪽을 바라보다가 흰 구름을 가리키며 옆에 있던 사람들에게 "우리 부모님이 저 아래에 계신다."라고 하고 한참 동안 슬프게 바라보았다는 유명한 고사가 있다. 《新唐書 卷115 狄仁傑列傳》

나라 안에 친한 이가 몇 명이나 있을거나　情親海內何人在
이별 앞둔 시름으로 긴긴 밤을 지새웠지　愁思燈前昨夜長
먼지바람 자욱하게 부는 길을 말이 가도　莽莽風埃征馬路
아득히 꿈속 혼은 백구의 장에 있네[6]　迢迢魂夢白駒場
가을 오면 청산에서 시사(詩社)를 다시 갖고　秋來更結青山社
비바람 치는 밤에 정담을 나누리라　雨葉風篁共對牀

공경히 아버님의 시를 첨부하다 敬附家大人韻

하늘 한쪽 노을빛이 바다에 닿았는데　一面雲霞際海蒼
하루 종일 날씨는 흐렸다 갰다 하네　天容半日幾陰陽
들판은 가물어서 땅이 모두 메말랐고　田逢渴雨通滋短
백로는 저물녘에 긴 그림자 드리웠네　鷺占斜暉送影長
길가에서 밥 먹었던 곳엔 주점 들어섰고　風飯經過新酒店
멀리 등불 깜빡이는 산은 내가 시 짓던 곳　山燈遼闊舊詞場
아득한 내와 들을 분주히 말이 가니　浮驂去去川原杳
어디에서 나그네의 잠자리를 빌릴쏜가　欲向何邊借旅牀

6 백구(白駒)의 장(場)에 있네 : 《시경(詩經)》 〈백구(白駒)〉에 "깨끗한 저 흰 망아지가 내 채소를 뜯어 먹었다 핑계 대고, 발을 꽁꽁 묶어 잡아 두어 오늘 하루를 더 늘려서, 저 어진 이가 여기서 더 노닐게 하리라.〔皎皎白駒, 食我場苗. 縶之維之, 以永今朝. 所謂伊人, 於焉逍遙.〕"라고 하였는데, 떠나려고 하는 현자(賢者)를 더는 만류할 수 없기에, 현자의 망아지가 자기 밭의 채소를 뜯어 먹었다는 핑계로 현자를 붙잡아 좀 더 머물게 해 보겠다는 뜻을 노래한 것이다. 여기서는 이재망(李載望)과 함께 지냈던 때를 그리워한다는 뜻으로 쓰였다.

혼례 이튿날 약산 선생[7] 오공 광운 이 주신 시에 공경히 차운하여 다시 드리다

委禽翌日 敬次藥山先生 吳公光運 見贈韻 却呈

푸른 약산 천 길 위로 우뚝이 솟은 곳에	蒼蒼藥岀竦千尋
황금 버린 관씨[8]처럼 벼슬을 내던진 분	簪笏投如管氏金
오늘 처음 용문[9]에 올라서 인사하니	今日龍門修刺禮
백년손님 사위 되어 백규 외는 마음이네[10]	百年甥舘復圭心

7 약산(藥山) 선생 : 오광운(吳光運, 1689~1745)으로, 약산은 그의 호이다. 본관은 동복(同福)이고, 자는 영백(永伯)이다. 번암의 첫 번째 부인 동복 오씨(同福吳氏)의 백부이고, 장남 대관(大觀)이 번암의 숙부인 채응만(蔡膺萬)의 사위이다. 번암의 스승이기도 하다. 1719년(숙종45) 증광 문과에 급제하였고, 설서(說書)로서 연잉군(延礽君)의 서연관(書筵官)이 되었으며, 영조 초반 수찬(修撰)·교리(校理) 및 동부승지를 역임하였다. 1728년(영조4) 3월 이인좌(李麟佐)의 난이 발생한 초기에 변을 아뢰고 대비하도록 함으로써 선견(先見)을 드러내었다. 영조의 탕평정국(蕩平政局)하에서 청남(淸南) 세력의 정치적 지도자로 활약하였다. 1729년 영남 안핵 어사(嶺南按覈御史)가 되고, 대사헌, 대사간, 예조 참판 등을 거쳐 1744년 개성 유수에 이르렀다. 문장에 뛰어났으며, 저서로 《약산만고(藥山漫稿)》가 있다. 이때 오광운이 번암에게 준 시는 《약산만고》 권4에 실린 〈여름밤에 홀로 앉아 있다가 써서 채랑에게 보여 주다〔夏夜獨坐題示蔡郎〕〉인 듯하다.

8 황금 버린 관씨(管氏) : 황금 보기를 하찮은 돌멩이 보듯이 하였다는 관녕(管寧)의 고사이다. 한(漢)나라 말기에 관녕이 친구 화흠(華歆)과 함께 채전(菜田)을 일구던 중 한 조각의 황금이 나왔다. 그러자 관녕은 기와 조각이나 다름없이 여겨 호미질을 계속했고, 화흠은 일어나서 황금을 집어 멀리 던졌다고 한다. 《世說新語 德行》

9 용문(龍門) : 명망 높은 사람의 집으로, 여기서는 약산 오광운의 집을 가리킨다. 이때 번암이 오광운을 뵙고 제자로서의 예를 행하였기 때문에 한 말이다.

호서에 뜬 흰 구름 고향 산은 머나멀고	白雲湖外鄕山遠
누대 위의 등불 하나 나그네 꿈 깊어라	孤燭樓頭旅夢深
진중하게 칠언시로 재삼 뜻을 표하시니	珍重七言三致意
내가 항상 가슴 깊이 새겨 두고 읊으리라	省躬吾欲佩紳吟

10 백규(白圭) 외는 마음이네 : 백규는 본래 《시경(詩經)》 〈억(抑)〉에 "흰 옥에 난 흠집은 갈아 낼 수 있지만, 말을 잘못하면 어찌해 볼 수가 없다.〔白圭之玷, 尙可磨也; 斯言之玷, 不可爲也.〕"라고 한 데서 나온 말이다. 공자의 제자 남용(南容)이 하루에 세 번 이 구절을 외웠으므로 공자가 그를 형의 딸에게 장가들였다고 한다. 《論語 先進》 여기서는 동복 오씨(同福吳氏) 가문의 사위가 되어 언행이 조심스럽다는 뜻으로 한 말이다.

약산 선생 댁에서 국포 어른[11] 강공 박 께서 '청송 병풍'으로 제목을 정하고 운자를 부르므로 즉석에서 써 올리다

薬山宅菊圃令丈 姜公樸 以青松障命題呼韻 卽席草呈

창에 닿은 검푸른 빛 그윽한 숲 이뤘고	翠黛連窓窈作林
미풍이 비를 뿌려 온 뜨락이 흐리도다	小風吹雨一庭陰
구불구불 서리어서 앞을 막고 있지마는	縱成屈曲當前障
솟구쳐 하늘 향할 마음 잊지 않았어라	不忘升騰向上心
세속을 차단하여 연무가 자욱한데	闤闠敎遮煙色遠
나뭇가지 사이로 고운 달빛 비치누나	枝柯偸豁月光侵
새들은 병풍 속의 그림인 줄 알련마는	幽禽認是屛間畫
기이하게 때때로 고운 소리 보내오네	怪底時時送好音

11 국포(菊圃) 어른 : 강박(姜樸, 1690~1742)으로, 본관은 진주, 자는 자순(子淳)이며, 국포는 그의 호이다. 1715년(숙종41) 식년 문과에 급제하여 홍문관 정자가 되었으나, 척신(戚臣) 민진원(閔鎭遠)·어유귀(魚有龜) 등을 탄핵하다가 안주(安州)에 유배되었다. 곧 풀려나 1723년(경종3) 홍문록(弘文錄)에 들어 수찬이 되었다. 1727년(영조3) 경연(經筵)에서 윤지술(尹志述)을 탄핵하다가 파직되었고, 그해 정미환국으로 소론이 집권하자 다시 기용되었다. 문장으로 이름이 높았고, 특히 오상렴(吳尙濂)·채팽윤(蔡彭胤) 등의 시맥(詩脈)을 계승한 것으로 알려져 있다. 번암의 부친 채응일(蔡膺一), 처백부 오광운(吳光運)과 깊이 교유하였으며, 번암이 그를 스승으로 섬겼다.

백부 현암 공[12]과 아버님을 모시고 홍주의 시골집으로 돌아왔는데, 길에서 삼가 백부께서 내리신 시에 차운하다

陪伯父玄巖公家大人還洪州庄 路中敬次伯父下示韻

강 안개가 짙게 끼어 사방이 흐릿한데	江氣連空曖似曛
두어 집이 사는 마을 절집에 투숙했네	僧坊秣馬數家村
누런 먼지 행인들의 옷소매를 더럽히고	黃塵欲化行人袂
푸른 이끼 이정표의 표면을 덮었어라	蒼蘚多侵老堠顔
솔가지에 비가 내려 먼 하늘빛 자욱한데	遠色濛濛松際雨
성 밖에서 이별하며 급히 술잔 기울였지	離懷草草郭南樽
북쪽으로 곧장 가면 한양인 줄 알지만	心知直北長安是
물과 산이 아득하여 분간하지 못하겠네	水白山青渺不分

공경히 아버님의 시를 첨부하다 敬附家大人韻

무슨 일로 꾸물대며 저녁나절 또 보냈나	何事遲徊又度曛
배에 올라 성곽 남쪽 마을을 돌아보네	孤舟回首郭南村
강엔 해가 오락가락 바람에 머리 날리고	江虛雲日涼搖髮

12 현암 공(玄巖公) : 번암의 백부 채응만(蔡膺萬, 1677~1746)으로, 현암은 그의 호이다. 자는 수언(綏彦)이며, 부친은 채성윤(蔡成胤)이다. 1717년(숙종43) 식년시에 합격하였고, 1723년(경종3) 증광시 문과에 급제하였다. 지평(持平), 정언(正言), 시강원 문학 등을 역임하였다.

면 들판의 모래바람 대낮에도 사납구나　　野逈風沙晝逆顔
뜻만 높아 성시에서 물정 분간 못 했으니　　城市昻藏堪褦襶
돌아가 고향에서 한가롭게 지내리라　　海山歸去且琴樽
동산의 아이종아 늦었다고 말을 마라　　園童莫恨幽期晩
붉은 복사 아직은 만개하지 않았으니　　紅入含桃未十分

가을날 공경히 아버님의 시에 차운하여 산방에서 지내는 이형 상보의 안부를 묻다

秋日敬次家大人韻 問李兄尙輔山房興居

대숲에 집을 지어 왕골자리 맑은데　　竹裏開軒莞簟淸
작은 오동 가을 맞아 잎이 먼저 놀라누나　　小梧秋至葉先驚
이슬 내린 시든 풀엔 다급한 벌레 소리　　露涵衰草蟲聲急
비 지나간 찬 못에는 비낀 백로 그림자　　雨拭寒塘鷺影橫
꿈에 매번 산길이 어두운 걸 시름하니[13]　　夢去幾愁蘿徑暗
해진 책을 산사의 등 빌려서 읽으리라　　書殘應借佛燈明
동루의 풍경 소리 서산의 밝은 달이　　東樓踈磬西峯月
이별한 사람 마음 슬프게 하는구나　　倂入離人悵望情

공경히 아버님의 시를 첨부하다 敬附家大人韻

귀뚜라미 뜰에 울고 밤기운은 맑은데　　一院鳴蛩夜色淸
난간 위에 명성(明星)이 문득 보여 놀라누나　　華星出檻忽如驚
대자리는 선들바람 지나가듯 기운 맑고　　惺惺簟思涼飈度
쏴아 하는 바람 소리 소나기가 쏟아지듯　　颯颯山聲白雨橫
바둑판은 깨끗한 대의 기상 겸하였고　　碁局雅兼幽竹淨

13 꿈에……시름하니 : 이재망(李載望)이 그리워서 꿈에서 산사를 찾아가곤 했지만, 등라로 덮인 길이 어두워 만나지 못하는 것을 시름했다는 말이다.

길쌈 등은 환하게 핀 회화나무 곁에 있네　　績燈爭傍老槐明
시냇가의 벗이 와서 가을 물을 얘기하니　　溪朋坐說秋流長
한가롭게 날을 잡아 천렵(川獵)하고 싶어지네　　閒動佳辰漉蟹情

백부님과 아버님, 외숙 이공[14] 휘는 지억이다. 및 이웃 어른들을 모시고 삼포에서 뱃놀이하다 무오년(1738, 영조14)

陪伯父家大人內舅李公 諱之億 及諸隣丈泛舟三浦 戊午

증강에 아름다운 경치가 있어	曾江有佳色
날이 개자 갈매기와 백로가 나네	鷗鷺颺新晴
저녁 무렵 외로운 노을 지는데	孤霞起將暮
굽이진 물가에서 배를 젓도다	搖曳在回汀
맑은 강에 명성이 어리비치어	澂流被華星
반짝반짝 맑게도 빛나는구나	徹底燦燦明
모래밭이 어둑하니 말소리 잦아들고	沙冥語彌靜
경치가 달라지자 마음 더욱 맑아지네	境換心轉淸
뱃사공이 밤에도 쉬지 못하고	篙工夜未休
어디로 가려냐고 나에게 묻네	問我欲何行
나는 실로 어디도 매인 데 없어	我行亮無羈
물길이 멀건 말건 따지지 않네	不復計水程
반짝이는 고깃배의 불빛 아래와	熒熒漁火底
어둑한 강가 나무 옆을 지나네	翳翳汀樹側

14 외숙 이공(李公) : 이지억(李之億, 1699~1770)이다. 본관은 연안(延安), 자는 덕수(德叟)·항수(恒水), 호는 성헌(醒軒)이다. 이조 판서를 지낸 이광정(李光庭)의 후손이며, 생부는 이만선(李萬善)인데 백부 이만성(李萬成)에게 입양되었다. 1751년(영조27) 별시 문과에 급제하고, 벼슬이 판서에까지 이르렀다.

그러다가 멈추려고 뱃줄을 매니	欲止便繫纜
어디선들 하룻밤을 자지 못하랴	何處不堪宿

처음에는 소악양루[15]에서 자려고 했으나 농암[16]을 지날 무렵 이미 날이 어둑어둑해졌다. 누각의 소재를 알지 못해서 멀리 지나가는 배를 향해 길을 물었다

初欲投小岳陽而宿 過籠巖 蒼然已暝色矣 不知樓所在 問道遙船

안개가 물 삼켰다 토해 내는데 煙水互呑吐
해는 지고 강물 위의 길은 멀어라 日落江路長
건너편 고깃배의 불빛을 보고 隔火望漁艇
멀리서 악양루를 물어보누나 遙遙問岳陽

15 소악양루(小岳陽樓) : 동복 현감(同福縣監)을 지낸 이유(李渘, 1675~1753)가 1737년(영조13) 지금의 강서구 가양동에 지은 누각이라고 한다. 1994년 강서구 가양동에 복원되었다.

16 농암(籠巖) : 서강(西江)의 밤섬 근처에 있던 바위이다.

모래언덕에 배를 정박하다

宿帆沙岸

자는 백로 서로 몸을 부딪치는데 宿鷺暗相觸
저쪽 물가 나루에 배를 매노라 繫舟于彼津
강물 위엔 은하수가 길게 떠 있고 星河長在水
바람 이슬 두건에 가득하구나 風露浩盈巾
사방에 마을 하나 보이지 않아 四渚無村火
물가에서 뱃사공과 밤을 보내네 中洲親榜人
서늘한 봉창에서 바라보자니 淸泠篷底望
천지의 기운 온통 신비하여라 天地氣全神

배에서 새벽에 일어나다

舟中曉起

새벽녘 잠자리에 이슬 기운 느껴질 때	殘夜衣衾欲露痕
한기 도는 강물 위의 배에서 깨 얘기하네	孤舟人語水生寒
산 쪽에서 새벽닭 우는 소리 들리지만	鷄聲但向青山聽
먼 포구에 연무 짙어 마을은 볼 수 없네	極浦雲煙不見村

아침에 소악루에 올랐는데 주인이 비첩에게 거문고를 타고 노래를 부르게 하였다. 잠시 뒤에 행주로 출발한 뒤 회를 떠서 상을 차렸다

朝登小岳樓 主人命婢作琴歌 少頃發向幸州 斫鱠設飯

강 마을에 닭이 울고 북두성이 빛나는데	水國鷄鳴星斗搖
행주산성 아래에는 아침 물결 출렁이네	幸州城下生早潮
맑은 날 소악루에 술자리를 마련하니	杯酒天晴小岳樓
동교요[17]가 거문고를 타며 노래 부르도다	琴歌喚罷董嬌嬈
뱃사공이 질주하는 말과 같이 내달리자	長年發船如馬疾
공암과 양화나루 순식간에 스쳐 가네	孔巖楊花倏欲失
삐곡한 바위 휙휙 지나서 닿은 바다	飛度叢巖海門豁
붉은 해가 찬란하게 돛대 위로 떠오르네	赤旭照耀檣頭出
낚시꾼이 아침부터 농어 낚시 하느라고	海客鱸魚墜曉釣
퍼덕대는 고기 물린 낚싯대를 당기네	側掛船傍頗潑潑
값이야 얼마거나 사 오도록 재촉하니	促令買來不論價
지척에서 이무기가 채어 갈까 두렵구나	咫尺貪恐蛟龍奪
노여움이 아직 남아 배 위에서 펄떡이며	銜舷騰躍有餘怒
지느러미 쫙 펼치고 달아나려 기를 쓰네	鬐鬣開張如欲逸
요리하는 사람이 솜씨 좋게 배 가르고	饔人妙法得支離

17 동교요(董嬌嬈) : 미인의 이름이다. 여기서는 거문고 타며 노래한 비첩을 두고 한 말이다.

갑판에서 칼을 갈아 가늘게 채를 쳐서	篷底磨刀藿葉割
도마 위에 층층이 비단처럼 펼쳤다가	列碪層層散綺縠
쟁반에다 가지런히 하얀 회를 담는구나	排盤歷歷鋪霜雪
웅어는 자잘해서 횟감으로 맞지 않아	葦魚瑣小不足膾
간장으로 양념하여 화롯불에 올려놓고	調以膏醬爐火撥
뒤집어서 맛을 보니 녹는 듯이 부드러워	騰箸一嚼軟欲解
둘러앉아 먹노라니 목구멍이 향긋하네	四座叫美喉香發
흥겨운 이 유람을 하늘에서 도와주어	玆遊跌宕天所酬
좋은 안주 맑은 술에 날씨 또한 화창하네	淸觴異味日又吉
물가에 닻 내리고 느긋하게 머무르니	沙邊繫纜莫遽解
강해의 즐거움이 세상에서 으뜸이네	江海淸歡此第一
그대 보지 못했는가	君不見
공경대부 부엌에는 맛있는 음식 많아	公卿五鼎多雋味
날마다 방울 달린 칼로 곱게 썰지마는	鸞刀縷切日復日
묻노니 아름다운 산수 앞에 있었던가	借問得有眼前江山與雲月

얼마 뒤에 조수가 불어나고 바람이 순조로워 배를 돌려서 날듯이 돌아왔는데, 행주성 쪽을 바라보니 석양은 붉게 물들고 하늘과 바다는 가없이 펼쳐져 장관을 이루고 있었다
已而潮闊風順 船返如飛 旋視幸州 卽夕陽成纈 天海無礙 一快觀也

작은 배가 아득히 연무 속에 들어가니 帆勢迢迢入遠煙
붉은 노을 푸른 바다 석양빛에 가없어라 夕陽金碧遂無邊
행주 나루 어귀에는 푸른 산이 끊어져 幸州渡口青山斷
층층 물결 먼 하늘이 눈에 모두 들어오네 平視層溟萬里天

공경히 아버님의 시를 첨부하다 敬附家大人作

배 위에서 한가롭게 초삽을 오가고파[18] 苕霅閒情一柁樓
나귀 타고 저녁 무렵 모래밭에 닿았어라 騎驢晩飯到沙頭
백구 옆에 술통 들고 가는 사람 여럿인데 鷗邊小榼非孤往
버들 밖엔 흐를 듯한 기와지붕 이어졌네 柳外連甍盡欲流
도성의 산봉우리 우리 뒤를 따라오고 城送峯巒隨我輩

18 초삽(苕霅)을 오가고파 : 초삽은 중국 절강성(浙江省) 호주시(湖州市) 경내에 있는 초수(苕水)와 삽수(霅水)로, 당나라의 장지화(張志和)가 은거했던 곳이다. 안진경(顔眞卿)이 호주 자사(湖州刺史)가 되었을 때 장지화의 배가 낡은 것을 보고 새것으로 바꿔 주겠다고 하자, 장지화가 "나는 이 배를 물 위에 뜬 집으로 삼아 초수와 삽수 사이를 오가며 지내기를 바랄 뿐입니다."라며 사양하였다 한다. 《新唐書 卷196 隱逸列傳 張志和》 여기서는 작자 자신의 뱃놀이를 빗대어 표현한 말이다.

강에는 연무 없어 한양성이 비치도다　江無煙靄照王州
금릉에서 고기가 익었다고 알려 오니[19]　金陵正報銀鱗熟
청동전을 가진 듯이 시름하는 기색 없네[20]　恰有青銅不色愁

19 금릉(金陵)에서……오니 : 금릉은 김포(金浦)의 별칭이다. 《번암집》 권3에 실린 〈금릉 고모 댁에서 읊다[金陵姑母宅有吟]〉라는 시를 보면 번암의 고모 중 한 명이 김포에 살고 있었음을 알 수 있다. 따라서 이 구는 금릉에 있는 채응일의 누이 집에서 이들을 초대한 것을 두고 한 말로 추측된다.

20 청동전(青銅錢)을……없네 : 술 살 돈이 없는 것을 걱정하지 않는다는 말이다. 두보(杜甫)의 시 〈픱측행(偪側行)〉에 "빨리 만나 한 말 술을 마셔야 할 터인데, 삼백 냥의 청동전을 갖고 있는 듯하도다.[速宜相就飮一斗, 恰有三百青銅錢.]"라고 하였다.

해양[21]으로 가는 당형[22] 휘는 치공이다. 을 받들어 전송하다
奉送堂兄 諱致恭 海陽之行

지난해에 당형이 우리 백모를 모시고 한양의 셋집으로 돌아왔으니, 이는 누이 하나가 미망인이 된 이후로 병이 깊어져 가까이에서 돌보아 주려 한 것이었다. 마침 내가 한양에 머무르고 있어 나도 형에게 의지할 수 있었다. 그러다가 얼마 안 되어 누이가 끝내 세상을 뜨자 노친이 날마다 자리에서 눈물 바람을 하였고, 세 들었던 집도 남의 손에 넘어가 더욱 의탁할 곳이 없게 되었다. 이에 당형이 10월 그믐에 예조(禮曹)의 복시(覆試)를 치르고, 그 이튿날 새벽 백모를 모시고 고향으로 돌아가기 위해 길을 나섰다. 이제 내가 외로이 홀로 한양에 남게 되었으니 어찌 마음이 좋을 수가 있겠는가. 또 생각해 보면 인사(人事)의 변천이란 것이 무상하기만 하다. 형이 한양으로 온 때로부터 지금까지 세월이 얼마 되지도 않았건만 그동안에 슬픔과 기쁨, 죽음과 삶이 엇갈린 것이 말로 다 하기 어려울 정도이니, 내가 슬퍼하는 것은 이별의 회포 때문만은 아니다. 거친 말로 이별을 고하는 바이니, 정회를 담은 것일 뿐이지 시(詩)라고 할 게 못 된다.

21 해양(海陽) : 번암 일가의 근거지가 있던 충청도 홍성 근처의 지명으로, 청양현(靑陽縣) 경계의 구봉산(九峰山) 부근으로 짐작되지만, 정확히 어디인지는 분명하지 않다. 채팽윤(蔡彭胤)의 《희암집(希菴集)》에 '호서지해양(湖西之海陽)' 등의 구절이 여러 차례 보인다.

22 당형(堂兄) : 채치공(蔡致恭, 1700～1757)이다. 번암의 백부 채응만(蔡膺萬)의 아들로, 자는 백존(伯存)이며 품계는 통덕랑(通德郎)이다.

맹동에 긴긴 밤을 괴로워하며　孟冬苦夜長
시름겹게 이별을 생각했노라　愁人念別離
동트도록 잠 못 들고 뒤척이다가　明發不能寐
따라 나와 갈림길에 이르렀어라　眷言起遵歧
뜬구름은 본래부터 매인 데 없고　浮雲本無蔕
밤낮으로 바람은 불어 대누나　日夕風吹之
골육이 항상 서로 의지했는데　骨肉常相依
말을 몰아 이제는 떠나가도다　驅車從此辭
기러기처럼 나도 훨훨 날아서　願爲鴻鴈飛
해양으로 형님 따라 가고만 싶네　海陽去相隨

두 번째 其二

아침에 남한산성 모퉁이에서　朝登南城曲
서성이며 도성을 바라보노라　消搖類京洛
빽빽한 지붕들이 대로(大路)를 덮고　重屋被脩衢
귀한 사람 천한 사람 섞여 있도다　綺疏紛以錯
거센 바람 격자창에 불어오지만　流飆泛櫺軒
원추리가 상체 꽃을 비추고 있네[23]　萱英照棣蕚

23 거센……있네 : 원추리는 어머니를, 상체(常棣)는 형제를 상징한다. 《시경(詩經)》 〈백혜(伯兮)〉에 "어찌 하면 원추리를 얻어서, 북당에 심을 수 있을까.〔焉得諼草, 言樹之背?〕"라고 하였고, 《시경》 〈상체(常棣)〉에 "척령이 언덕에 있으니, 형제가 어려울 때 도와주도다.〔脊令在原, 兄弟急難.〕"라고 하였다. 여기서는 채치공(蔡致恭)의 집안에 슬픈 일이 있었지만 그 어머니와 다른 형제들이 생존해 있다는 뜻으로 한 말인 듯하다.

형님께서 그래도 무고하시니	主人且無故
시름 말고 즐거운 마음 갖기를	聊樂未云愁
긴 칼 차고 집안을 건사 못 하여[24]	長鋏無以家
운명이 기구함을 탄식하노라	歎息命不猶

세 번째 其三

강물은 동쪽으로 흘러가는데	逝水東流去
이별하는 한을 말로 다 할 수 없네	離人恨未已
전별연에 어찌 다른 사람 있으랴	飮餞豈異人
부자와 형제들이 참석하였네	兄弟與父子
한 사람이 빠진 듯한 생각이 들어	怳然少一席
놀라서 돌아보다 눈 마주치네	驚惕顧相視
기뻐하며 맞았던 게 어제 같건만	歡迎如昨日
만사가 한순간에 물거품 됐네	萬事俄泡漚
서릿바람 들판에 몰아치는데	霜飆厲中野
쉬지 않고 날아가는 슬픈 기러기	哀鴻去不休

24 긴 칼……하여 : 전국 시대 제(齊)나라 맹상군(孟嘗君)의 식객 중에 풍훤(馮諼)이라는 자가 있었는데, 그는 본래 별다른 존재감을 보이지 못했기 때문에 맹상군의 부하들이 그를 천대하였다. 그러자 풍훤이 기둥에 기대어 장검(長劍)을 두드리며 자신의 불우한 처지를 토로했는데, 이때 부른 노래를 장협가(長鋏歌)라고 한다. 《戰國策 齊策4》

네 번째 其四

못에는 향기로운 연이 자라고	維澤有芳蓮
향기로운 연은 예쁜 꽃을 피우니	芳蓮發華滋
서리와 이슬 내려 해가 다해도	霜露歲云莫
꽃과 잎이 끝끝내 시들지 않네	花葉終不衰
군자의 담담하고 차분한 성품	君子澹容與
어찌 이를 사랑하지 않고 견디랴	那能不愛斯
아침 해가 뜨기 전에 강을 건너가	終朝涉江去
연을 따다 그대에게 주고자 하네	采采欲相貽
소매 속에 그윽한 향기 넘치니	馨香藹盈袖
서둘러서 출발하지 말길 바라네	毋疾其前綏

배를 띄워 섬강[25]으로 내려가다. 이때 강물이 크게 불어나 있었다

放船下蟾江 時江流大漲

섬대의 버드나무 저녁 연무 짙어질 때	蟾臺煙柳晚含情
젓대 하나 소매에 넣고 멀리 떠가도다	歸袂迢迢一笛橫
노를 저어 물 가르니 산은 휙휙 스쳐 가고	飛棹劈波叢嶂閃
석양 무렵 비 지나가 큰 강이 밝아지네	斜陽掃雨大江明
만 리에 뻗은 물길 하늘 끝은 어디인가	魚龍萬里天何極
외로운 마을에는 나무들이 평평하네	鷄犬孤村樹欲平
신륵사와 청심루에 이슬 흠뻑 내렸는데	神勒淸心俱沆瀣
웃으면서 백로에게 먼 노정을 물어보네	笑憑沙鷺問遙程

25 섬강(蟾江) : 강원도 횡성(橫城) 덕고산(德高山)에서 발원한 물로, 횡성현을 거쳐 원주(原州)의 흥원창(興原倉)에 이르러 섬강이 되고, 여주(驪州)에 이르러서 여강(驪江)으로 들어간다.《世宗實錄 地理志 江原道》여기서는 여주 근처 남한강을 가리키는 듯하다.

저물녘에 신륵사 동대에 이르러 감회를 읊다
暮抵神勒東臺 感懷有吟

경쾌하게 읊조리며 바위 동편 서성이니	泠然長嘯逗巖東
조각달이 비친 강에 물빛은 텅 비었어라	微月沈江楚色空
저문 절엔 노송나무 곁에 등불 밝혀지고	暝寺燈生孤檜際
배를 타고 나무꾼은 연무 속에 돌아오네	風舟樵返遠煙中
짙은 숲의 두견이는 울다가 지쳐 가고	林巒冪䍥鵑聲老
파란 하늘 푸른 물은 구름에 덮였어라	天水青蒼雨氣籠
우리 숙부 이미 죽고 권자도 떠났으니[26]	吾叔已亡權子去
쓸쓸하게 한 병 술을 누구와 함께 할까	一樽蕭瑟更誰同

26 우리……떠났으니 : 우리 숙부와 권자(權子)는 누구를 가리키는지 알 수 없다.

물 위에서 자다
水宿

강어귀의 마을은 어디에 있나	岸口村何在
멀리서 들려오는 개 짖는 소리	深狵時一鳴
조각배에 산 빛은 저물어 가고	扁舟暮山色
나그네는 새벽 여울 소리를 듣네	孤客曉灘聲
떠가다가 갈대숲 옆에서 자고	行傍蒹葭宿
은하수가 기우는 걸 누워서 보네	臥看星漢傾
우리 양친 오늘 밤 꿈결에라도	吾親今夜夢
응당 다시 파사성[27]을 찾으시리라	應復際婆城

27 파사성(婆娑城) : 경기도 여주(驪州)에 있는 산성이다.

파곡[28] 팔경
坡谷八景

도성의 남쪽 들에 농부의 집 있는데　禁城南畔野人家
닭 횃대와 돼지우리 옆에는 벼가 팼네　豚柵鷄塒傍稻花
가을에 일꾼들이 별빛 아래 밥 먹으니　秋至命徒星照飯
번화가와 먼 이곳에 도리어 일이 많네　市朝聲外事還多

석우촌(石隅村)[29]의 가을 농사

붉은 기운 뿌연 연무 만 버들을 재촉하고　紫氣朧煙萬柳催
흐드러진 살구꽃이 발에 가득 비치도다　杏花相暎滿簾來
말안장이 황금 실을 스쳐서 흩뜨리니　銀鞍觸散黃金縷
백마가 장대 향해 돌아갈까 두렵구나[30]　生怕章臺白馬廻

주교(舟橋)의 봄버들

28 파곡(坡谷) : 지금의 용산구 청파동(靑坡洞) 일대를 말한다. 번암이 정확히 언제부터 청파동에서 살았는지는 알 수 없지만, 동복 오씨(同福吳氏)와 결혼한 뒤 얼마 동안 청파동에서 살다가 숭례문 밖 도저동(桃渚洞)으로 이사한 것으로 보인다. 《樊巖集 卷33 女四書序》

29 석우촌(石隅村) : 숭례문 밖 3리 지점에 있던 마을이다. 《茶山詩文集 卷4 石隅別》

30 말안장이……두렵구나 : '황금 실'은 버들가지로, 기원(妓院)인 유항(柳巷)을 상징하는 말이다. 장대(章臺)는 중국 장안(長安)의 도로 이름으로, 이곳에 술집들이 모여 있었다. 당(唐)나라 최국보(崔國輔)의 〈장안소년행(長安少年行)〉에 "산호로 만든 채찍 잃어버리니, 백마가 교만하여 가지를 않네. 장대에서 버들가지 꺾어서 주니, 봄날에 길가의 정 애틋하여라.〔遺却珊瑚鞭, 白馬驕不行. 章臺折楊柳, 春日路傍情.〕"라고 하였다. 여기서는 주교(舟橋)를 지나다가 자신도 모르게 발걸음이 근처의 술집으로 향하게 될까 두렵다는 뜻으로 쓴 말로 보인다.

맑은 냇물 사립문 옆에 졸졸 흐르는데　　清谿恣意到窓扉
처마에는 낙조 들고 비가 살짝 내리도다　　返照生簷雨點稀
아름다운 단청이 나무 끝을 물들인 뒤　　分外丹青高樹杪
남은 노을 사라지고 봄 가랑비 그치누나　　殘霞零落斂春霏

청계(淸谿)의 낙조

산허리엔 점점이 가옥들이 붙어 있고　　半腹人家點點縈
엉킨 솔의 푸른빛이 긴 들판에 가득하네　　亂松流翠滿脩坰
맑게 갠 밤하늘에 초승달이 떠오르면　　每廻身著虛明裏
작은 집의 격자창이 성근 달빛 받곤 하네　　小屋疎疎受月欞

임당(林堂)의 초승달

풍경 소리 은은하고 은하수는 기우는데　　清磬縈颸白漢傾
임금님이 한밤중에 정성 다해 재계하네　　君王精意起嚴更
향로 연기 피어나는 재단은 고요하고　　香煙一縷齋壇靜
밤사이 달빛 받아 채색 깃발 촉촉하네　　帶宿金波浥彩旌

교단(郊壇)의 친사(親祀)

거위 황새 나는 소리 군진이 펼쳐지니[31]　　鵝鸛飛聲陣色橫
노량의 아침 해에 깃발 색이 선명하네　　鷺梁朝日萬旗明
나에게도 손무와 오기의 전[32] 있으니　　書生亦有孫吳傳

31 거위……펼쳐지니 : 여기서의 거위와 황새는 실제 새가 아니라 진형(陣形)의 하나인 아진(鵝陣)과 관진(鸛陳)이다. 즉 군사 훈련에서 군사들이 진형을 펼쳤다는 말이다.

비 오는 밤 등불 아래 읽는다고 웃지 말라 莫笑虛窓夜雨檠

노량진(鷺梁津)의 사조(私操)[33]

주렴에는 서리 흔적 달은 솔에 가렸는데 簾著霜痕月隱松
운종가(雲從街)의 종소리는 명성을 재촉하네 明星催上九街鐘
누런 먼지 덮어쓰며 벼슬할 뜻 없으니 風衫不起金門念
꿈에 보는 요천은 몇 겹이나 되려는지[34] 夢裏瑤天第幾重

금성(禁城)의 종소리

동해 물결 고요하고 햇빛이 찬란하니[35] 東溟波靜日華森
허공에서 신마 우나 찾아볼 수는 없네[36] 神馬嘶空不可尋

32 손무(孫武)와 오기(吳起)의 전(傳) : 손무가 지은 《손자병법(孫子兵法)》과 오기가 지은 《오자(吳子)》를 가리킨다.

33 사조(私操) : 군사훈련 중의 하나이다. 조선 시대 군영(軍營)에서는 한 달에 세 차례 조련을 행하였는데, 군영의 대장(大將)이나 병사(兵使) 등이 직접 참여하는 조련을 정조(正操)라고 하고, 대장이 참여하지 않고 중군(中軍)이나 영장(營將) 등이 대행하는 조련을 사조라고 하였다. 대체로 군병을 소집한 이튿날 사조를 행하고, 3일째 되는 날에 정조를 행하도록 되어 있었다. 《肅宗實錄 45年 8月 13日》《正祖實錄 3年 8月 3日》

34 꿈에……되려는지 : 요천(瑤天)은 천상(天上)의 선경(仙境)이다. 세상에 나가지 않고 신선처럼 자유롭게 살아가고자 하는 마음을 표현한 말이다.

35 동해……찬란하니 : 우리나라의 관왕묘(關王廟)는 관우(關羽)를 숭배하는 명나라 장수들의 요청에 의해서 임진왜란 때 건립되었다. 여기서는 이런 맥락에서, 당시에는 외세의 침략이 사라지고 왕화(王化)가 펼쳐지고 있다는 뜻으로 한 말인 듯하다.

36 허공에서……없네 : 신마(神馬)는 옛날에 관우가 적토마(赤兎馬)를 타고 전장에서 신출귀몰하였던 것과 연관된 말로, 여기서는 관우의 혼령을 상징한다. 이제는 나라가 평안하기 때문에 관우가 모습을 드러내지 않는다는 말이다.

사당에서 단지 지금 꽃 피고 달 뜬 밤에　　廟裏秖今花月夜
채색 피리 한가롭게 제사 음악 연습하네　　彩簫閒捻太平音

관왕묘(關王廟)의 습악(習樂)[37]

37 관왕묘(關王廟)의 습악(習樂) : 관왕묘에 제향(祭享)할 때 연주할 음악을 미리 연습하는 것이다. 관왕묘의 제향 음악은《증보문헌비고(增補文獻備考)》권105〈악고(樂考)〉에 보인다. 여기서 거론한 관왕묘는 숭례문 밖에 있던 남관왕묘이다.

임술년(1742, 영조18) 7월 16일 마포에 배를 띄우다[38]

壬戌七月旣望 泛舟麻浦

적벽이 천하에서 으뜸도 아니거니	赤壁未必天下奇
세상에 가을 달빛 어찌 한량 있겠는가	世間何限秋月色
그런데도 임술이라 칠월이 유명한 건	壬戌七月最藉甚
소선[39]이 적벽에서 노닐었기 때문일 터	以有蘇仙遊赤壁
육백 년이 지난 지금 바다 건너 조선에서	六百年後東海外
오늘 밤을 만난 것을 모두 기뻐하는데	擠也踴躍逢今夕
마포의 작은 배가 내 손에 떨어져서	麻浦輕舟落吾手
고니보다 신속하게 달려가서 취하였네	策馬一取迅於鵠
깊고 넓은 강 위에서 한바탕 웃고 나니	一笑窈窕冲瀜間
은하수가 물에 비쳐 앉았어도 잡힐 듯	河漢倒來坐可接
먼 어촌엔 점점이 찬 등불이 반짝이고	漁村點點涼燈迥
모래밭엔 차츰차츰 밤안개가 모여드네	沙渚稍稍暝煙集
동쪽으론 강과 하늘 맑기가 술 같은데	東邊水天澄似酒
서쪽을 바라보니 운해가 아득하네	西望淼淼雲海匝
달빛은 넘실대며 하늘에서 쏘아 대고	月華搖蕩百丈射

38 임술년……띄우다 : 임술년(1082) 7월 16일은 송나라 소식(蘇軾)이 적벽강(赤壁江)에서 뱃놀이하고 〈적벽부(赤壁賦)〉를 지은 날이다. 660년 뒤에 임술년을 맞아 뱃놀이를 하고 지은 시이기 때문에 소식의 적벽 고사를 언급한 것이다.

39 소선(蘇仙) : 〈적벽부〉를 지은 소식을 두고 한 말이다.

물 밑에는 우뚝 솟은 황금 탑이 어른어른	水底影矗黃金塔
가물대는 작은 별과 드문드문 큰 별들이	小星韜芒大星稀
흰 달무리 옆에서 겹쳐 있듯 반짝이네	素暈焱發却如積
소금 시장 옆에 있는 유항에서 술 마시고	柳港叫酒鹺市傍
모래언덕 곁에 있는 율도에서 외를 산 뒤	栗島買瓜沙岸側
술에 취해 큰 소리로 〈적벽부〉를 노래하니	酒酣高歌赤壁賦
우글대는 용과 악어 놀라 뛰고 자빠지네	龍起鼉擲滿江國
이슬이 옷 적셔도 추위 따윈 겁 안 나니	白露入衣不怕寒
읍청각[40]에 올라가서 술 한잔은 해야 하리	一樽何孤挹淸閣
부서져 밀려오는 물결 마치 말 떼 같아	崩潮初回萬白馬
배가 물을 거슬러서 올라가지 못하는데	移舟逆上上不得
뱃사공이 귀신같이 노련하게 노를 저어	篙師持檝如有神
절벽을 끼고 돌아 누대 아래 닿았어라	抱過廻巖樓影直
한밤중에 나는 듯이 열두 층계 올라가니	夜半飛上十二梯
누대 앞에 강 달빛이 하얗게 부서지네	瀾漫樓前江月白
이때에 밤하늘을 거만하게 쳐다본 뒤[41]	此時白眼氣橫霄
소선에게 술을 부어 올리고서 탄식하네	擧觴酹蘇三歎息
공이 세상 버리시고 세상도 공을 버려[42]	公昔棄世世亦棄

40 읍청각(挹淸閣) : 정조(正祖) 때 건축한 용산(龍山)의 읍청루(挹淸樓)로, 훈련도감 별영창(別營倉) 구내에 있었다. 한강 일대의 전망이 한눈에 들어와 풍광이 무척 아름다웠다고 한다.

41 이때에……뒤 : 술에 취해 거침없는 기상으로 하늘을 흘겨본다는 말이다. 두보(杜甫)의 시 〈음중팔선가(飮中八仙歌)〉에 "최종지는 깨끗한 아름다운 소년이라, 술잔 들고 거만하게 푸른 하늘 흘겨보네.〔宗之蕭灑美少年, 擧觴白眼望靑天.〕"라고 하였다.

말세에 가을바람 처량하게 불었는데	季葉秋風搃蕭索
가을 강에 한 번 노니 상황이 좋지 않아[43]	秋江一遊頗濩落
만 리에 피리 부는 객만 함께하였지요[44]	萬里獨伴吹簫客
이 몸은 어찌하여 공과 같은 세상 살며	我生何不竝公世
밝은 달과 맑은 바람 함께하지 못했는지[45]	明月淸風與共適
공의 말이 호방하면 내가 응당 수답하고	公辭奮逸我當酬
내가 진탕 취하거든 공이 다시 권했을 터	我醉淋漓公更酌
좌중에 읍취헌이 없어서는 안 되기에[46]	座中挹翠不可無

42 공이……버려 : 소식이 〈적벽부〉를 지은 당시를 두고 한 말로, 이때 소식은 신법(新法)을 풍자하는 시를 지었다가 황주(黃州)에 안치(安置)되어 있었다.

43 가을……않아 : 소식이 안치되어 있는 죄인의 신분으로 뱃놀이를 한 것을 두고 한 말이다.

44 만 리에……함께하였지요 : 소식의 〈적벽부〉에 "객 중에 퉁소를 부는 사람이 있어 노래에 맞추어 불었는데, 그 소리가 오열하는 듯하여 마치 원망하는 듯, 사모하는 듯, 우는 듯, 하소연하는 듯하였다.〔客有吹洞簫者, 倚歌而和之, 其聲嗚嗚然, 如怨如慕, 如泣如訴.〕"라고 하였다.

45 밝은……못했는지 : 소식의 〈적벽부〉에 "천지 사이의 만물은 각각 주인이 있으니, 나의 소유가 아니라면 터럭 하나라도 취해서는 안 된다. 그러나 오직 강 위의 맑은 바람과 산에 뜬 밝은 달은 귀로 들으면 소리가 되고 눈을 붙이면 경색을 이루어, 취하여도 금하는 이가 없고 써도 다함이 없다. 이것은 조물주의 무궁무진한 보고(寶庫)로서 그대와 내가 함께 즐겨야 할 바이다."라고 하였다.

46 좌중(座中)에……되기에 : 이 뱃놀이를 기록한 뛰어난 시가 없어서는 안 된다는 말이다. 읍취헌(挹翠軒)은 시로 명성이 있던 박은(朴誾, 1479~1504)이다. 임술년인 1502년(연산군8) 이행(李荇)이 남곤(南袞), 박은과 함께 서호(西湖)의 잠두봉(蠶頭峰) 아래에서 뱃놀이하고 〈잠두록(蠶頭錄)〉을 지었는데, 이때 박은이 〈제잠두록후(題蠶頭錄後)〉라는 유명한 시를 남겼기 때문에 한 말로 생각된다. 《容齋集 卷4》《挹翠軒遺稿 卷2》

불러다가 그더러 시를 짓게 하려 해도 呼取令渠有述作
오호라, 이는 실로 불가능한 일이므로[47] 嗚呼此事誠已矣
술을 한껏 들이켜고 영곡[48]을 노래하네 且盡金樽歌郢曲

47 오호라……일이므로 : 읍취헌 박은(朴誾)은 오래전에 세상을 떠났고, 지금은 그처럼 뛰어난 사람이 없어 이때의 뱃놀이를 기록할 수가 없다는 말이다.

48 영곡(郢曲) : 전국 시대 초(楚)나라 서울 언영(鄢郢)에서 어떤 사람이 불렀다는 〈양춘백설곡(陽春白雪曲)〉으로, 수준이 매우 높아서 그 노래에 화답한 자가 얼마 되지 않았다 한다. 《新序 卷1 雜事》 여기서는 자신의 이 시를 두고 한 말이다.

단구록[49] 상 丹丘錄上

계해년(1743, 영조19) 10월에 내가 운 좋게 정시(庭試)에서 병과(丙科)로 합격하였는데, 이때 아버님께서 단성 현감(丹城縣監)에 새로 제수되어 3일 동안 유가(遊街)하기를 기다렸다가 즉시 하직 인사를 올리고 고향으로 향하였다. 내가 과거 급제자로서 양친을 모시고 고향으로 돌아가게 되었으니 그 은혜와 영광을 알 수 있을 것이다. 홍주(洪州)에 도착하여 선영(先塋)에 소분(掃墳)한 뒤 동짓달 17일에 단성 관아에 당도하였는데, 성은을 생각하고 영광을 감격스러워하는 중에도 사람을 그리워하고 고향 쪽을 바라보는 마음이 없지 않아 더러 시로 읊곤 하였다. 분량이 어느 정도 되기에 이를 엮어 〈단구록(丹丘錄)〉이라고 이름하였다.

49 단구록(丹丘錄) : 1743년(영조19) 번암이 대과에 급제한 뒤 단성 현감(丹城縣監)으로 부임하는 부친을 따라 내려간 때부터 1747년 8월 익릉 별검(翼陵別檢)으로 제수되기 전까지 지은 시들을 모은 것이다. 이 기간 동안 번암은 가끔씩 한양을 오갔지만 대부분의 시간을 단성에서 보냈고, 1746년에는 한양에서 주로 생활하다가 9월 무렵 일기청 낭청으로 차출되어 대궐에 입직하였다. 원래 단구(丹丘)는 신선이 산다는 전설 속의 지명으로, 번암은 단성(丹城)의 '단' 자가 단구의 '단' 자와 같은 것에 착안하여 단성을 단구라고 불렀다.

노량을 지나면서
鷺梁道中

단성 현감 부임 행차 한양을 출발하니	丹丘五馬出長安
검은 수레[50] 덮개 위로 달그림자 둥글도다	皁蓋前頭桂影團
배 밑에는 젓대 소리 듣고 놀란 물고기들	船底魚龍風笛動
성곽 남쪽 마을에선 새벽닭이 가끔 우네	郭南林巷曉鷄殘
어주(御酒)를 하사받아 눈도 찬 걸 못 깨닫고	身霑御醞全欺雪
햇빛이 언 강 비춰 추운 줄을 모르겠네	日射氷江不作寒
호서의 고향 마을 격이 달라졌으리니[51]	湖外桑楡應改色
고향 집에 돌아가면 모든 사람 구경하리	故園歸去萬人看

50 검은 수레 : 옛날에 지방관이 타던 수레인데, 여기서는 단성 현감으로 부임하는 부친 채응일(蔡膺一)의 수레를 가리킨다.

51 호서(湖西)의……달라졌으리니 : 충청도 고향 마을에서 과거 급제자와 단성 현감이 배출되어 고을의 위상이 달라졌을 것이라는 뜻이다.

죽저점에 묵으면서 밤에 오성권[52] 경운 을 찾아갔으나 만나지 못하였기에 서운한 마음으로 읊다

宿竹底店 夜尋吳聖權 經運 不遇 悵然有吟

건너편 몇몇 집엔 관솔불이 희미하고	松火微冥隔數家
고을 어귀 동쪽으론 구름 짙게 덮였어라	里門東畔暝雲多
서재는 적적하고 개도 누워 잠자는데	書帷寂寂眠尨臥
서글프게 별들만이 나무 끝에 걸렸구나	惆悵星河樹杪斜

52 오성권(吳聖權) : 오경운(吳經運, 1723~1754)으로, 본관은 동복(同福)이다. 생부는 오상겸(吳尙謙)이며, 숙부 오상홍(吳尙弘)의 후사가 되었다. 번암의 부인 동복 오씨에게 삼종숙(三從叔)이 되는데, 연배는 번암보다 아래이다.

금정역[53]

金井驛

금정역에 들어가 밤을 보내며	夜宿金井驛
멀리서 어동의 연기 보았네	遙望漁洞煙
백부[54]께서 새벽같이 찾아오시어	伯父曉臨止
나를 불러 긴 들길로 향하시도다	唱我出脩阡
금니가 넓은 물결 건너질러서[55]	金泥軼廣濤
백부의 고질병을 낫게 했는지	使公沈痾痊
온화한 표정으로 내 손을 잡고	熙熙撫我手
기쁨을 주체하지 못하시도다	失喜便茫然
말을 타고 드디어 집에 닿으니	騎馬到門去
아침 해가 들판에 싱그러운데	朝日野中鮮
따뜻한 해와 바람 얼음을 녹여	暄飆革殘氷
금계에는 시냇물이 졸졸 흐르네	錦溪鳴涓涓
피리 소리 북소리 떠들썩한 곳	笳鼓發新響

53 금정역(金井驛) : 번암의 고향인 홍주와 인접한 청양현(靑陽縣) 남쪽에 있던 역원(譯院)이다.

54 백부(伯父) : 채응만(蔡膺萬, 1677～1746)이다. 38쪽 주12 참조.

55 금니(金泥)가……건너질러서 : 금니는 수은과 금가루를 아교에 개어 만든 일종의 풀로, 왕명(王命)을 봉인하는 데 사용한다. 여기서는 번암의 과거 급제 교서와 채응일의 제수 교서를 가리키는 듯하다. 즉 채응만이 동생 채응일과 조카 번암의 경사스러운 소식을 미리 전해 들었다는 뜻으로 생각된다.

여기가 내가 나고 자란 땅인데	宛彼桑梓田
저자에 빽빽하게 모인 사람들	虛人幾萬叢
질서 있게 양쪽으로 줄을 지었네	秩秩開兩邊
가친께서 영남 고을 수령이 되고	家親綰嶺符
계수 가지 꽂은 아들 앞에 섰으니[56]	簪桂兒在前
구경꾼은 발꿈치를 들고 보는데	觀者冒迵術
손님들은 하루 종일 잔치 즐기네	衆賓竟長筵
사당에선 슬픔과 기쁨 교차해	悲喜謁祠廟
경건하게 우리 조상 생각하누나	怵惕念吾先
조상님들 실로 인을 쌓으셨으니	吾先誠厚仁
급제한 게 어찌 나의 능력일쏜가	倖闈豈吾能
친지들이 너도나도 술을 권하고	親知皆送酌
왁자지껄 축하하는 말을 건네며	賀語紛相仍
내가 이름 떨친 것을 가상해하고	嘉我聲名大
내가 성은 입은 것을 부러워하네	豔我天恩承
성은이야 부럽지 않으랴마는	天恩豈不豔
내 마음은 진실로 다른 데 있네	我心亶在他
동쪽으로 보이는 동산 가운데	瞻彼東園裏
교목이 울창하게 뻗어 있도다	喬木鬱交柯

56 계수……섰으니 : 계수나무 가지를 꽂는다는 것은 과거에 급제했다는 말로, 진(晉)나라 극선(郤詵)이 천하제일의 대책문으로 과거에 급제한 뒤에 "계수나무 숲 속의 가지 하나요, 곤륜산의 한 조각 옥돌이다.〔桂林之一枝, 崑山之片玉.〕"라고 자칭한 고사에서 유래하였다.《晉書 卷52 郤詵列傳》 이 구절은 단성 현감으로 부임하는 아버지를 대과에 급제한 자신이 모시고 간다는 뜻이다.

경건히 가업을 잘 이어받아서	翼然好堂構
백여 년간 기틀을 다져 왔거니	鞏基餘百年
집안에 무엇이 있는가 하면	堂中何所有
천여 권에 달하는 경전이로세	聖經千百編

어촌에서 출발하여 단성(丹城)으로 향했는데, 재종 재겸 득공 씨와 인척 권사석[57]이 유점까지 따라와 작별하였다. 은산에 당도하였더니 외숙이 우리 일행을 3일이나 기다리다가 그날 아침에 편지를 남기고 떠나셨기에 서운한 마음이 들어 짓다

自漁村發向丹丘 再從再謙 得恭 氏庶戚權思碩 追別杻店 抵銀山 內舅待吾行三日 以其朝留書以去 悵然有述

새벽 구름 떠 있는데 멀리 나와 배웅하니　迢迢來別曉雲端
한 해가 다해 갈 때 남쪽으로 떠나가네　南國行裝歲欲闌
눈이 살짝 덮인 여관 뜰에서는 말이 울고　茅店馬嘶微雪在
새벽별 뜬 마을 앞엔 두런두런 얘기 소리　里門人語數星殘
기러기 날아가는 고향 산은 멀어지고　家山漸向鴻邊失
젓대 소리 나는 역엔 나무들이 차갑구나　驛樹偏從笛裏寒
먼 곳에서 때까치와 제비 나는 한[58] 품으니　更是天涯勞燕恨
편지의 먹물 아직 다 마르지 못했어라　墨痕留紙未全乾

57 재종……권사석(權思碩) : 두 사람 모두 인적 정보가 잘 드러나지 않는다.

58 때까치와……한(恨) : 중국 고악부(古樂府) 〈동비백로가(東飛伯勞歌)〉에 "동쪽으로는 때까치가 날고 서쪽으로는 제비가 난다.〔東飛伯勞西飛燕〕"라고 한 데서 나온 말로, 친한 친구나 친척과 이별하는 슬픔을 비유한다.

팔량치[59]

八良峙

우리 태조(太祖)의 대첩비(大捷碑)[60]가 이곳에 있다.

영호남의 경계에 우뚝 솟아 있는 고개	嶺衙雙界黑
당당한 승전비가 수백 년을 서 있구나	碑跨百年光
남쪽 땅 하늘에는 전쟁 기운 멈추었고	戰氣南天歇
북두성은 길이길이 도성을 비추도다	京華北斗長
외로운 역참 옆엔 나무들이 차갑고	樹寒孤驛外
멀리 연기 피는 곳엔 다듬이질 소리 나네	砧暝遠煙傍
시중드는 하인들 서로 얼굴 마주 보며	徒御相看色
고향 집이 가깝다고 기쁜 표정 짓는구나[61]	敷腴近故鄕

59 팔량치(八良峙) : 경상남도 함양군과 전라북도 남원시 사이에 있는 높이 513미터의 고개이다.

60 우리 태조(太祖)의 대첩비(大捷碑) : 전라북도 남원시 운봉면(雲峯面)에 있는 황산대첩비(荒山大捷碑)를 가리킨다. 고려 말인 1380년(우왕6) 왜구의 침략을 물리친 황산대첩의 전승을 기록한 비로, 이성계(李成桂)의 업적을 기리기 위해서 선조 때인 1577년(선조10)에 세웠다. 황산(荒山)은 팔량치에서 5리 정도 떨어져 있다.

61 시중드는……짓는구나 : 단성 관아의 하인들이 새로 부임하는 현감을 모시러 한양에 왔다가 집으로 돌아가게 되어 기뻐한다는 말이다.

산음에 도착해서 환아정[62]에 자리를 펴도록 한 뒤에 양친을 모시고 일행과 함께 올라가니, 영광스럽고 멋진 광경이 남쪽 고을을 빛나게 하였다. 마침내 율시 한 수를 지어 이 일을 기록하다

到山陰 命設席於換鵝亭 陪兩親率一行登臨 榮光勝事 煥耀南州 遂吟一律以記之

산음은 뒤에 산청(山淸)으로 명칭이 바뀌었다.

물과 구름 옆에서 옥젓대를 연주하니　雙吹玉笛水雲邊
술상 아래 이무기들 잠을 자지 못하리라　樽底蛟螭不敢眠
오늘 우리 집안이 다 하늘 위에 앉았는데　今日全家天上坐
석양에 높은 누각 맑은 물에 비치도다　夕陽飛閣鏡中懸
강이 겨울 골을 흘러 강가 모래 깨끗하고　江穿雪峽沙痕淨
마을 밑에 다리 있어 대 그림자 선명하네　村壓虹橋竹影鮮
웬일인지 악공들이 너무 늦게 도착하여　怪殺管絃來太晩
화려한 난간 동편 달이 먼저 떠올랐네　畫欄東畔月光先

이날 단성의 하례(下隷)에게 악공들을 재촉해서 데려오게 했는데 밤이 늦어서야 당도하였다.

62 환아정(換鵝亭) : 산음현 객관 서쪽에 있던 정자로, 강물을 굽어보는 경관이 아름다웠다고 한다. 1395년(태조4) 산청 현감 심린(沈潾)이 건립한 이후 몇 차례 중건되었으나, 1950년 화재로 소실되고 지금은 남아 있지 않다.

촉석루에 쓰다

題矗石樓

누각이 너무 높아 시름겨워지려는데	飛樓孤絶欲愁生
성 위에선 애절한 피리 소리 들려오네	城上哀笳氣不平
사당에는 미풍 속에 신령이 우뚝 섰고[63]	遺廟泠風神鬼立
그림배엔 청명한 날 비단옷이 선명하네[64]	畫船晴日綺羅明
청천[65] 들판 연무 뒤로 새는 멀리 날아가고	雲煙鳥沒菁川野
절도영 주변에는 푸른 강물 굽이도네	天地江廻節度營
남쪽 땅의 나루 봉수 백 년 동안 고요하여	南紀百年津燧靜
새 급제자 타향에 와 술과 노래 즐기누나	異鄕歌酒卽新榮

촉석루 맞은편 언덕에 망진 봉수대(望津烽燧臺)[66]가 있기 때문에 말한 것이다.

63 사당에는……섰고 : 촉석루 옆쪽에 있는 논개(論介)의 사당을 두고 한 말인 듯하다. 의기사(義妓祠)라 불리는 이곳에는 논개의 영정이 걸려 있다.

64 그림배엔……선명하네 : 촉석루 앞쪽 남강에서 뱃놀이하는 사람들을 두고 한 말이다.

65 청천(菁川) : 촉석루가 있는 진주(晉州)의 고호(古號)이다.

66 망진 봉수대(望津烽燧臺) : 망진산 봉수대로, 현재 진주시 망경동에 있다.

갑자년(1744, 영조20) 정월 대보름에 비바람이 저녁 내내 몰아치더니 16일에는 날이 쾌청해졌다. 급히 신안강[67]으로 나가 기분풀이로 읊다

甲子上元 風雨終夕 旣望晴甚 率爾出新安江 遣興有吟

넓은 강이 들판을 다 차지하고	江闊全侵野
긴 다리는 마을까지 닿으려 하네	橋長欲到村
좋지 않은 밤이 어디 있을까마는	何宵非令節
오늘 밤은 달이 밝고 술도 있는 날	明月又芳樽
기러기 날아가는 한양은 먼데	京國賓鴻外
늙은 나무 밑에서 풍류 즐기네	絃歌老樹根
소 등에다 환곡 싣고 가는 백성들	歸牛載官糴
밤중에 시끌벅적 나루를 건너네	爭渡夜相喧

67 신안강(新安江) : 단성현 관아 앞쪽을 흐르던 강으로, 진주에서 남강과 합류한다.

돌아오는 길에 우화루에 올라 동생 이용시[68] 보연 를 생각하다

歸路登羽化樓 有懷李弟龍施 普延

물가로 내려가니 인기척 듣고	下渚生人語
잠자던 갈매기들 푸드덕대네	眠鷗時復驚
어젯밤엔 먹구름이 드리웠더니	陰雲非昨夜
하늘과 물빛 모두 맑게 개었네	空水得新晴
별에 닿을 듯이 높은 누각에 앉아	高閣侵星坐
달이 비친 맑은 술잔 들이켜노라	清樽竝月傾
가련케도 머나먼 파상[69]의 아우	遙憐坡上弟
적적하게 단성을 꿈에 보리라	寂寂夢丹城

68 이용시(李龍施) : 번암의 외사촌 동생 이보연(李普延)이다. 번암의 외숙 이지억(李之億)의 아들인데 요절했다는 기록이 보이며, 번암이 어려서부터 그와 같이 살며 함께 공부했다고 한다.《樊巖集 卷38 祭外從妹尹氏婦文, 卷50 外祖考贈吏曹判書行刑曹正郎李公墓碣銘》

69 파상(坡上) : 청파동 일대를 가리키는 것으로 추정된다.《樊巖集 卷38 祭外從妹尹氏婦文》

사람을 전송하러 갔다가 청파 옛집 근처를 지나다

送人過靑坡舊居

버들가지 늘어진 청파동 집이	楊柳靑坡宅
시내 언덕 서쪽에 높이 있는데	高高水岸西
사람을 전송하러 바삐 가다가	蒼茫送人去
문득 내가 살았던 걸 떠올렸어라	更此憶吾棲
담이 트여 앉아서도 산이 보이고	垣豁山侵座
문 안으로 냇가의 풀 어리비쳤지	門深草暎溪
편지 써서 동생[70]에게 안부를 묻고	緘書問阿弟
지체 말고 회답하길 당부하노라	傳與莫令稽

70 동생 : 앞 시에 나오는 번암의 외사촌 동생 이보연을 가리키는 듯하다. 77쪽 주68 참조.

객지 시름

羈思

객지 시름 이별의 정 암담함이 더하건만 羈思離情轉黯然
영남의 하늘 아랜 매화가 만개했네 梅花開盡嶺南天
고향에 편지 쓰니 산과 바다 막혔는데 書歸故國山連海
마름이 돋아나니 아지랑이 들에 피네 春入陳菱野弄煙
해마다 한식이면 어김없이 비가 내려 雨色每當寒食下
작은 등불 옆으로 여울 소리 들리누나 灘聲多在小燈邊
웃으면서 일가 위해 관아 문을 열어 주니 公門笑爲吾宗啓
밤늦도록 자지 않고 금강산을 얘기하네 話到金剛夜不眠

이때 일가 어른이 찾아와서 밤늦도록 금강산 이야기를 하였다.

적벽[71]

赤壁

뒤쪽에서 바라보면 작은 산인데	背看疑盈尺
앞쪽으론 일백 길을 내려다보네	前臨叫百尋
뿌리는 멀리까지 서리어 있고	揷根蟠地遠
그림자는 깊은 강을 가르고 있네	留影割江深
돌은 노해 잇몸을 드러내었고	石怒渾如齶
소나무는 벼랑에 매달렸어라	松懸不庇心
관아가 그 왼쪽에 자리 잡아서	官門仍左挾
푸른빛이 경내로 비춰 드누나	蒼翠欲相侵

71 적벽(赤壁) : 경상남도 산청군 신안면(新安面) 적벽산(赤壁山)이다. 그 앞쪽으로 적벽강이 흐르고 있어 예로부터 경치가 아름답다고 일컬어졌다.

봄날의 회포를 쓰다

春日書懷

부평 같은 인간사 인연 따라 살아가니	萍蓬人事且隨緣
쓸쓸한 촌 울타리 대나무밭 가에 있네	蕭瑟村籬傍竹田
서울에서 편지 오니 매화가 핀 뒤이고	京國書來梅發後
해양 하늘 아득한데 새가 날아 돌아가네[72]	海陽天闊鳥歸邊
황어가 익는 밤에 청강에는 비 내리고	黃魚夜熟淸江雨
방초 돋는 봄날이면 적벽에 안개 피네	芳草春生赤壁煙
변해 가는 계절 보며 객지살이 한스러워	時序百年遊子恨
감상적인 기분 들 땐 망연해지곤 하네	每逢心賞一茫然

72 해양(海陽)……돌아가네 : 고향을 그리워한다는 뜻이다. 해양은 51쪽 주21 참조.

착호행

捉虎行

점한이 들판에다 구덩이를 파 놓으니	店漢掘土野中欿
맹호가 사람들을 살피느라 들락날락	猛虎伺人出復沒
숲에서 쏴아 하고 찬 바람이 불어오니	林樾颼颼嘯有風
차가운 아침 공기 아직 뼈를 파고드네	初日未高冷砭骨
꽹과리와 함성으로 압박하자 범이 나와	扣鐵群呼虎乃行
천천히 바위 밑에 누워 기회 노리는 듯	徐臥巖底意欲出
범이 누운 뒤쪽으로 엎드린 채 살금살금	潛從虎背伏且進
숨죽이고 다가가니 머리털이 쭈뼛쭈뼛	細息累足寒毛髮
점차 거리 가까워져 고개 살짝 들고 보니	地勢漸近稍伸脰
바위 뒤로 얼룩무늬 슬쩍 드러나는구나	隔巖微見文章發
질풍같이 큰 바위를 밀어 떨어뜨리자	急下大石如疾風
범이 미처 몸을 돌려 피하지 못하여서	虎欲回身回未得
요골이 돌에 맞아 순무처럼 박살났네	石碎腰骨秋菁若
바위에 부딪혀서 높이 튕겨 나갔다가	衝巖跳立十丈强
지축(地軸)이 흔들리게 큰 소리로 울부짖고	牛吼雷鳴坤軸裂
성이 나서 돌덩이를 흙처럼 씹어 대며	嚼石如土力容易
노기를 주체 못 해 사람 향해 달려드네	餘怒直向人中突
사람들이 힘을 내어 일제히 돌 던지니	人力齊奮石勢集
이마와 가슴엔들 어찌 돌을 피하리오	陷額撞胸誰敢遏
이리저리 날뛰다가 기세 점점 약해져서	高騰低騰勢漸脆

잠시 뒤에 비틀대며 비탈 아래 주저앉네	須臾蹭蹬坐崖谷
울음소리 끊어지니 어찌 그리 고요한가	噭哮聲絶何寂寂
살았을 땐 만 사내가 모두 꼼짝 못 했지만	生時萬夫伏
죽은 뒤엔 양쪽 발을 아이들이 만져 보네	死後枝撑兩脚兒童辱
네가 전에 사람 먹어 귀가 세 곳 찢겼는데[73]	爾昔食人耳三拆
어찌 홀로 사람에게 먹히는 걸 면할쏜가	那能獨免人爾食
점한이 올라타고 백 사내가 둘러메고	店漢騎之百夫擔
웃으면서 관가로 가 수급(首級)처럼 바치도다	笑獻官家如獻馘
호리처럼 날뛰는 인간들은 조심하라	嗟哉狐狸陸梁何不戒
너는 보지 못했느냐	爾不見
포학한 맹호도 주륙되고 만다는 걸	猛虎騁惡尚可戮

73 귀가……찢겼는데 : 사람을 셋 잡아먹었다는 말이다. 호랑이는 사람 하나를 잡아먹으면 귀에 찢긴 듯한 흔적 하나가 생기므로 귀의 찢긴 흔적을 세어 보면 사람을 해친 숫자를 알 수 있다고 한다.《淵鑑類函 卷429 虎1》

담박한 삶

蕭灑

아전들 흩어지고 고요한 시간	吏散琴書靜
관아의 뜰 풍경은 맑기만 하네	公庭物象澄
대는 못에 가득히 어리비치고	竹光歆滿沼
강 안개가 몰려와 등불 감싸네	江氣暗吹燈
남쪽에 와 객지살이하고 있는데	客日天南得
영남 땅에 봄꽃은 늘어 가도다	春華嶺外增
친지가 새 달력을 부쳐 보내니	親知送新曆
담박함이 산속의 중과 같구나	蕭灑與林僧

나그네 회포

旅懷

산 위의 밝은 달이 반쯤은 기운 밤에	月明山色半斜暉
이른 봄의 나그네 꿈 파남[74]으로 돌아가네	春早坡南旅夢歸
강가에 풀 돋으니 한식은 다가오고	江上草生寒食近
하늘 끝에 매화가 만개해도 벗이 없네	天涯梅發故人稀
숲에 비가 오려 하니 비둘기는 구구대고	林園欲雨一鳩喚
구름 짙은 고개 위로 외기러기 날아가네	雲嶺迷空孤鴈飛
단성에서 고요하게 지내는 게 기쁘지만	稍喜丹丘棲息靜
두 해 동안 시기를 알려 주는 사람 없네	二年無客報時機

74 파남(坡南) : 번암의 집이 있던 남대문 밖 도저동(桃渚洞) 일대로, 청파(青坡) 남쪽이라는 뜻으로 쓴 것으로 추정된다. 번암은 결혼 후 청파에서 살다가 얼마 지나지 않아 도저동으로 이사하였으며, 부인 동복 오씨(同福吳氏)는 1751년(영조27) 도저동 집에서 사망하였다. 또 이 앞에 〈사람을 전송하러 갔다가 청파 옛집 근처를 지나다〔送人過青坡舊居〕〉라는 제목의 시가 있는 것으로 봐서 이 시를 지은 당시에는 도저동 집으로 이사한 뒤였던 듯하다.

기분을 풀다

遣興

가는 대가 옷과 이불 씻어 주는 듯	竹細衣衾淨
밝은 모래 옆으로는 촌락이 있네	沙明井屋開
새벽 기운 들판에 짙게 모이고	曉虛團野集
봄 낙숫물 담장 뚫고 흘러오누나	春溜割墻來
남쪽은 날씨 그리 춥지 않은데	南國寒都薄
동화[75]로 돌아가지 못한 나그네	東華客未廻
쉴 새 없이 지저귀는 어여쁜 새들	幽禽無數語
모두 뜰의 매화나무 위에 앉았네	一一坐庭梅

75 동화(東華) : 대궐이 있는 도성을 가리킨다.

남쪽 지방 백성들이 2월에 풍신을 매우 공경히 섬기다

南氓於二月 事風神甚謹

쌀을 찧어 술 담그고 떡을 빚어서	舂米爲酒餠
머리 감고 새벽같이 풍신을 맞네	沐髮迎神早
신 앞에 재배하고 축원하는 말	神前再拜語
일 년 내내 의식 걱정 않게 하소서	卒歲衣食好

저녁 무렵 우화루에 오르다

晩登羽化樓

봄날에 시름 깊어 홀로 여기 올라오니	春愁黯黯獨登樓
난간에는 연무 짙고 비는 점차 그쳐 가네	山氣侵欄雨點收
들은 넓어 고을 하나 들어서도 될 법하고	野闊恰容開井邑
초동들은 대부분 배로 여울 건너가네	樵歸多是漾灘舟
긴 강은 푸른 하늘 끝까지 가려는 듯	長江欲了靑天去
석양에 비친 적벽 머금고서 흘러가네	返照斜涵赤壁流
무엇하러 먼 곳까지 신선 굴을 찾아가랴	何用別尋仙竈遠
흰 구름이 단구를 가득 둘러쌌는데[76]	白雲無數繞丹丘

76 흰 구름이……둘러쌌는데 : 단구(丹丘)는 신선이 산다는 전설 속의 지명으로, 번암은 단성(丹城)의 '단' 자가 단구의 '단' 자와 같은 것에 착안하여 '단성'을 단구라고 불렀다. 우화루가 있는 이곳 단성이 바로 선경(仙境)이라는 말이다.

밤중에 읊다

夜吟

옛 풍속에 풍신을 맞이했는데	古俗風神下
오늘 밤엔 월백이 생겨나도다[77]	今宵月魄生
솔 그림자 깊은 곳에 새는 깃들고	鳥深松影定
얕은 내는 모래 위로 졸졸 흐르네	沙淺水聲爭
높이 뻗은 나무들은 낯이 설지만	雲樹非吾土
은하수는 한양이나 다름이 없네	星河似洛城
최생[78]은 술주정이 심한 편이라	崔生善酒態
밤새 웃고 노래하며 떠들어 대네	歌笑鬧三更

77 월백(月魄)이 생겨나도다 : 월백은 달 표면의 검은 부분으로, 달이 기울기 시작하는 음력 16일을 가리킨다. 그러나 음력 2일과 3일을 가리킨다는 설도 있다.

78 최생(崔生) : 인적 정보는 잘 드러나지 않는데, 《번암집》 권4에 '최생 운채(崔生雲采)'라고 쓴 곳이 있는 것으로 보아 이름이나 자가 운채인 듯하다. 번암이 단성에 있을 때 교유했던 인물로, 거주지는 순천(順天)이라고 한다. 《번암집》 권3, 권4에 그와 관련된 시가 6편 실려 있다.

봄날 신안강에 배를 띄우다

春日 泛舟新安江

마름에 부는 바람 도롱이를 스치는데	蓑衣輕拂綠蘋風
흠뻑 내린 밤이슬에 선명해진 관청 건물	的的官居沆瀣中
작은 배가 물고기와 새들과 벗하려니	小艇欲將魚鳥合
온갖 형상 나타나고 물과 하늘 텅 비었네	衆形爭出水天空
산 정상에 비가 내려 봄 산은 컴컴하고	山巓雨逗春嵐黑
나무 끝에 무지개 떠 저녁 기운 붉도다	樹杪虹飛夕氣紅
봉창에 밴 향기를 괴이하게 생각 말라	莫怪異香篷底沁
짙은 버들 그늘에서 화전(花煎)을 보냈으니	煮花人自柳陰濛

이날 안채에서 화전을 부쳐서 보냈다.

중춘이 시작되어 남쪽 지방에 꽃이 번갈아 피니, 관아의 침석이 조석으로 곱게 수놓은 비단자락 속에 있는 것 같았다. 이때 장생이 찾아와서 율곡사[79]에 놀러 가기로 약속하다

仲春伊始 南花交榮 官齋枕席 朝暮在錦繡中 此際張生來過 約以栗寺之遊

성이 높아 은하수와 맞닿았는데	蒼茫城接漢
하늘에는 서쪽으로 가는 기러기	寥闊鴈歸秦
장생이 오늘 밤에 찾아와 주어	張也來今夕
친구의 발소리에 반가워 웃네	跫然喜故人
강가에서 등불 켜고 밤 지새우니	殘燈江上夜
보슬비가 내리는 영남의 봄날	微雨嶺南春
진중하게 절 유람을 약속하노니	珍重招提約
산꽃과 나무들이 새로울 때네	巖花萬木新

79 율곡사(栗谷寺) : 신라 시대에 창건된 절이다. 당시 단성현 척지산(尺旨山)에 있었으며, 현재의 행정구역으로 산청군 신등면에 속한다.

관사에서

官居

남쪽에 와 백구들과 이웃하여 잠을 자니 南來枕席白鷗邊
모래밭 끝 관사에는 물대가 늘어섰네 沙際官居水竹連
한 기슭이 비 내리는 들을 굽어보는데 一麓低看平野雨
만 송이 꽃 일제히 큰 강가를 덮었어라 萬花齊覆大江天
나무 덮은 봄 그늘은 안개를 빚어내고 春陰匝樹眞成霧
노곤한 낮 기운에 반절은 졸고 있네 晝氣薰人半作眠
부럽게도 최생 너는 즐길 줄을 알아서 愛爾崔生能快事
버들가지 꼬챙이에 황어를 꿰는구나 黃魚穿得柳枝牽

최생에게 주다

贈崔生

최생은 얽매이길 싫어하는 자	崔生脫羈者
촌구석에 살려고 들지를 않아	不肯棲蓬蒿
순천을 휘저으며 쏘다니다가	特作順天橫
진주의 호걸 찾아 읍을 하였네	長揖晉州豪
하룻밤에 천금을 아까워 않고	千金散一夕
기분 좋게 술값으로 쓰는가 하면	快意淸濁醪
활보하며 협객들과 교제를 맺고	高步結客場
옆구리엔 긴 칼을 차고 있는데	脅上橫佩刀
석 잔이면 곧바로 거나해져서	三杯輒半醉
붉은 얼굴 기름이 흐르듯 하네	赤顏如流膏
흥분해서 손바닥을 치며 말할 땐	張髯一抵掌
큰 목소리 물가를 뒤흔드는데	大聲掀亭皐
호방한 말 속된 말 개의치 않고	豪談與俚語
생각대로 거침없이 쏟아 내도다	意到寧少擇
호남에서 이백 리나 떨어진 이곳	湖嶺二百里
단성에 있는 나를 찾아왔는데	訪我丹丘側
틈을 타서 관아의 종들 다그쳐	餘閒策官隷
나무와 돌 끌어다 여울을 막고	東瀨屯木石
급류에다 통발을 포개 놓으니	層笱抗急溜
거센 물살 벽력같은 소리를 내네	力鬪生霹靂

물고기들 갇힌 채로 허둥거리며	群鱗勢顚倒
센 물살에 휩쓸려서 퍼덕이는데	前擲不敢逆
귀신같은 솜씨로 작살 날리니	騰叉若有神
천막 안에 구경꾼들 빽빽하여라	星坐沙邊幕
새벽에 으스대며 돌아오는데	晨歸自矜顧
큰 고기가 광주리에 버글거리니	大魚筐裏積
펄펄 뛰며 뻐끔뻐끔 입을 벌리고	超騰競張口
지느러미에서는 붉은 물 뚝뚝	鬐鬣紅欲滴
마침내 둘러앉은 사람들에게	遂令四座客
보여 주며 극도로 즐거워하네	相視劇相快
솥에 넣고 맛있게 탕을 끓이고	香薰大鼎烹
주방에서 눈과 같은 회를 뜬 뒤에	雪飛中廚鱠
아이를 불러 술을 사 오게 하고	呼兒命杜康
그대에게 한 잔 또 한 잔 권하네	勸君一杯又
그대 급히 돌아가려 하지 말지니	君歸愼無遽
이 즐거움 내가 내심 취하려 하네	此樂吾竊取

한가롭고 그윽한 일
幽事

자다 깨니 화롯불이 꺼질 듯 말 듯 한데	睡起爐熏半欲消
관아의 송죽 아래 한참을 앉았노라	縣門松竹坐迢迢
엷은 구름 포구 덮어 때로 비가 떨어지니	微陰羃浦時涓滴
보슬비를 맞은 꽃잎 가볍게 흔들리네	細雨侵花乍動搖
달 밝을 때 지리산의 절 찾기로 약속하고	明月期人方丈寺
갈매기 나를 불러 경호에 배 띄우네	白鷗呼我鏡湖橈
이전에는 깊이 교제 않았다고 말을 말라	莫言他席交遊簡
자연 속에 함께 놀면 적막하지 않으리니	幽事相關不寂寥

이때 지리산을 여행하려던 참이었고, 또 산음 현감(山陰縣監)과 봄 강에서 뱃놀이를 하기로 약속하였다.

낙성헌에서 기분풀이로 짓다

樂成軒遣興

봄꽃은 곳곳마다 흐드러지고	春華藹滿目
구름은 신선 구역 뒤덮었어라	雲物抵仙區
산 그림자 중을 따라 이르렀는데	山影僧隨到
연못에는 종종대는 아전 그림자	塘痕吏暎趣
버들은 강길 따라 곧게 뻗었고	柳通江路直
촌락의 연기 들로 퍼져 나가네	村送野煙孤
뜻대로 거룻배에 몸을 맡긴 채	隨意扁舟色
비옷 입고 부들이 뜬 강을 떠가네	披簑漾綠蒲

이른 봄에 중을 만나다

早春逢僧

꽃이 핀 앞 벼랑에 저녁노을 비치는데	花發前崖暎晩霞
새가 우는 관아 앞에 중 하나가 지나가네	縣門啼鳥一僧過
중의 말이 절집은 푸른 산 꼭대기라	僧言寺在靑山頂
이번 달 중순에나 꽃을 볼 수 있다 하네	今月中旬可見花

기분 나는 대로 읊어 친구에게 답하다

漫興答友人

앞마을의 물대는 저물녘에 한들대고	前村水竹晩依依
그림 같은 관사 뒤로 푸른 산이 둘렀어라	畫裏官齋背翠微
꽃이 핀 들판에는 화창한 날 많지만	花發郊原多麗日
봄추위 온 강촌에는 얇은 옷이 두렵구나	春寒江國怯生衣
작은누이 데리고 은행나무 심던 중에	傍提小妹栽文杏
부엌 쪽을 돌아보니 고사리를 삶고 있네	左顧中廚煮嫩薇
본래부터 갈매기는 길들일 수 없거니와	自是白鷗馴不得
시냇가 구름 달을 보며 기심(機心) 잊었어라	渚雲溪月已忘機

청명날 밤 꿈에서 처종숙 오성회[80] 창운 형제 및 외사촌 동생 이용시를 만났다. 이때 회시(會試)가 막 지난 뒤였는데, 나를 위해 과거에 응시했던 일을 매우 상세하게 말해 주었다

清明夜 夢遇吳從聖會 昌運 昆季及李弟龍施 時禮闈才過 爲余說赴擧事頗詳

이별한 뒤 봄이 장차 저물려는데	離別春將老
정신은 꿈속에서 통하였어라	精神夜遂通
지난날과 다름없이 서로 만나서	相逢似疇昔
회시 본 일 자세하게 말해 주었네	歷歷話南宮

80 오성회(吳聖會): 오창운(吳昌運, 1716~1756)이다. 오상겸(吳尙謙)의 아들이자 오경운(吳經運)의 형으로, 번암의 처 동복 오씨(同福吳氏)에게 삼종숙(三從叔)이 된다. 오경운에 대해서는 68쪽 주52 참조. 다만 동복 오씨 족보에는 오창운의 자(字)가 홍조(興祖)로 되어 있다.

한양으로 출발하며 배를 타고 앞 강을 건넌 뒤 관아를 돌아보며 슬픈 마음으로 읊다

發京行 舟渡前江 回望官齋 悵然有吟

말 머리의 맑은 강엔 석양빛이 더딘데	馬首淸江落照遲
버드나무 가지에 잠시 배를 매게 하네	蘭橈暫繫綠楊枝
관아를 두른 대에 옷깃이 어른대니	衣衫隱暎官垣竹
온 집안이 슬퍼하고 있으리라 짐작하네	遙認全家悵望時

팔량치 비전[81]을 지나다

過八良碑殿

고을은 높은 산 정상에 있고	爲邑高山上
비전은 콸콸대는 시내 옆이네	開碑亂水傍
전쟁터의 연기 먼지 단번에 끄니	煙塵一揮霍
종묘사직 마침내 빛나게 됐네	社稷遂輝光
경내에는 노송이 둥글게 섰고	老檜團空宇
옛 전장엔 흩날리는 꽃잎이 가득	飛花滿戰場
말을 타고 서쪽을 향해 가면서	征驂且西去
황량한 두 고개[82]에 눈물 뿌리네	雪涕二陵荒

81 팔량치(八良峙) 비전(碑殿) : 황산대첩비(荒山大捷碑)를 가리킨다. 73쪽 주59, 주60 참조.

82 두 고개 : 이성계(李成桂)가 왜구를 격파할 당시 전투가 벌어졌던 여원치(女院峙)와 팔량치를 가리킨다.

일신 남원 성 밖에서 백고조 호주 선생[83]의 거사비를 보고 읊다
一新 南原 城外 見伯高祖湖洲先生去思碑 有吟

비석은 천고의 세월 지났고	老石仍千古
긴 정자는 모습 다시 새로워졌네	長亭復一新
봄 풀빛이 멀리까지 뻗어 있는데	茫茫春草色
성문 옆에 말을 잠시 멈추었노라	駐馬傍城闉

83 호주(湖洲) 선생 : 채유후(蔡裕後, 1599~1660)이다. 채유후가 남원 부사(南原府使)로 재직한 연도에 대해서는 정확한 기록이 보이지 않는다.

공주의 이종 한의준[84] 집에서 자고 이모님 무덤에 참배하였다. 생각해 보니 이모님이 일찍이 나를 어루만지시며 "나는 너를 내 자식과 같이 생각하는데, 훗날 네가 급제하면 내 무덤을 찾아 줄지 모르겠구나."라고 했던 말씀이 어제 일처럼 또렷하건만, 무덤의 풀은 이미 십여 년이나 묵었다. 감회를 시에 드러내었다

宿公州韓從 義俊 宅 仍拜姨母墓 念姨母嘗撫余而教曰 吾視爾以子 異日及第 爾能省吾墳未 歷歷如昨日言 而墓草已一紀宿矣 感見于詞

급제하여 묘소를 찾아왔지만	及第也親省
지하에서 이 사실을 아시려는지	幽宮能復知
전에 나를 자식처럼 생각하시어	向來如出己
배웅하며 다시 눈물 흘리셨건만	臨去更沾頤
밭두렁을 태우는 한식도 지나	野燒經寒食
산엔 꽃이 두견이를 늙게 하는네	山花老子規
서로 보며 회포를 말하느라고	相看說懷抱
해 지도록 고아를 대하고 있네	斜日對孤兒

84 한의준(韓義俊) : 번암의 이종사촌으로, 부친은 한종욱(韓宗煜)이다. 그의 모친 연안 이씨(延安李氏)는 번암의 외조부 이만성(李萬成)의 맏딸이다.

용시[85]와 북한산성을 탐방하러 가면서 도중에 입으로 부르다

同龍施訪北漢城 路中口號

봄 누대엔 버들 빛이 양쪽으로 나란하고	春臺柳色兩行齊
깊숙한 마을에는 낮닭이 벌써 우네	閭井深深已午鷄
솔 위에는 노을 피어 길을 겨우 분별하고	松頂霞生纔辨路
말 앞에는 꽃이 져서 시냇물로 떨어지네	馬前花落旋隨溪
높이 솟은 성가퀴엔 외로운 구름 뜨고	層空粉堞孤雲逗
희뿌연 장안에는 나무들이 늘어섰네	積氣長安萬樹迷
슬프게도 단성(丹城)은 하늘 밖에 있는데	惆悵丹丘天海闊
절 근처 어디선가 두견이가 우는구나	雙林何處子規啼

85 용시(龍施) : 번암의 외사촌 동생 이보연(李普延)이다. 77쪽 주68 참조.

산영루에서 원각사 뒤편 정상을 향해 올라가다가 여러 차례 경치가 아름다운 곳을 만나다

自山暎樓登圓覺絶頂 屢得佳處

붉은 누각 물에 비쳐 노을처럼 화사한데	丹樓壓水爛如霞
봄이 다한 삼각산엔 봄 경치가 남아 있네	春盡三山殿物華
묵은 낙엽 밀쳐 내고 우물물 떠 마시고	吸井新披去年葉
중 만나니 산에 꽃이 어떤지를 묻고 싶네	逢僧欲問幾峯花
숲이 깊어 진기한 새는 보기 어렵거니	中林怪鳥深難見
영남은 하도 멀어 구름 쉽게 가로막네	南嶺浮雲逈易遮
만 리 밖의 바람이 지팡이 밑에 불어	笻底天風吹萬里
옷소매가 허공으로 정신없이 펄럭이네	半空衣袂不勝斜

청하동 어귀에서

青霞洞口

산기운에 옷이 모두 젖었는데도	山翠衣全濕
봄을 찾는 발걸음을 돌리지 않네	尋春不肯廻
길 양쪽엔 소나무 그림자 짙고	兩邊松影集
어디선가 물소리가 들려오누나	何處水聲開
늙은 중은 구름을 삼킬 듯하고	老釋雲堪嚥
새와 함께 꽃잎이 날아오도다	飛花鳥共來
나의 말도 신선의 인연이 있어	吾驢亦仙分
붉은 지초 뿌리를 훔쳐 먹누나	偸喫紫芝荄

동장대를 찾다

尋東將臺

산바람이 시원하고 공기가 깨끗한데　山籟泠泠一氣澄
옛 성에는 삼월에도 얼음이 얼 듯하네　古城三月欲生氷
바위 앞에 숲 무성해 말 지나기 어렵더니　巖前樹密難通馬
소나무에 구름 걷자 문득 중이 나타나네　松際雲開忽有僧
천 시내에 꽃이 날다 봄비가 그친 뒤엔　千澗飛花春雨歇
만 봉우리 신록 위로 석양볕이 내리쬐네　萬峯新綠夕陽蒸
지척의 도성에는 명리가 많은지라　長安咫尺多名利
산새 우는 빈숲에선 벗을 보기 어렵구나　啼鳥空林不見朋

태고사
太古寺

적적한 사찰 문이 연하에 가렸는데　　松門寂寂閉煙霞
저녁밥을 먹고 나도 해는 아직 남았어라　　飯後西林日未斜
봄이 다 저무는데 중은 행행 기대하며　　春暮山僧猶望幸
고궁[86]에 와 뜰에 가득 떨어진 꽃 쓸고 있네　　古宮來掃滿庭花

이때 성상께서 산성에 행행(行幸)하는 일로 논의가 있었다고 한다.

86 고궁(古宮) : 1711년(숙종37)에 건축한 북한산성 행궁을 가리킨다.

민지사[87]에서 자다

宿閔漬寺

평화로워 호각 소리 멈춘 산성을　戍角明時臥
저녁 무렵 등라 잡고 올라왔어라　煙蘿薄暮攀
여름철은 아니지만 나 여기 와서　吾來未朱夏
구름과 더불어서 청산에 묵네　雲與宿靑山
물 근처라 노을빛에 밥이 물들고　水近霞生飯
누각 높아 별빛이 얼굴 비추네　樓高星照顔
동군은 아쉬움을 못 떨치는 듯　東君豈相戀
나를 당겨 꽃 사이에 머물게 하네[88]　牽挽逗花間

이날이 3월 그믐이었다.

87 민지사(閔漬寺) : 고려 때 민지(閔漬)가 은거했던 유지가 옆에 있어서 붙은 이름인데, 뒤에 서암사(西巖寺)로 이름을 바꾸었다고 한다. 《可庵遺稿 卷16 遊北漢記》

88 동군(東君)은……하네 : 동군은 봄을 주관하는 신(神)이다. 이날이 3월 그믐이지만 봄을 주관하는 신이 봄 경치를 남겨 두었기에 자신이 감상할 수 있었다는 말이다.

여러 공과 금릉[89]에서 뱃놀이하다

同諸公泛舟金陵

거나해져 뱃전에서 젓대 소리 들으니	一笛孤篷倚半醒
강호에 뜬 우리들은 부평초와 다름없네	江湖我輩卽浮萍
갠 하늘은 금릉 달을 빌려온 것 같은데[90]	晴天定借金陵月
저녁밥을 먹은 뒤에 은행정[91]을 지나가네	晩飯仍過銀杏亭
서쪽으로 바다 접해 천 갈래 물 합쳐지고	西接海門千水合
북쪽으로 온 세선(稅船)들 일만 척이 정박했네	北來王稅萬艘停
백년 인생 구속 없이 하삭음(河朔飮)[92]을 즐길 만해	百年河朔容踈放
객지 시름 마다 않고 문을 걸고 나왔노라	不分羈愁只掩扃

89 금릉(金陵) : 경기도 김포(金浦)의 이칭(異稱)이다.

90 갠 하늘은……같은데 : 금릉은 원래 중국 남경(南京)의 고호(古號)이다. 이백(李白)의 시 〈월야금릉회고(月夜金陵懷古)〉에 "푸른빛을 띤 듯한 금릉의 달이, 옛 도성 하늘에 걸려 있도다.〔蒼蒼金陵月, 空懸帝王州.〕"라고 하였는데, 김포의 고호가 금릉인 것에 착안하여 달 뜬 김포의 밤을 이렇게 표현한 듯하다.

91 은행정(銀杏亭) : 당시 양천현(陽川縣) 장군소동(將軍所洞)에 있던 정자를 가리키는 듯하다. 이곳은 지금의 서울 양천구 신정동에 해당하며, 인접한 한강과 어우러져 경관이 아름답기로 이름이 났다고 한다.

92 하삭음(河朔飮) : 하삭은 중국의 황하(黃河) 이북 땅을 가리킨다. 후한(後漢) 말에 유송(劉松)이 원소(袁紹)의 군대를 진압하러 하삭에 가서 원소의 자제들과 삼복더위에 술판을 벌이고 밤낮없이 마셔 댄 고사에서 유래하여, 여름철에 피서한다는 명분으로 주연(酒宴)을 여는 것을 이렇게 표현하였다. 《初學記 歲時部上 夏避暑飮》 여기서는 지인들과 모임을 갖고 마음껏 술을 마신다는 뜻으로 한 말이다.

단오에 독음[93] '미음'이라고 된 본(本)도 있다. 선산에 성묘하고 죽은 누이[94]의 묘소에도 술을 올렸다. 감회를 읊다

端午 奠秃音 或作渼陰 先壟 仍及亡姊墓 感吟

고생스레 말을 타고 이르렀는데 鞍馬辛勤到
산에 오니 만사가 허무하구나 青山萬事空
곡을 한들 지하에 들리겠는가 哭能聞地下
시절은 어느새 또 오월이어라 時又屬天中
저녁놀은 외로운 마을을 덮고 晚靄孤村失
푸른 강은 늙은 나무 옆을 흐르네 滄江老樹通
영남에서 따라온 관아의 종이 官僮來嶺邑
탕과 갱을 갖추는 데 정성 다하네 羹飯也深衷

93 독음(秃音) : 경기도 양주 경내의 마을이다. 원주에서 '미음(渼陰)'이라고 한 것을 보면 지금의 남양주시 수석동 부근인 듯하다.

94 죽은 누이 : 번암이 14세이던 1733년(영조9)에 죽은 누이이다. 《樊巖集 卷38 祭亡姊氏處子文》

금릉 고모 댁에서 읊다

金陵姑母宅有吟

금릉으로 가는 길엔 넓은 풀밭 이어지고	金陵西去草茫茫
두 강물과 세 산이 뒤쪽에서 빛나도다	二水三山背後光
기로에는 지금도 눈물 흔적 남았는데[95]	歧路至今成浪跡
마음 따라 발길이 고모 댁에 이르렀네	笻鞋隨意到仙庄
솔 그늘에 비 지나가 울에 연기 촉촉하고	松陰雨過籬煙濕
뽕나무에 비둘기가 우는 마을 해가 기네	桑樹鳩鳴村日長
짐작건대 우리 고모 너무도 놀라셔서	頗識阿姑驚倒甚
허둥지둥 닭을 잡아 점심상을 차렸으리	午廚爲飯殺鷄忙

95 기로에는……남았는데 : 고모가 시집가던 때를 회상하는 구절이다.

국화를 옮겨 심다

移菊

오월의 푸른 산에 비가 내린 뒤	青山五月雨
마당 가득 국화를 옮겨 심으니	移菊滿貧家
일찌감치 뿌리 배양 않으면	不是培根早
가을에 어찌 꽃을 볼 수 있으랴	那能秋作花

객지에서 밤중에 당형[96]을 생각하다

客夜奉懷堂兄

산기운은 어둑어둑 구름이 자욱한데　山氣冥冥雲黯然
초당의 서북쪽엔 별이 몇 개 걸려 있네　草堂西北數星懸
파초에 비가 내려 발을 툭툭 때리는 때　簾聲淅瀝芭蕉雨
산속에서 뜻밖에도 영해[97]를 꿈에 보네　林夢差池嶺海天
형산 옥은 화씨를 쉽게 늙게 했거니와[98]　荊璧易教和氏老
한나라 조정 어찌 가생 나이 세었으랴[99]　漢廷寧數賈生年

96 당형(堂兄) : 해양(海陽)에 있는 채치공(蔡致恭)을 가리키는 듯하다. 51쪽 주21, 주22 참조.

97 영해(嶺海) : 일반적으로 멀리 떨어진 귀양지를 뜻하나, 여기서는 채치공이 있는 고향 홍성 쪽을 가리킨다.

98 형산(荊山)……했거니와 : 춘추 시대 초(楚)나라의 변화(卞和)가 형산에서 지름이 한 자나 되는 박옥(璞玉)을 얻어 여왕(厲王)과 무왕(武王)에게 바쳤으나, 옥을 감정하는 사람이 돌이라고 하는 바람에 두 발이 잘리고 말았다. 그 후 문왕(文王)이 즉위하여, 화씨가 형산 아래에서 박옥을 안고 사흘 밤낮을 울므로 사람을 보내 이유를 묻자 "나는 발이 잘린 것을 슬퍼하는 게 아니라 보배로운 옥을 돌이라 하고 곧은 선비를 미치광이라고 하는 것 때문에 슬피 우는 것입니다."라고 하였다. 이에 왕이 옥공(玉工)을 시켜 박옥을 다듬게 하니, 티 한 점 없는 큰 옥이 나왔다 한다.《韓非子 和氏》여기서는 조정에 등용되지 못하여 자신의 능력을 펴지 못하고 세월만 보내는 심정을 묘사한 것으로 보인다.

99 한(漢)나라……세었으랴 : 가생(賈生)은 한나라 가의(賈誼)를 가리킨다. 낙양(洛陽) 출신으로, 20세에 수재(秀才)로 칭해지며 태중대부(太中大夫)에 발탁되는 등 문제(文帝)의 총애를 한 몸에 받았다. 그러자 주발(周勃)과 관영(灌嬰) 등 대신들이 미워하

가을 오면 은자(隱者)의 옷 마련해서 가려 하니　　秋來欲理荷裳去
남국의 연하에는 돈이 필요 없으리라　　南國煙霞不用錢

며 헐뜯어 장사왕(長沙王)의 태부(太傅)로 좌천되었다가 33세의 나이로 요절하였다. 《史記 卷84 賈生列傳》 역시 자신이 조정에 등용되지 못하고 있는 일을 두고 한 말로 보인다.

가을이 가까워지다

秋近

강가에서 머뭇대며 날을 보내니 江漢淹歸騎
문장이 해지려는 갖옷 같구나[100] 文章欲敝裘
지난밤 오동나무 비에 젖으니 梧桐前夜雨
불현듯이 가을 기운 느껴지누나 渾似作新秋
물방울은 바위 뚫고 떨어지는데 暗水穿巖落
성근 별은 나뭇잎들 뒤에 떠 있네 疎星隔葉留
읊조리며 서적을 읽는 낙으로 沈吟賴書籍
상황이 어떠하건 시름 않노라 行坐也禁愁

100 문장(文章)이……같구나 : 매일 글로 소일하다 보니 문장이 해지려는 옷처럼 너덜거린다는 시적 표현인 듯하다.

갠 밤에 용시와 앞 시내로 걸어 내려가다

晴夜 與龍施步下前溪

함께 걸어 시냇가에 이르러 보니	行到水邊石
갠 날이라 물소리 더 크게 들리네	水聲晴更多
외나무다리에는 이끼 두껍고	苔深澁野彴
모래밭은 하늘과 맞닿았어라	天倒混溪沙
별빛은 씻은 듯이 반짝거리고	洗出星河色
나무에는 꽃이 맑게 피어 있구나	澄開樹木華
가련해라 깃들 곳을 정하지 못해	可憐棲不定
한밤중에 날아가는 저 까마귀여	中夜有飛鴉

파남[101]

坡南

낡은 집이 궁벽한 파남에 있어	老屋坡南僻
뜬구름이 영남 하늘 가로막았네	浮雲嶺外長
천지는 해지려는 갈옷 같은데[102]	乾坤猶敝褐
세월은 또 초가을로 접어들었네	歲月又新涼
꼿꼿하게 앉아서 문장 논하고	傲兀論文席
머물면서 객들과 교유를 맺네	棲遲結客場
황금대[103]는 아득한 옛일이라서	金臺千古事
덩굴풀이 소왕 유적 뒤덮었어라[104]	蔓草掩昭王

101 파남(坡南) : 이 당시 번암이 서울 남대문 근처에 있는 자신의 집에 와서 머물렀던 듯하다. 85쪽 주74 참조.

102 천지는……같은데 : 세월이 쉬지 않고 흐른다는 시적 표현이다. 즉 오랜 세월 쉬지 않고 흘러 천지가 해지려는 갈옷처럼 닳았다는 말이다.

103 황금대(黃金臺) : 연대(燕臺)라고도 한다. 전국(戰國) 시대 연(燕)나라 소왕(昭王)이 대를 지어 천금(千金)을 비치해 놓고 천하의 선비를 초빙하였던 데서 나온 말이다. 《戰國策 燕策1》

104 덩굴풀이……뒤덮었어라 : 천하의 인재를 초치하기 위해 황금대를 세웠던 연나라 소왕 같은 사람을 지금은 찾아볼 수 없다는 뜻인 듯하다.

외숙 이지회[105] 댁에서 권성서가 바둑으로 박군익을 꺾고 졸개들을 시켜 조촐한 술상을 차리게 하다

李叔 之晦 宅 權聖瑞以局戲屈朴君翊 使卒具小酌

한양에 와 머문 날이 오래다 보니	遊子久京華
가을날에 월성[106]이 더 늘어만 가네	越聲秋更加
그대는 바둑으로 군익 이기고	君能賺君翊
나는 마치 내 집인 듯 술에 취하네	吾醉似吾家
푸른 숲 근처에서 바둑을 두고	碁局靑林近
백하[107]에서 외상술 사 오게 하네	樽醪白下賒
평생토록 매인 곳이 없는 몸이라	百年從嘯傲
갓 매무새 삐딱하게 흐트러지네	巾拂自欹斜

105 외숙 이지회(李之晦) : ?~1771. 번암의 외종숙이다. 승지를 지냈으며, 그 밖의 인적 사항은 잘 드러나지 않는다. 《樊巖集 卷37 祭戚叔李承旨文》

106 월성(越聲) : 고향을 그리는 노래이다. 전국 시대 월나라 사람 장석(莊舃)이 초(楚)나라에서 벼슬하며 부귀를 누렸으나, 고국을 잊지 못하여 병중에 월나라 노래를 부르며 향수를 달랬다 한다. 《史記 卷70 張儀列傳》 여기서는 부모님이 계시는 단성(丹城)을 그린다는 뜻으로 한 말인 듯하다.

107 백하(白下) : 중국 남경(南京)의 별칭으로, 여기서는 한양을 지칭한다.

내가 곧 단성으로 돌아가려고 밤에 앉아 이별을 말하다

余將有丹丘之行 夜坐話別

밤중에 장안성의 나무들 위로	萬樹長安夕
서풍이 한줄기 비 뿌리고 가네	西風吹雨開
찬 다듬질 소리에 먼 꿈 놀라고	涼砧驚遠夢
가을 대는 이별하는 잔에 비치네	秋竹暎離杯
필마가 한양에서 오래 지체해	匹馬歲月晚
외로운 배 단성으로 떠나려 하네	孤舟江漢廻
어부들과 함께 고기 잡을지언정	無寧混漁釣
단연코 속물과는 상종 않으리	斷不竝駑駘

가을 회포

秋懷

가을날 넓은 강에 비가 내리니	江漢天新雨
비쳤던 만상(萬象)이 다 사라지도다	森森萬影虛
객지에서 벌레 우는 소리를 듣고	蟲聲爲客日
문을 닫고 지내다가 가을을 맞네	秋色閉門餘
묘당(廟堂)에선 조정하는 계책을 내고	廊廟調停策
산림에는 좋은 벗이 찾아오누나	山林惠好車
집오리 떼 벼와 메조 좋아하거니	稻粱群鶩喜
외로운 봉새 어찌 이를 취하랴[108]	孤鳳欲何如

108 집오리……취하랴 : 집오리 떼는 명리(名利)를 추구하는 세상 사람들을, 외로운 봉새는 자신을 비유한 말이다. 즉 많은 사람들이 명리를 추구하지만 자신은 그렇게 하지 못한다는 뜻이다.

서늘함
涼

성 남쪽에 내리던 비가 그치자	散盡南城雨
대화성[109]이 날아와 반짝거리네	飛來大火芒
탁 트인 하늘과 땅 해맑아지고	乾坤一淸豁
서늘한 물과 나무 경계 그은 듯	水樹劃虛涼
달이 뜨니 옷이 얇아 한기 느끼고	月上夏衣薄
귀뚜라미 우니 긴긴 밤이 괴롭네	蛩鳴秋夜長
작은 배가 드넓은 강을 떠가니	扁舟湖海闊
나의 도는 백구와 함께하는 것	吾道白鷗傍

109 대화성(大火星) : 음력 7월에 서쪽으로 흐른다는 심성(心星)이다. 《시경》 〈칠월(七月)〉에 "칠월에는 심성이 흐른다.〔七月流火〕"라고 하였는데, 주희(朱熹)는 7월이 되면 이 별이 내려와서 서쪽으로 흐른다고 하였다.

단성으로 길을 떠나는데 이별할 때 용시가 종이와 먹을 꺼내 시를 청하므로 그 자리에서 써서 주다

發丹丘行 臨別龍施出紙墨求詩 立草以贈

오동잎에 부는 바람 옷자락을 날리는데	桐風切切犯征衣
말에 올라 출발하니 별이 드문 새벽이네	騎馬出門星正稀
남곽에서 글 읽어도 예전 같지 않으리니[110]	南郭詩書非曩昔
가을날의 이별에 날씨조차 흐리구나	高秋離別少光輝
기러기는 새벽 참에 먼 하늘로 날아가고	賓鴻曉入青霄擧
바다제비 서늘한 비를 맞고 돌아가네	海燕涼隨白雨歸
오늘 밤 한스러운 자네 마음 알겠어라	斟酌吾君今夜恨
적막한 산 달빛 아래 빈 서재만 남았으니	月明岑寂講餘幃

110 남곽(南郭)에서……않으리니 : 남곽은 성 남쪽으로, 번암의 서울 집이 있던 남산 일대를 가리키는 듯하다. 번암은 어려서부터 이종사촌 동생 용시 이보연과 늘 함께 지내며 글공부를 했다고 한다.《樊巖集 卷38 祭外從妹尹氏婦文》이제 자신이 떠나게 되었으므로, 남은 이보연으로서는 번암 자신과 함께 글을 읽던 날처럼 글공부가 즐겁지 않을 것이라는 취지로 한 말이다.

죽저촌에 묵으며 오성권[111]과 함께 잤는데, 헤어질 때 매우 간곡하게 시를 청하므로 입으로 불러 부응하다

宿竹底村 與吳聖權聯枕 臨別求詩甚懇 口號以副

적막한 그대 집은 가파른 산기슭 옆	寥落君家傍絕阿
이 년 동안 고향에서 몸조리는 잘했는지	二年鄉國病如何
만날 때는 산성에 조각달이 떠올랐고	相逢月出山城小
헤어질 땐 죽저점에 가을 기운 생겨나네	一別秋生竹店多
객점에서 새벽까지 도란도란 얘기하고	客枕殘燈猶細話
마을 어귀 빗속에서 이별가를 부르도다	里門疎雨且離歌
앞일을 번거롭게 말할 필요 없으리	前期不用煩相說
우리 도는 산림 속에 누울 것을 생각하니	吾道端思臥薜蘿

111 오성권(吳聖權) : 오경운(吳經運, 1723~1754)이다. 68쪽 주52 참조.

깜깜해진 뒤 신창현에 도착하다

瞑抵新昌縣

사내종이 가을날 내를 건너니	僮僕涉秋水
내 마음이 어찌 편할 수 있으랴	我心寧自安
홀로 가는 길에는 사람이 없고	獨行人不見
초승달만 첩첩 산을 비추고 있네	微月下重巒
들판에 선 나무들이 때론 무섭고	野樹時時恐
내에 비친 별빛에는 한기가 도네	川星箇箇寒
먼 곳에서 개 짖는 소리 들리면	遙聞一犬吠
잠시나마 마음 조금 놓이곤 하네	聊得暫相寬

홍주의 시골집에서 머물다

次洪州庄

남하하는 기러기를 따라 멀리 내려온 건	身逐南鴻不厭賒
솔숲 있는 내 고향에 돌아오려 함이었네	故園歸計有松蘿
넘어가는 저녁 해는 들판을 갈라놓고	夕陽中割郊原去
가을 강은 여러 고을 비껴서 흘러가네	秋水斜連郡國多
청명한 날 산천에는 갠 빛이 어른대고	天淨海山搖霽色
밝은 마을 감 대추는 서리를 곧 맞으리라	村明柿棗逼霜華
어머님의 생신날에 국화주를 올릴 테니	萱堂萬壽黃花酒
다음 달 단성에는 웃음소리 넘치리라	來月丹丘溢笑歌

어머님의 생신이 바로 중양절(重陽節)이다.

홍주에서 이틀 밤을 자고 강경 쪽으로 길을 잡다
信宿洪州 路由江鏡

여행길의 더위와 누런 먼지를	鞍馬炎塵色
바람이 시원하게 씻어 주누나	湖風一灑然
나락은 들 햇살에 익어 가는데	稻秔薰野日
선박은 마을 향해 다가가도다	船舶控人煙
가을 맞은 포구에는 장이 붐비고	浦市秋逾盛
무지개다리 위엔 석양이 곱네	橋虹晚更鮮
어부와 나무꾼의 분주한 기상	漁樵紛氣象
갠 날을 기뻐하며 노래하누나	歌笛喜晴天

전주로 가는 길에 비를 만나다

全州道中遇雨

모래바람 쐬어 날로 얼굴이 야위는데	風沙日日減朱顔
푸른 나귀 비 맞으며 남쪽으로 돌아가네	南國青驢帶雨還
삼례[112] 근처 나루에 가을 물은 불어나고	秋水欲生參禮渡
건지산[113]은 저녁 무렵 구름에 덮여 있네	暮雲遙失建支山
외기러기 날아가는 객지 길은 아득한데	關河客路孤鴻外
만 잎 사이 민가에선 다듬이질 소리 나네	砧杵人家萬葉間
옷에 먼지 남아 있게 해서는 안 되리니	衣上不教留點滓
잠시 옷이 젖는 것을 누가 마다하겠는가[114]	暫時沾濕好誰慳

112 삼례(參禮) : 전주부에 소속되었던 역원(驛院)이다.

113 건지산(建支山) : 전주의 진산(鎭山)이다. 《신증동국여지승람(新增東國輿地勝覽)》에는 '건지산(乾止山)'으로 되어 있다.

114 옷에……마다하겠는가 : 먼 여행길에 덮어쓴 먼지를 씻어 주는 비를 싫어할 필요가 없다는 말이다.

오수역에서 자다

宿獒樹驛

외로이 나귀 타고 가는 나그네	楚楚騎驢客
오래된 역정에서 묵게 되었네	因之古驛亭
밥 먹는데 빈 뜰에는 초승달 뜨고	庭空飯微月
누웠자니 처마 틈엔 듬성한 별빛	簷缺臥疎星
성스러운 시대에 급제했건만	聖代容攀桂
정처 없이 떠다니는 부평초 신세	吾行不繫萍
조용히 스스로를 돌아보는데	靜然聊發省
빈 물가로 목탁 치며 중이 가누나	僧磬度虛汀

수곡점을 찾아가다가 길을 잃어 헤매다

尋樹谷店 失路迷所向

한 줄기 물길 따라 먼 길을 가며	一水隨征馬
굽이굽이 백번쯤 물을 건넜네	回回百渡之
번번이 갈림길을 만날 때마다	每逢路岐處
멀리 있는 농부에게 묻곤 했어라	遙問野人知
돌방아는 가을날에 급하게 돌고	石碓秋鳴急
목화는 비 때문에 못 따고 있네	綿花雨拾遲
종전부터 아름다운 무릉도원이	從來武陵境
곳곳마다 있는 것은 아닐까 했네	曲曲盡堪疑

근심을 떨치다

遣悶

바람이 숲에 불어 슬픈 기운 감도는데	叢薄蕭蕭氣正悲
관아에 홀로 앉아 한참을 바라보네	鈴齋孤眺强移時
서리 맞은 나뭇잎은 밝은 강에 비치고	江明彩射新霜葉
가랑비 속 바둑 소리 고요한 산에 높네	山靜聲高細雨棋
장이 파해 나루터가 행인들로 북적대고	爭渡行人休晚市
해 기울어 문 닫으니 새들이 돌아가네	閉門歸翼赴殘曦
단성이 멀다 하여 영락했다 생각 말라	漂零莫以丹丘遠
산세 깊어 들어앉아 독서하기 알맞으니	恣喜清幽稱下帷

아버님이 산음 현감을 겸임하여 공무로 환아정[115]에 가시는데 내가 모시고 갔다. 신안강(新安江) 배 안에서 공경히 아버님의 '괴정' 시에 차운하다

家大人兼綰山陰 因公赴換鵝亭 余追陪 新江舟中 敬次家大人槐亭韻

찬 숲의 나뭇잎들 서리 내려 놀라고 淒淒林葉曉驚霜
마름 끝에 서풍 부니 기러기 긴긴 생각 蘋末西風鴈思長
웃으면서 나귀 타고 수풀가로 나가니 笑策青驢林畔出
회계의 고운 산빛 시낭에 가득하네[116] 會稽山色滿詩囊

공경히 아버님의 원시 〈가을날 괴정에서 쉬다〉를 첨부하다

敬附家大人行秋憩槐亭原韻

온 골짝의 구름이 첫서리를 덮었고 滿峽雲容初護霜
큰 홰나무 그늘 곁엔 물소리가 길구나 大槐陰畔水聲長
삐딱한 바위 위에 길손이 앉아 조니 行人坐睡扠枒石
적적한 황혼 녘에 인신(印信) 하나 차고 있네 寂寂斜陽一印囊

115 환아정(換鵝亭) : 74쪽 주62 참조.

116 회계(會稽)의……가득하네 : 산음의 아름다운 경치를 소재로 많은 시를 짓는다는 말이다. 진나라 때 왕희지(王羲之), 사안(謝安) 등 42인의 명사들이 회계(會稽) 산음현(山陰縣)의 난정(蘭亭)에 모여 계사(禊事)를 행하고 성대한 놀이를 했던 고사가 있는데, 산음이라는 고을 이름이 회계 산음현과 같고, 또 산음현에 회계산이 있기도 한 데 착안하여 이렇게 쓴 것이다.

환아정에서 지곡사로 가다

自換鵝亭赴智谷寺

마을을 다 지나서 산 입구로 들어서자	穿盡邑村山口入
병처럼 좁던 골에 홀연 들이 열리누나	初似壺中忽野闢
겁이 나서 말을 내려 가마로 다리 건너	下驢凌兢輿渡橋
남쪽 숲에 도달하니 사찰 문이 우뚝 섰네	南抵林煙寺門卓
삼면에는 봉우리들 빽빽하게 둘렀는데	三面峯高密似圍
골짜기 문 앞쪽으로 작은 길이 나 있구나	洞門前呀行徑拆
비늘 같은 절집 기와 평지에 반사되고	魚鱗梵瓦照平地
작은 암자 산허리에 자리를 잡았어라	小菴或占山腰築
돌 누대에 자리 펴니 저녁 해가 비쳐 들고	鋪筵石樓樓日斜
중이 와서 북 치는데 크기가 집채 같네	僧來擊鼓鼓如屋
중의 말이 이 절 중은 누구보다 고달프니	僧言此寺僧最苦
관아가 절 가까이 있는 것이 이유지요	寺去官門纔咫尺
종이며 신발이며 새끼줄을 막론하고	無論紙鞋與繩索
관아에서 온갖 것들 쉴 새 없이 요구하여	官門百須紛相責
아침에 마음 다해 관의 명을 봉행하면	朝奉官旨竭心行
저녁때도 되지 않아 명이 다시 이르지요	未暮已又官旨續
아전들이 날뛰는 게 포악한 범과 같아	官吏隳突惡若虎
승도들을 개 묶듯이 묶어 가곤 하는데	縛束僧徒如犬縛
수령은 부모이니 감히 불평 못 하지만	官是父母何敢說
아전들이 제 주머니 물건처럼 여기지요	鄉廳吏廳爲囊橐

공역은 무한하고 받들 힘은 부족하니	公役無限力有限
당장 먹을 양식조차 거덜이 나 버렸지요	以玆僧不謀朝夕
탄식하는 중의 말에 가을밤이 깊어 가고	僧語唧唧秋夜深
어둑한 푸른 창에 등불 심지 떨어지네	碧窓翳翳蓮燈落
이보게나 마음 아픈 얘기는 그만하게	僧兮僧兮勿復言
샘물 소리 고운 달빛 못 즐길까 두려우니	恐損我泉聲月色今宵樂

절에서 밤에 삼가 아버님의 시 〈옛 하동을 지나다〉에 차운하다

寺夜敬次家大人過古河東韻

늘어선 전각들은 만 잎에 덮였는데	臺殿逶迤萬葉籠
까마귀의 뚜렷한 빛 찬 하늘을 비추도다	歸鴉的的照寒空
종소리 그친 뒤에 단향 연기 잦아들고	檀煙少歇疎鐘後
노송나무 동편에는 나월이 떠 오르네	蘿月微昇老檜東
가을 연하 담담한데 중들은 참선하고	僧定雲霞秋淡淡
누대에는 밤늦도록 노랫소리 피리 소리	樓高歌吹夜濛濛
회계산과 경호강의 맑은 경치 한없으니	稽山鏡水無邊色
겨드랑에 시원하게 어구풍이 불어오네[117]	腋下泠然禦寇風

공경히 아버님의 시를 첨부하다 敬附家大人韻

견여가 칡 헤치며 무성한 숲 벗어나니	肩輿披葛出蒙籠
아득히 푸른 하늘 두 눈으로 들어오네	雙眼迢迢際碧空
해 뜰 때의 구름 안개 바닷가와 같은데	初日雲煙猶海上

117 겨드랑에……불어오네 : 겨드랑에서 날개가 돋아 바람을 타고 날아다니는 신선이 된 듯하다는 말이다. 어구(禦寇)는 열어구(列禦寇)로, 열자(列子)의 이름이다. 《장자(莊子)》 〈소요유(逍遙遊)〉에 "대저 열자는 바람을 타고 시원스럽게 돌아다니다가 보름 만에야 돌아오곤 한다."라고 하였다.

가을날의 성곽은 옛 하동 땅이로다	高秋城郭古河東
두어 고을 소나무는 구름까지 닿아 있고	數州松色參雲黑
백 리의 시내 꽃들 빗속에서 흐릿하네	百里川華間雨濛
누가 알랴 애달픈 나그네의 이 심정을	誰識旅遊心更折
타향에서 국화 위로 바람 부는 때 만났으니	異鄉時節菊花風

동짓날

至日

찬 고개의 나무에는 총총한 별들	嶺寒星矗樹
흰 강의 하늘에는 날리는 눈발	江白雪黏天
이곳에서 동짓날을 다시 맞으니	復此逢至日
마음이 작년처럼 즐겁진 않네	歡娛非往年
남쪽 배는 병으로 매인 날 많고	南船多病繫
북쪽 서찰 전해 주는 사람 적구나	北札少人傳
쓸쓸하게 관아의 한 모퉁이에서	蕭瑟城頭角
홀로 밤을 보내며 잠 못 이루네	難爲獨夜眠

경신일 밤[118]의 노래

庚申夜放歌

지난날 한양에선 수많은 명사(名士)들과	昔在長安多勝流
해마다 경신일에 밤놀이를 즐겼었지	每年不負庚申遊
올해는 경신일에 영남 땅에 와 있는데	今年庚申在嶺南
솔 소리와 푸른 대가 이별 시름 더해 주네	松聲竹色增離憂
그대 보지 못했는가 단성현 앞 강물이	君不見丹城縣前江
어찌 그리 유유하게 밤낮없이 흐르는지	可憐東流日夜何悠悠
밤낮없이 흘러가서 돌아오지 않으니	悠悠日夜去不返
앉아서 해와 달이 갈마드는 것을 보네	坐看烏兎迭相遒
대륙에 진창 말라 기러기와 고니 굶고	大陸泥晴鴻鵠飢
중원에 풀이 죽어 준마가 시름하네	中原草死騕褭愁
이 먼 곳에 익경[119]이 와 주지 않았다면	向非翼卿遠相存
좋은 밤에 한잔 술을 누구와 마실 건가	一樽誰與良宵謀
고적한 백마성[120]에 달과 별이 떠오르고	白馬城孤月星動

118 경신일(庚申日) 밤 : 이전에는 60일에 한 번씩 돌아오는 경신일에 밤을 지새우는 풍속이 있었다. 이는 사람의 몸에 있는 삼시충(三尸蟲)이 잠을 자는 사이에 몸 밖으로 빠져나가 상제(上帝)에게 그동안의 죄과를 낱낱이 고해바쳐 수명을 단축시킨다고 여긴 데서 나온 것으로, 도가적인 장생법의 하나이다. 편집된 앞뒤 시를 참고하면 이때는 음력 12월로 보인다.

119 익경(翼卿) : 번암의 막내 매제 이태운(李台運, ?~1760)이다. 자가 익경, 본관은 함평(咸平)이다.

사람 없는 우화루에 눈구름이 걷혔으니	羽化樓空雲雪收
만약 지금 안 즐기면 세월은 가고 말리	今者不樂歲不留
어제 꿈엔 등불이 파곡[121]을 비췄건만	昨夢林燈照坡曲
깨어 보니 하늘 끝에 이 한 몸이 누워 있네	覺來身臥天之陬
이제[122]의 산방에서 시를 몇 수 지었던가	李弟山房幾首詩
오형[123]의 해국에선 뱃놀이를 하였었지	吳兄海國猶扁舟
한 해가 저무는데 만나 보기 어려우니	歲暮人生難會面
긴 밤 내내 즐기던 일이 더욱 생각나네	夜長樂事尤回頭
따뜻한 술 밝은 등불 밤기운이 서리는데	酒暖燭明氣蟠霄
일어나서 하늘에 뜬 은하수를 바라보며	起視樑棟天河浮
객수로 늙어 가지 말자고 다짐하네	愼勿羈愁容鬢秋

120 백마성(白馬城) : 산청군 신안면의 백마산이다. 단성면 적벽산과 인접해 있는 백마산은 사면이 깎아지른 듯한 절벽으로 자연적인 산성을 이루었다.

121 파곡(坡曲) : 번암의 서울 집을 가리키는 듯하다. 58쪽 주28 참조.

122 이제(李弟) : 번암의 매제 이태운(李台運)을 가리킨다.

123 오형(吳兄) : 번암의 손위 처남 즉 부인 동복 오씨(同福吳氏)의 오빠를 가리키는데, 오대겸(吳大謙) 또는 오대유(吳大有)인 듯하다.

비 내리는 밤에 즉흥적으로 읊다

夜雨卽事

비와 안개 저물도록 걷힐 줄을 모르는데	林雨汀煙暝不開
강 저편 사람 소리 진양으로 돌아가네	隔江人語晉陽廻
쌍쌍이 든 횃불이 신안 나룻길 비추니	雙雙火照新安路
오늘 밤에 청어를 진상하러 온 것이네	今夜青魚進上來

공경히 아버님의 시 〈차운하여 여우 상인에게 주다〉에 차운하여 써서 여우에게 부치다

敬步家大人次贈汝愚上人之韻 書寄汝愚

한가로이 산속에서 연잎 옷 입고　　境閒荷製服
출타 않아 나막신에 이끼 덮였네　　門掩屐生衣
떠도는 몸 여전히 낯선 자린데[124]　　蓬梗仍他席
이때에 또 산초나무 꽃이 피었네　　椒花又此時
지난날 찾아 주지 않았더라면　　向非飛遠錫
내 어찌 맑은 인품 접했으리오　　那得接淸機
눈 맞으며 가사를 새로 만들고　　鬪雪新磨衲
구름 속에 몰래 시를 감춰 두었네　　攜雲暗護詩
묘한 향기 관사에 퍼져 나가니　　妙香官舍覺
참된 기운 아전들이 알아보도다　　眞氣吏人知
무리를 떠나와서 불경 외우고　　貝葉離喧誦
출정하여 긴 지팡이 짚고 왔도다　　胡藤出定持
빈 골짝의 발소리로 교석에 답례하고[125]　　空跫答喬舃

124 떠도는……자린데 : 낯선 자리는 자신이 늘 있던 곳이 아닌 타향을 가리킨다. 당(唐)나라 왕륵(王勃)의 시 〈구일승고(九日升高)〉에 "구월 구일 중양절에 망향대에 올라서, 낯선 자리 타향에서 나그네 전송하네.〔九月九日望鄕臺, 他席他鄕送客杯.〕"라고 하였다. 자신이 여전히 부평초처럼 객지에서 떠돌고 있다는 뜻으로 한 말이다.

125 빈 골짝의……답례하고 : 《장자(莊子)》 〈서무귀(徐无鬼)〉에 "텅 빈 골짜기에 숨어 사는 이는 사람의 발자국 소리만 들어도 기뻐하는 법이다.〔逃空虛者, 聞人足音跫然

행각으로 준마 탔던 지둔(支遁)을 비웃도다[126]	行脚笑支騏
방장산 옆에 와서 나그네 되니	爲客隣方丈
돌아가고 싶어서 배에 누웠네[127]	思歸臥楫師
저물도록 즐거운 대화 나누고	軒陰改軟語
노을이 붉게 탈 때 먼 산을 보니	霞焰對脩眉
다리 옆 나무에는 장기(瘴氣) 걷히고	瘴歇橋邊樹
성곽 밖의 비 앞길은 말라 있도다	泥晴郭外碑
세속 인연 끊은 몸이 어찌 머물랴	緣空那可住
생각 들자 돌아간다 인사를 하네	意到遂言歸
한스럽게 용과 함께 호위 못 하니[128]	恨負參龍護

而喜.〕"라고 하였는데, 여기서는 여우(汝愚) 상인이 찾아와 주었다는 말이다. 교석(喬舃)은 동한(東漢) 때 왕교(王喬)가 섭현(葉縣)의 영(令)으로 부임한 뒤에 서울에 올 때마다 두 마리의 들오리를 타고 왔는데, 그 들오리를 잡아 보니 그가 과거 상서성(尙書省)에 있을 적에 하사받은 신발 한짝만 남아 있었다는 고사에서 나온 말로, 지방관을 뜻한다.《後漢書 卷82上 方術列傳 王喬》 여기서는 산청 현감인 번암의 부친 채응일(蔡膺一)을 가리킨다. 즉 여우가 앞서 채응일이 자신을 방문해 준 데 답하기 위해 산청 관아로 찾아왔다는 말이다.

126 행각(行脚)으로………비웃도다 : 지둔(支遁)은 진(晉)나라의 고승(高僧)인데 준마를 매우 좋아하였다고 한다.《世說新語 言語》 여우가 행각을 하며 관아로 찾아왔기 때문에 말과 관련된 지둔의 고사를 인용한 것이다.

127 배에 누웠네〔臥楫師〕 : 즙사(楫師)는 뱃사공이다. 구조로 보면 뱃사공이 누웠다고 할 수는 없고, 작자가 즙사에 누웠다는 것도 말이 되지 않는다. 상식선에서 '돌아가고 싶어서 늘 배를 타고 돌아갈 날만 기다린다.'라는 뜻으로 이렇게 번역하였으나, 작자가 어떤 의도로 쓴 것인지는 잘 파악되지 않는다.

128 용(龍)과……하니 : 불법(佛法)을 수호하는 여덟 신장(神將) 가운데 용이 으뜸이었던 데 착안해서 쓴 말로 보인다.

어찌 학과 짝이 되어 추종하리오　　爭能伴鶴追
언 강의 찬 기운이 꿈을 깨우고　　氷江寒攪夢
관사의 등불 아래 그리움 깊네　　官燭黯增思
쌍명암의 봄 폭포를 보러 갈 테니　　春瀑雙明約
솔 오솔길 나를 위해 닦아 놔 주오　　松蹊爲我治

공경히 아버님의 시를 첨부하다 敬附家大人韻

까마득히 먼 산속 율곡사[129]에는　　迢迢栗谷寺
초연하게 가사 입은 승려가 있어　　矯矯稻畦衣
가부좌 틀고 앉아 천고에 놀고　　斂履遊千古
명상하며 사계절을 보내곤 하네　　冥心了四時
얼음이 비추어서 살결이 되고[130]　　氷惟暎爲肉
구름은 절로 덕기(德機) 감추었어라[131]　　雲自杜成機

129 율곡사(栗谷寺) : 신라 시대에 창건된 절이다. 당시 단성현 척지산(尺旨山)에 있었으며, 현재의 행정구역으로 산청군 신등면에 속한다.

130 얼음이……되고 : 여우(汝愚) 상인의 피부가 얼음처럼 투명한 것을 묘사하는 말인 듯하다.

131 구름은……감추었어라 : 덕기(德機)를 감춘다는 것은 덕(德)의 움직임, 즉 자신의 생명력을 드러내지 않고 숨기는 것이다. 정(鄭)나라에 계함(季咸)이라는 신통한 무당이 있어 열자(列子)가 칭찬을 하자, 호자(壺子)가 그를 데리고 와서 자신의 관상을 보게 하였다. 계함이 호자의 관상을 보고는 열흘을 못 넘기고 죽을 관상이라 하고 갔는데, 이 말을 들은 호자가 열자에게 "나는 그에게 움직이지도 멈추지도 않는 땅 모양의 관상을 보여 주었다. 그는 아마도 나에게서 생명력이 막혀 있는 상태를 보았을 것이다." 라고 하였다. 《莊子 應帝王》 여기서는 자연 속에서 자신의 진면목을 감추고 사는 인품

생계는 탁발하여 꾸려 나가고　　契活生蓮鉢
문장은 국화 시를 물어볼 수준[132]　　文章問菊詩
장명등(長明燈)은 속세에서 보기 어렵고　　龕燈世難見
식사 때의 경쇠 소리 새들이 아네　　飯磬鳥方知
공무에 매인 몸이 틈을 내어서　　簿牒曾餘暇
마침내 불경 들고 사찰 찾으니　　楞伽遂一持
보리심은 달아나던 마음 돌리고　　道心回逸鹿
북쪽 향한 그리움도 진정되었네　　朔思去罷騏
지경이 툭 트여서 산귀신 없고　　境闢無山鬼
청명한 가을날에 비도 걷히니　　秋淸捲雨師
관아에서 나계[133]를 저버렸지만　　公門背螺髻
등불 아래 고아한 모습 꿈꿨네　　官燭夢芝眉
어젯밤 나루에는 얼음이 얼고　　昨夜氷平渡

을 가리키는 듯하다.

132 문장은……수준 : 왕안석(王安石)의 시 〈잔국(殘菊)〉에 "저물녘 비바람에 원림이 컴컴한데, 남은 국화 떨어지니 황금빛이 땅에 가득.〔黃昏風雨暝園林, 殘菊飄零滿地金.〕"이라고 하였는데, 구양수(歐陽脩)가 이 시를 보고는 "꽃들이 다 떨어지지만 국화는 가지 위에서 말라 시들 뿐인데, 어찌 '떨어졌다'고 말할 수 있겠는가?"라고 하니, 왕안석이 크게 성을 내며 "이는 〈초사(楚辭)〉의 '저녁에는 떨어진 가을 국화를 먹네.〔夕餐秋菊之落英.〕'라는 말을 알지 못한 것이니, 구양수가 배우지 못해 저지른 과실이다."라고 하여, 시구를 두고 논쟁을 벌였던 일이 있다. 여기서는 여우 상인의 시가 그 정도의 경지에 올랐다는 뜻으로 한 말인 듯하다.

133 나계(螺髻) : 부처를 가리킨다. 불가(佛家)에서 말하는 대범천왕(大梵天王)의 머리카락이 소라와 같다고 하여 그를 나계범왕(螺髻梵王)이라고 일컫던 데서 나온 말이다.

앞길의 비에 눈이 흩뿌렸는데	前街雪糝碑
표연히 바람 맞고 찾아왔다가	飄然涉風至
껄껄 웃고 물 거슬러 돌아갔어라	笑罷遡溪歸
애초부터 마음이 잘 맞았으므로	微尙忻初愜
따라갈 수 없는 게 한스럽지만	冲規恨莫追
불가에는 본래부터 애착 없으니	渠家本無愛
빈집에서 단지 서로 그리워할 뿐	虛閣但相思
산속에서 만난 흥취 못다 했기에	不盡丹梯興
어쩌면 짚신 신고 다시 찾으리	靑鞋或更治

을축년(1745, 영조21) 원일에 이 동년 몽서[134] 이름은 성경인데 뒤에 헌경으로 개명하였다. 를 생각하다 20운

乙丑元日懷李同年夢瑞 星慶後改獻慶 二十韻

원일은 예로부터 있었지마는 元日雖從古
객지살이 시름은 지금 겪는 것 羈愁實在今
한양은 북두성과 인접해 있고 京城隣北斗
고향 소식 남금[135]과 맞먹는다오 鄕信敵南金
세월은 뜬 인생이 한스럽지만 歲月浮生恨
시서는 어진 선비 마음이로다 詩書良士心
객지에서 분주하게 오고 가느라 客遊紛去住
우리들의 만남이 뜸하였어라 吾輩曠招尋
그대는 조정의 훌륭한 선비 之子當朝彦
시에는 옛 음조가 깃들어 있네 爲詩有古音
질주하는 천리마와 같은 자질에 驥凌千里迅
반딧불은 오거서(五車書)를 비추었어라[136] 螢照五車深

134 이 동년 몽서(李同年夢瑞) : 이헌경(李獻慶, 1719~1791)으로, 본관은 전주(全州), 초명은 성경(星慶), 자는 몽서, 호는 간옹(艮翁)이다. 1743년(영조19) 번암과 함께 정시 문과에 병과로 급제하였다. 1751년 정언이 된 뒤 사헌부와 사간원, 홍문관의 직책을 두루 맡았다. 그 뒤 동부승지, 대사간, 한성부 판윤 등을 역임하고 1790년(정조14) 기로소(耆老所)에 들어갔다. 저서로는 《간옹집(艮翁集)》이 있다.

135 남금(南金) : 중국의 남방인 형주(荊州)와 양주(揚州) 지방에서 나는 품질 좋은 금이다.

나에게 속마음을 털어놓았고	心事於吾瀉
술 취하면 눈썹을 치켜세웠네	眉稜得酒森
밝은 때에 이 같은 사람을 보니	明時見此物
홀연히 일어남을 누가 금하랴	倏起復誰禁
쏘는 족족 표적을 명중시키고	碎的無虛箭
문단에선 덮었던 이불 뺏었네[137]	騰毫捷覆衾
금첩의 보답[138]을 동시에 입고	俱膺金帖報
친림(親臨)하신 성상께 함께 절했지	同拜袞衣臨
대궐 문이 열리면서 해와 달 뜨고	日月開閶闔
늘어선 반열 위로 소소[139] 울렸네	簫韶列佩簪
당시에 우리 함께 활보했는데	當時兩高步
이별하고 떠나오니 첩첩 산들뿐	一別疊群岑
자라와 악어 굴에 종적 감추고	斂跡黿鼉窟
비겹 우는 숲에서 책을 보노라	看書鶺鴒林

136 반딧불은 오거서(五車書)를 비추었어라 : 오거서는 다섯 채의 수레에 실린 책으로, 많은 독서량을 뜻한다. 이헌경이 형설(螢雪)의 공을 쌓았다는 말이다.

137 문단에선……뺏었네 : 시문(詩文)이 뛰어남을 형용하는 말이다. 당(唐)나라 무후(武后)가 용문(龍門)에서 잔치할 때 신하들 가운데 제일 먼저 시를 지은 동방규(東方虯)에게 비단 도포〔錦袍〕를 하사하였다가, 잠시 뒤 송지문(宋之問)의 시를 보고는 감탄하여 그 도포를 빼앗아 송지문에게 주었던 고사에서 나온 말이다.《舊唐書 卷190 宋之問列傳》 도포 대신 이불이라고 한 것은 운자(韻字)를 맞추기 위해서인 듯하다.

138 금첩(金帖)의 보답 : 금첩은 금분(金粉)으로 장식한 서신으로, 대과에 급제하는 것을 가리킨다. 당(唐)나라 때 새로 급제한 사람이 가서(家書)에 이금첩(泥金帖)을 첨부해서 등과(登科)의 소식을 전하던 데서 온 말이다.

139 소소(簫韶) : 순(舜) 임금의 음악 이름이다.

말은 갈 곳 없어서 시름을 하고	馬愁天欲盡
부평초는 가없는 바다 겁내네	萍怯海無潯
우리 도는 은자(隱者)의 삶 감내하거니	吾道堪烏帽
〈고산곡〉을 소금으로 연주하도다[140]	高山郎素琴
가을에 찾아와서 많은 시 지어	秋裝蒙數什
낯선 데서 읊조리는 날 위로했지	他席慰孤吟
한양 땅의 소식은 눈에 끊기고	雪斷終南鴈
서리 내린 영남에는 다듬질 소리	霜鳴嶺外砧
긴 비늘을 잡아 둘 수 있으랴마는[141]	脩鱗那得挽
남미주[142]를 우리 함께 들지 못하네	婪尾不同斟
밝은 시대 훌륭한 인물이 많고	聖代才賢足
객거(客居)에는 장기(瘴氣)가 침범하도다	浮居瘴癘侵
그리워하는 때에 봄까지 오니	相思又春色
매화 피면 밝은 해가 그늘 걷으리	梅日沃群陰

140 고산곡(高山曲)을 소금(素琴)으로 연주하도다 : 〈고산곡〉은 〈고산유수곡(高山流水曲)〉의 준말로 〈아양곡(峨洋曲)〉이라고도 한다. 춘추 시대 백아(伯牙)가 거문고를 타면 그의 벗 종자기(鍾子期)가 그 음악을 잘 알아들었던 데서 지음(知音) 또는 지기(知己)를 가리키게 되었다. 소금은 장식이 없는 거문고로, 은자의 거문고를 가리킨다. 이 구절은 은자로 살아가는 자신의 삶을 알아주는 지기가 이헌경이라는 뜻인 듯하다.

141 긴 비늘을……있으랴마는 : 한 해가 저물고 새해가 다가오는 것을 막을 수 없다는 뜻이다. 소식(蘇軾)의 시 〈수세(守歲)〉에 "한 해가 저무는 걸 알고자 하면, 골짜기로 들어가는 뱀과 같아라. 긴 비늘이 반은 이미 들어갔으니, 가는 것을 누가 능히 막아내리오.〔欲知垂盡歲, 有似赴壑蛇. 脩鱗半已沒, 去意誰能遮.〕"라고 하였다.

142 남미주(婪尾酒) : 연회 때 술을 한 순배 돌리다가 마지막 사람에게 다다르는 것이다. 여기서는 묵은해를 보내고 새해를 맞으며 함께 술을 마시는 것을 뜻한다.

방장산가를 지어 한양으로 돌아가는 이익경 태운 을 전송하다

方丈山歌 送李翼卿 台運 還京

과거 날짜가 연기되어 익경이 출발하지 않았다.

그대는 모르는가	君不見
삼한의 밖에 있는 삼신산 가운데서	三神山在三韓外
신비함과 수려함은 방장산이 으뜸임을	神秀輒數方丈最
깎을 때에 하부[143]를 빌렸을 리 없건마는	刻鏤寧借夏斧飛
날카로운 봉우리가 남두성을 찌를 듯	崚嶒恐觸南斗壞
남쪽 땅은 사월에도 날씨가 무덥지만	炎州四月天似爇
천왕봉 정상에는 아직 눈이 펄펄 날고	天王絶頂猶飛雪
원기가 아득하여 가없는 바다 끝에	元氣茫茫海無壁
터럭 같은 유구국과 일본이 보이도다	琉球日本細如髮
천계의 울음소리 지척에서 들리는 듯	天鷄彷彿咫尺聞
생황 소리 아련하게 하루 세 번 퍼지는데	鸞笙縹緲三時發
중국에서 말만 듣고 진면목을 보지 못해	中原聞名不見眞
진 시황과 한 무제의 백발 날로 늘어 갔네[144]	秦皇漢武白髮新
거령이 몇 번이나 무함의 뼈 조문했나[145]	巨靈幾弔巫咸骨

143 하부(夏斧) : 하나라 우(禹) 임금의 도끼이다. 우 임금이 9년 동안 홍수를 다스릴 때 신부(神斧)를 사용하여 용문산(龍門山)을 끊어 물길을 텄다고 한다.

144 진 시황(秦始皇)과……갔네 : 진 시황과 한 무제(漢武帝)가 삼신산에 불로장생하는 선약이 있다는 방사(方士)들의 말을 믿고 사람을 보내어 구해 오게 하고, 동쪽 바닷가까지 직접 갔다는 기록이 있기 때문에 한 말이다. 《漢書 卷25 郊祀志》

폭풍이 동남 실은 배를 용서 않았어라[146] 逸颶不饒童男船
조령을 넘어서면 수십 개의 고을들이 鳥嶺以外數十郡
다닥다닥 올망졸망 자리를 잡고 있고 裂趾枕腹紛星陳
그 가운데 단성은 단구[147]라고 불리는데 中有丹城號丹丘
거사가 이곳에서 포의(布衣)로 지낸다네 居士居之不冠巾
지난날 절을 하고 〈장양부〉[148]를 올렸을 때 往者拜獻長楊賦
군왕께서 명정문에 나와 소견하셨지만 君王召見明政門
관모(冠帽)가 어찌 내게 돌아올 리 있겠는가 烏帽豈爲吾輩設
거사가 껄껄 웃고 서진으로 나왔어라[149] 居士大笑出西秦

145 거령(巨靈)이……조문했나 : 거령은 화산(華山)을 쪼개어 황하를 흐르게 했다는 하신(河神)의 이름으로, 진(秦)나라의 수도 함양(咸陽)과 한나라의 수도 장안(長安)과 지역적으로 연관이 있다. 무함(巫咸)은 은(殷)나라 고종(高宗)의 현신(賢臣)으로서 복서(卜筮)를 창시한 신무(神巫)의 이름인데, 여기서는 삼신산의 선약을 구해 오겠다고 했던 방사(方士)들을 가리키는 듯하다. 즉 진 시황과 한 무제 때 방사들이 여러 차례 선약을 구하러 갔다가 돌아오지 못하고 죽은 것을 두고 한 말인 듯하다.

146 폭풍이……않았어라 : 진 시황이 동해(東海)의 삼신산(三神山)에 불사약이 있다는 방사(方士) 서복(徐福)의 말을 듣고 그에게 동남동녀(童男童女) 수천 명과 함께 배를 타고 가서 불사약을 구해 오게 하였으나, 바다로 나간 이들은 아무런 소식이 없었다. 《史記 卷6 秦始皇本紀》 여기서는 불사약을 찾으러 간 방사 일행이 폭풍을 만나서 돌아오지 못했다는 뜻이다.

147 단구(丹丘) : 전설 속의 신선이 산다는 곳이다.

148 장양부(長楊賦) : 한(漢)나라 양웅(揚雄)이 성제(成帝)에게 올렸던 부(賦)로, 명문장으로 일컬어진다. 《漢書 卷87 揚雄傳下》 여기서는 자신이 과거에 응시했던 일을 가리킨다.

149 거사(居士)가……나왔어라 : 서진(西秦)은 옛날 중국의 서쪽 지역에 있었던 진(秦)나라를 가리키는데, 여기서는 번암 자신이 먼 남쪽 땅 단성으로 내려오게 된 일을 두고 말한 것이다.

진주성 아래에는 구름이 자욱하고　矗石城下萬磧雲
우화루 앞 들판은 방초 돋은 봄날인데　羽化樓前芳草春
방초 돋은 봄날 가고 가을 낙엽 휘날리면　芳草春歸秋葉飛
나는 누굴 생각하나 내 친구를 생각노라　我思伊何思故人
지난해 강추위가 몰아치던 십이월에　去歲玄冬十二月
그대 여윈 말을 타고 서울을 떠나오니　君騎瘦馬辭長安
방장산 앞 강물에 저녁 연무 피어날 때　方丈山前江氣夕
배회하던 내가 문득 서울 손님 만났어라　徘徊忽逢長安客
바둑 두던 난간에는 맑은 바람 대에 불고　晴軒對棋竹籟鳴
시 겨루던 서재에는 등잔 심지 떨어졌지　夜堂鬪詩燈花落
나와 그대 수창하여 먹물이 홍건하니　我唱君酬墨汁豪
세모의 즐거움이 높은 벼슬 맞먹었네　歲暮此樂公侯敵
그대여 이와 같은 즐거움이 어떠한가　子兮如此樂事何
정월달 경신일[150]에 촛불 켜고 지새웠지　上元之月庚申燭
취한 뒤엔 강직한 태도 금치 못하였고　醉後誰禁骯髒態
호기로워 방황하는 표정 짓지 않았어라　狂來不作棲遑色
얼마 안 돼 그대가 과거 보러 간다 하니　無何汝稱赴禮闈
인생살이 만남과 이별이란 알 수 없네　人生聚散不可期
강 얼음이 풀리고 언 땅도 녹았으니　江漢氷開后土釋
남쪽에서 돌아가는 배를 용이 호위하리　南國歸舟龍護之
그댈 지금 보내면 언제 다시 오려는지　送君去來何日
하늘 끝에 구름이 아득하게 덮였어라　碧雲渺渺迷天末

150 경신일(庚申日) : 138쪽 주118 참조.

나도 이젠 먼지 덮인 속세를 벗어나서　我亦從此脫塵寰
짚신 신고 길을 나서 방장산을 향해 가리　青鞋去去方丈山
신선이 왜 이렇게 늦게 왔냐 말을 하고　仙之人兮謂余來何遲
황정[151] 복령[152] 대부분 천년이나 묵었을 터　黃精茯苓動千年
힘들게 백전[153]하는 그댈 굽어보노라면　下窺夫子白戰苦
마당의 싸움닭들[154] 모두가 가여우리　登場萬鷄俱可憐
훗날 그대 내려와서 곡강연에 참석하여[155]　恐君他日來從曲江宴
피리 불어 잠든 나의 난학을 깨우리라　笛聲攪我鸞鶴眠

151 황정(黃精) : 옛날 도사(道士)와 선인(仙人)들이 복용했다는 약초이다.

152 복령(茯苓) : 소나무 뿌리에 기생(寄生)하는 일종의 버섯으로, 한약재로 사용된다. 송진이 땅속에 스며들어 천년이 지나면 복령이 된다고 한다.

153 백전(白戰) : 무기 없이 싸우는 백병전(白兵戰)으로, 시제(詩題)에 흔히 쓰이는 글자의 사용을 금하는 금체시(禁體詩)를 비유해 한 말이다. 구양수(歐陽脩)가 눈이 내리는 날 빈객들과 영설시(詠雪詩)를 지으면서 시제에 흔히 쓰이는 글자들을 금하기로 한 것이 그 시초인데, 여기서는 과거에 응시하여 시를 짓는 것을 뜻한다.

154 마당의 싸움닭들 : 과거 응시자들을 두고 한 말이다.

155 훗날……참석하여 : 곡강연(曲江宴)은 진사시(進士試) 합격자들에게 베풀어 주는 축하연으로, 당(唐)나라 때 급제자를 발표한 뒤 곡강정(曲江亭)에서 연회를 열어 주었던 데에서 유래하였다. 여기서는 이태운이 과거에 합격하고 단성으로 내려와서 축하연에 참석할 것이라는 뜻으로 한 말이다.

풍신가[156]

風神歌

며느리 떡을 빚고 아이는 고기 사다	新婦作餠兒買肉
노부모들 절을 하고 신 앞에 엎드리네	翁婆再拜神前伏
신은 와서 흠향하고 변변찮다 하지 마오	神來但歆莫謂貧
어제 환곡 나눠 주어 나도 받아 온 거라오	昨日分糴儂亦得
마당에 흙 뿌리고 북을 둥둥 두드리니	黃土灑庭鼓鼕鼕
촌집에서 바라는 건 실로 큰 게 아니라오	村家有願誠不侈
키우는 가축들이 번갈아 새끼 쳐서	宅中牛羊迭生雛
자식들 나눠 주어 살림 밑천 삼게 하고	分與衆子爲生理
동쪽 비탈 논에는 새들이 들끓으니	東陂種禾多鳥雀
모두 쫓아 벼가 잘 여물도록 해 주시고	願神驅去滋我穗
가을 되면 수확하여 관아에 조세 바쳐	秋成及時入官倉
내 살갗이 회초리질 면하도록 해 주시오	令我肌膚免楚箠

156 풍신가(風神歌) : 민속에서 '영등할머니'라고 일컫는 영등신(永登神)에 대한 시이다. 영등신은 2월 1일에 내려와서 농가(農家)의 여러 가지 일들을 살펴보고 20일에 다시 하늘로 올라간다고 하는데, 신이 내려오는 날 비가 오면 풍년이 들고, 바람이 불면 흉년이 든다고 한다. 황현(黃玹)은 "영등은 어떤 신(神)인지 알 수 없다. 2월 1일에 그를 맞이하고 20일에 보내는데, 이날 부녀자들은 정결하고 경건하게 목욕재계하고 기도를 한다. 이날 바람이 불면 바람영등〔風永登〕이라 하고, 비가 오면 비영등〔雨永登〕이라 한다. 그 풍속은 100여 년 전부터 영남(嶺南)에서 비롯되었는데, 영남과 경계를 이룬 호남(湖南), 호서(湖西), 관동(關東) 등지에서 모두 그 풍속을 본받고 있다."라고 하였다. 《梅泉集 卷2 永登神》

손자들 이제 겨우 두서너 살 되었는데	生孫二歲或三歲
군적(軍籍)에 오를까 봐 두려울 뿐이라오	秖恐名入簽丁裏
신이여 부디 우리 식구들을 보살펴서	神乎佑我一家人
이듬해 이월에도 신을 다시 맞게 하오	明年二月復迎神

즉흥적으로 읊다
卽事

요망한 무지개가 해를 관통해 黃道妖虹裏
정월에 애통한 윤음 내리니 哀綸正月中
한 나라의 사직이 위태롭건만 艱危國社稷
신하들은 붕당에 여념 없도다 朋黨爾臣工
무장을 한 원수(元帥)가 출동을 하고 戈甲元戎動
여염에는 사자가 오고 가누나 閭閻使者通
기국의 눈물[157] 누가 가련해할까 誰憐杞國淚
눈물 젖은 얼굴로 하늘만 보네 霑灑望高穹

이때 무지개가 해를 관통하는 변고가 있었는데, 상이 비망기(備忘記)를 내려 백성들의 고통을 덜어 주게 하고, 사자(使者)를 보내어 말 못 하는 원통함을 풀어 주게 하였다. 또 봄철 군사훈련을 하도록 명했다고 한다.

157 기국(杞國)의 눈물 : 기국의 어떤 사람이 하늘이 무너지면 피신할 곳이 없을까 염려하느라 침식을 폐하였다는 기우(杞憂)의 고사를 인용한 것이다. 《列子 天瑞》 여기서는 자신이 주제넘은 걱정을 한다는 뜻으로 한 말이다.

제금당[158] 팔영

製錦堂八詠

느지막이 일어나 산색을 보니	晩起看山色
안개는 사라지고 영롱한 햇빛	煙開彩旭籠
봄 강에는 붉은 꽃잎 일렁이는데	春江赤相蕩
꽃 밑에선 물고기들 헤엄치누나	花底浴魚龍

엄혜산의 봄꽃〔嚴惠春花〕

눈처럼 깨끗하고 맑은 하늘에	寥天澄似雪
한없이 밝은 달이 떠오르도다	無限出蟾輪
높은 누대 위에 올라 술을 마시니	對酒高樓上
비단옷의 기녀가 한기 느끼네	羅衣秋妓寒

우화루의 가을 달〔羽化秋月〕

강가에는 옛 고을 터가 있는데	江上古邑基
울창하게 나무들이 늘어섰도다	蒼蒼多樹木
어디선가 다듬이질 소리 들리고	砧鳴不見村
석양 무렵 차가운 연무 퍼지네	落日寒煙色

강루[159]의 저녁 안개〔江樓暮煙〕

158 제금당(製錦堂) : 산청현(山淸縣) 관아에 있었다. 이때 번암의 부친 채응일(蔡膺一)이 산청 현감을 겸임하고 있었다.

조금씩 새벽빛과 어우러지고 稍與晨光合
물기운과 합해져 자욱이 피네 兼將水氣濛
아침마다 마셔도 다함이 없어 朝朝餐不盡
적성에서 지내며 양생(養生)을 하네[160] 生理赤城中

적벽의 아침노을〔赤壁早霞〕

나무꾼이 별빛 보며 조반을 먹고 樵童星乃飯
긴긴 날에 푸지게 나무를 했네 日長樵更多
돌아갈 땐 저녁별이 반짝이는데 樵歸又昏星
먼 산에 노랫소리 퍼져 나가네 遠遠山外歌

백엄의 초가〔柏崦樵歌〕

해가 지자 강 기운이 왕성해져서 日沈江氣王
온 천지에 안개가 퍼져 나가네 煙靄一以舒
고기 잡는 사람은 볼 수 없지만 不省有漁者
환한 지곳 고기잡이 불빛이리라 火照應是漁

모래톱의 고기잡이 불빛〔沙洲漁火〕

159 강루(江樓) : 단성현 신안루(新安樓)의 다른 이름이다.

160 아침마다……하네 : 아침노을을 먹는 것은 도가(道家)의 수련법(修鍊法) 가운데 하나로, 《한서(漢書)》 권57 〈사마상여전(司馬相如傳)〉에 "밤이슬을 마시고 아침노을을 먹는다.〔吸沆瀣兮餐朝霞.〕"라고 한 말이 보인다. 적성(赤城)은 전설 속의 선경(仙境)으로, 여기서는 적벽(赤壁)을 가리킨다. 날마다 적벽의 아침노을을 바라보는 자신을 신선에 비유한 말이다.

걸어서 신안강의 배로 올라가 步上新安舟
강 물결을 손으로 희롱하도다 手弄新安波
갈매기는 나처럼 말이 없는데 白鷗兩忘言
서풍이 여뀌꽃에 불어오누나 西風吹蓼花

신안강의 뱃놀이〔新江泛舟〕

깎이고 쪼개어진 많은 바위들 斲出雲根疊
산을 둘러 백마성을 이루었어라 束成山帶圍
땅이 녹은 봄날에 밤비가 내려 春泥夜來雨
새 고사리 삶는 물을 제공해 주네 供我煮新薇

백마성에서 고사리를 삶다〔白城煮薇〕

공경히 아버님의 〈단구 팔영〉을 첨부하다 敬附家大人丹丘八詠

사산[161] 蛇山

문익점(文益漸)의 효자려(孝子閭)[162]가 여기에 있다.

한 기슭은 꾸불꾸불 뱀처럼 달려가고 蜿蜒一麓走如蛇
효자비 앞쪽으로 해가 절로 기우누나 孝子碑前日自斜
남쪽에 온 나그네 옷을 재차 받았는데[163] 南客未廻衣再授

161 사산(蛇山) : 사산(巳山)이라고도 한다. 고려 이전까지 사동(巳洞)으로 불렸는데, 현재는 산청군 단성면 사월리에 편입되었다. 《山淸地名攷》

162 문익점(文益漸)의 효자려(孝子閭) : 1383년(우왕9) 문익점의 효성을 기리기 위해 내린 정려(旌閭)라고 한다.

목화꽃에 가을바람 다시 또 불어오네	秋風又發木綿花

단계[164] 丹溪

우리 조정의 이름난 공경(公卿)이 이곳에서 많이 나왔다.

예로부터 단계 기슭 마른 적이 없었지만	從古丹溪岸不枯
본조에 이르러선 보배를 다 쏟아 냈네[165]	淸朝倒瀉盡明珠
자손들이 더러는 옥과 같이 빼어난데	子孫往往能如玉
평생토록 오두막에 앉아 값을 기다리네[166]	歲晏窮廬坐待沽

강루 江樓

옛 호접루(蝴蝶樓) 터가 이곳에 있다.

사람 없는 백마성은 산안개에 싸였는데	白馬城空石氣浮

163 남쪽에……받았는데 : '남쪽에 온 나그네'는 채응일(蔡膺一) 자신이 단성 현감으로 와 있는 것을 가리킨다. 옷을 받았다는 것은 《시경》 〈칠월(七月)〉에 "칠월에 대화심성(大火心星)이 서쪽으로 내려가면, 구월에는 두꺼운 옷을 주느니라.〔七月流火, 九月授衣.〕"라고 한 데서 온 말로, 남쪽에 내려와서 두 번째로 가을을 맞이하게 되었다는 말이다.

164 단계(丹溪) : 단성현의 고호이다. 황매산 자락에 위치한 산청군 신등면에도 단계라는 마을이 있지만, 여기서는 단성을 지칭하는 것으로 봐야 할 듯하다.

165 예로부터……냈네 : 예로부터 단성에서 훌륭한 인물이 많이 배출되었지만, 조선에 와서는 유독 많은 인물이 나왔다는 뜻이다.

166 평생토록……기다리네 : 단성에 훌륭한 인사들이 많지만 벼슬하지 못한 채 등용되기를 기다린다는 뜻이다. 자공(子貢)이 "여기에 좋은 옥이 있다면 상자에 넣어 감추어 두겠습니까, 좋은 값을 받고 팔겠습니까?"라고 묻자, 공자가 "팔아야지! 팔아야지! 나는 값을 기다리는 사람이다."라고 한 데서 나온 말이다. 《論語 子罕》

인연(人煙)으로 변해 버린 이곳이 강루로다 人煙變化卽江樓
한 언덕에 풀 시들고 호접[167]도 사라진 뒤 一丘衰草無蝴蝶
저물녘에 비가 내려 가을로 접어드네 雨併殘陽入素秋

우화루 羽化樓

이때 현암 공(玄巖公)[168]이 병으로 호서(湖西)의 시골집에 머물고 있었다.

먼 고향 쪽 구름 보며 시름하는 외기러기 千里湖雲一鴈愁
찬비 오는 무릉의 가을 꿈을 꾸곤 하네[169] 夢中涼雨茂陵秋
동어로 남쪽 바다 날려고 하였지만[170] 銅魚誤學圖南翼
저물녘에 도리어 우화루에 기댔노라 落日還憑羽化樓

적벽 赤壁

구름이 다 사라지고 달빛이 퍼져 가니 纖雲卷盡月舒波

167 호접(蝴蝶) : 호랑나비와 호접루를 포괄하는 중의적(重義的)인 표현이다.

168 현암 공(玄巖公) : 번암의 백부 채응만(蔡膺萬)이다. 38쪽 주12 참조.

169 무릉(茂陵)의……하네 : 한(漢)나라 사마상여(司馬相如)가 소갈병이 심해지자 벼슬을 그만두고 고향인 섬서성(陝西省) 무릉으로 돌아가 은거하였던 고사가 있다. 《史記 卷117 司馬相如列傳》 여기서는 병으로 고향에 돌아가 지내는 채응만을 사마상여에 비유하고, 채응일 자신이 병든 형을 오매불망 그리워한다는 뜻으로 말한 것이다.

170 동어(銅魚)로……하였지만 : 동어는 지방 수령이 차는 동인(銅印)이다. 남쪽 바다를 난다는 것은 붕새가 대풍(大風)을 타고 먼 남쪽 바다, 즉 천지(天池)를 날아간다는 《장자(莊子)》 〈소요유(逍遙遊)〉의 우화(寓話)이다. 여기서는 채응일이 단성 현감이 되어 큰 포부를 품고 고향을 멀리 떠나왔다는 뜻으로 한 말이다.

맑은 광채 고금이 다를 바가 없으리라[171] 今古淸光無少多
끊임없이 왕래하며 적벽을 바라보니 衮衮去來看赤壁
조각배 몇 번이나 소동파가 되었던가[172] 扁舟幾度作東坡

은선암 隱仙菴

늦은 가을 단성에서 목화[173] 수확 살펴보니 秋晩丹丘檢木禾
홀연히 옥호 속의 선경(仙境)으로 들어간 듯[174] 瑤空忽入玉壺多
은선암 근처에서 중을 만나 얘기할 제 隱仙菴畔逢僧話
서풍에 참외만 한 대추가 익어 가네 幾樹西風棗似瓜

171 맑은……없으리라 : 송나라 소식(蘇軾)이 달빛 아래에서 뱃놀이하고 〈적벽부(赤壁賦)〉를 남겼던 황주(黃州) 적벽의 달빛과 이곳의 달빛이 다르지 않을 것이라는 말이다. '적벽'이라는 이름이 같은 데 착안하여 한 말이다.

172 조각배……되었던가 : 자신이 소식처럼 적벽에서 달빛 아래 뱃놀이를 한 것이 몇 번이나 되는지 모른다는 말이다.

173 목화(木禾) : 옛날 중국 곤륜산에서 자랐다는 신선 세계의 거대한 쌀나무인데, 여기서는 벼를 가리킨다.

174 옥호(玉壺)……듯 : 옥호는 신선 세계이다. 동한(東漢) 때 비장방(費長房)은 시장을 관리하는 사람이었는데, 어떤 노인이 시장에서 효험이 뛰어난 신기한 약을 팔고는 밤이 되면 남모르게 가게 앞에 걸어 놓은 병 속으로 들어간다는 것을 알게 되었다. 비장방이 이 노인을 찾아가 여러 날 동안 극진히 시중을 들자, 그의 진정성을 알게 된 노인이 어느 날 그를 병 속으로 데리고 들어갔다. 노인은 선궁(仙宮)과 수십 명의 시종들이 있는 병 속 세상을 비장방에게 보여 준 뒤 자신이 신선이라는 것을 알려 주었다. 《後漢書 卷82下 方術列傳下 費長房》 여기서는 풍성한 수확을 거두는 가을이 되니 온 천지가 신선 세계로 변한 듯하다는 뜻으로, '은선암'이라는 제목에 맞추어 신선의 고사를 써서 말한 것으로 보인다.

용흥사[175] 龍興寺

곡수(曲水)에 술잔을 띄우고 풍류를 즐길 수 있는 곳이 여기에 있다. 이때 산음 현감을 겸임하고 있었다.

술잔이 물결 따라 빙빙 돌며 지나가니	杯逐游湍旋旋過
하늘이 푸른 돌을 움푹하게 파 놓았네	天開蒼石自成窠
공무(公務)로 산음 땅에 수시로 이르지만	無端簿牒山陰至
풍류가 영화 같다 말하기는 부끄럽네[176]	羞說風流是永和

느티나무 정자 槐亭

만 솔은 슬피 울고 사람 하나 없는데	萬松哀處寂無人
골짜기에 가을이 와 말을 자주 멈추노라	峽裏行秋駐馬頻
병든 느티나무에 석양빛이 비치니	一樹病槐西日照
시내 건너 누런 잎이 온통 가을 정취로세	隔溪黃葉更精神

175 용흥사(龍興寺) : 경남 산청군 신안면 안봉리(安峯里) 수월마을 서쪽 선유동(仙遊洞) 근처에 있던 사찰인 듯하다. 《번암집》 권4에 선유동 일대를 찾아 지은 시가 보인다.

176 풍류가……부끄럽네 : 영화(永和)는 진(晉)나라 목제(木帝)의 연호이다. 영화 9년 삼짇날 왕희지(王羲之)가 당시의 명사(名士) 40여 명과 회계(會稽) 산음(山陰)의 난정(蘭亭)에서 모임을 갖고 유상곡수(流觴曲水)의 풍류를 즐겼던 일을 〈난정기(蘭亭記)〉라는 글로 기록해 놓았다. 《古文眞寶後集 卷1》 '산음'이라는 지명은 같지만, 자신은 지방관으로서 직무를 수행하기 위해 이곳에 오기 때문에 왕희지처럼 풍류를 즐기지는 못한다는 뜻이다.

신혼의 이별

新婚別

돌 옆에는 대나무가 푸른빛 띠고 青青石上竹
정원에는 곧게 자란 측백나무들 挺挺園中柏
저는 본래 명문가의 자식인 데다 妾本名家子
용모도 무척이나 깨끗했지요 容華何潔白
부모님의 사랑을 한 몸에 받고 偏得父母憐
어려서 부녀자의 법도 배우니 生少敎女則
그윽한 난초 향기 몸에 배었고 幽蘭緝成氣
목란을 장신구로 차곤 하였죠 木難佩爲飾
부끄러워 이웃집을 엿보지 않고 羞澁不窺隣
비단을 짜는 데만 공을 들이니 但事雲錦織
부모님이 다 컸다고 대견해하며 父母喜妾長
당신 집에 시집을 보내셨지요 敎妾君家入
신발 소리 나지 않게 조용히 걷고 從容紫絲履
앉고 서는 것도 모두 반듯했는데 規坐而矩立
시집와서 이삼 년이 흘러갔지만 托身二三載
은하수가 둘 사이를 막고 있으니 河漢一以隔
당신의 음성조차 모르는 판에 未曾識君聲
얼굴이야 말해서 무엇하리오 何論見顔色
때때로 당신 꿈을 꾸곤 하는데 時時入夢姿
뭔가 고민 있는 듯한 표정이었죠 彷彿苦難的

마음이야 어찌 내게 소원하랴만　君意豈誠疎
옥 같은 여인들이 너무도 많아　衆女紛如玉
북쪽 집엔 원앙 그린 병풍을 치고　北里鴛鴦屛
서쪽 집엔 비취색 휘장 쳤지요　西舍翡翠幕
아침마다 잉어회를 상에 올리고　朝朝鱠赤鯉
거문고를 마음대로 연주하면서　錦瑟如意作
어떻게든 낭군의 사랑 받으려　要得求顧眄
요염하고 아리따운 웃음 지으니　姣笑與郎劇
좋은 때에 뭇 여인과 어울리면서　佳期嘯群匹
첫날밤을 치르려는 생각 않네요　不念新婚夕
당신이 처음 나와 약혼하던 날　君初納采時
덕을 좋아한다고 말했었는데　自謂頗好德
아쉽게도 얘기를 해 보지 않아　所嗟未交言
깨끗한 내 마음을 알지 못하니　氷心君莫識
선물 주려 목을 빼고 기다리면서　引領欲有贈
두 손 가득 작약을 쥐고 있어요　留荑藹盈掬

비
雨

토맥에는 물이 흠뻑 스며들었고　土脉戎戎濕
샘물은 새로 퐁퐁 솟아 나오네　泉聲汃汃新
올해 들어 처음으로 비가 내리니　今年初見雨
깊은 밤에 시름이 밀려오도다　深夜最愁人
삼상의 기러기[177]는 병들어 눕고　伏枕三湘鴈
사해에 봄이 와도 떠도는 신세　飄蓬四海春
내린 비로 강물이 크게 불어나　江流多氣勢
고기들을 물가로 몰아내누나　驅上萬黃鱗

177 삼상(三湘)의 기러기 : 삼상은 중국의 상강(湘江) 유역 및 동정호(洞庭湖) 지역을 가리킨다. 여기서는 신안강이 흐르는 단성에 머물고 있는 자신을 비유한 말이다.

이익경[178]의 대나무 서진 노래

李翼卿竹書鎭歌

어떤 이가 호남에서 자란 대를 주었는데	有客贈以湖南竹
한 마디의 길이가 한 자를 넘을 정도	一節不會下一尺
익경이 이걸 보고 놀랍고도 기뻐서	翼卿見之驚且喜
묘한 물건 장인에게 쪼개도록 분부했네	妙樣分付匠人斲
장인이 쪼갠 다음 적당히 길이 줄여	匠人中列狹其衺
두 조각의 배 부분을 아교풀로 붙이니	煎膠穩貼雙片腹
나뭇결이 섬세하여 기울어지지 않고	肌理細細不傾仄
잘라 낸 양 머리엔 흰색 뿔을 끼웠어라	兩頭切處黏素角
쪽빛을 띤 저물녘 냇물처럼 색이 짙고	濃似川紋夕挼藍
푸른빛 띤 봄날의 이끼처럼 보들보들	軟如苔錦春涵碧
하나는 조금 길고 하나는 좀 짧은데	一枚差長一未及
손톱으로 퉁겨 보니 모두 맑게 울리도다	同是鏗然鳴爪甲
묻노니 이 물건을 어디에 쓰려는가	借問持此欲何用
익경이 대나무 숲 옆에서 글을 읽다	翼卿讀書篁林側
감흥이 고조되어 목소리가 높아질 때	書到波瀾輒聲高
이걸 치면 박자를 맞추기가 제법 좋고	以玆擊節頗自適
펴 둔 책에 바람 불어 책장 마구 넘어갈 때	散帙風來苦舒卷

178 이익경(李翼卿) : 번암의 막내 매제 이태운(李台運, ?~1760)으로, 익경은 그의 자이다. 본관은 함평(咸平)이다.

이것으로 눌러 두면 펄럭대지 못한다네	以玆攝置飜不得
변함없는 너의 지조 익경이 그와 닮아	汝操不變君似之
들어앉아 하루 종일 독실하게 책을 읽네	閉戶慥慥窮曛旭
익경이여 모쪼록 한결같이 노력하라	翼卿翼卿須終始
다만 절굿공이 갈아 바늘이 되기 전에[179]	只恐不待磨作針
쌍룡 되어 풍우 뚫고 등천할까 두려울 뿐[180]	便作雙龍排風決雨騰萬里

179 절굿공이……전에 : 이백(李白)이 젊어서 산중에서 독서하다가 학업을 성취하지 못한 채 중도에 포기하고 떠났는데, 도중에서 만난 한 노파가 무쇠 절굿공이를 갈고 있었다. 이백이 까닭을 묻자, 노파는 바늘을 만들려고 한다고 말하였다. 이 말을 듣고 깨달은 이백이 산으로 되돌아가서 학업을 다 마쳤다고 한다. 《蜀中廣記 卷12》

180 쌍룡……뿐 : 쌍룡은 두 개의 서진을 비유한 말이다. 즉 이태운이 학업을 성취하기도 전에 이 서진을 잃어버릴까 염려된다는 뜻의 농담으로 보인다.

봄추위

春寒

송도는 철썩이고 대 그림자 흔들리니　松濤磕磕竹陰飜
관아가 아직 추워 문을 열지 않았어라　官閣餘寒不啓門
올해는 남쪽 지방 봄 날씨가 이상하여　南國今年春可怪
동풍 부는 한식에도 눈 흔적이 남아 있네　東風寒食雪猶痕
갈매기는 나와 함께 신안 시사(詩社) 결성하고[181]　江鷗與結新安社
바둑판은 오래된 고을을 다 덮었어라[182]　棋局來蒙古邑村
훗날에 상경하면 웃음거리 되고 말리　他日入京應見笑
말씨가 반 이상은 남쪽 지방 사투리니　話頭強半是方言

181 갈매기는……결성하고 : 매일 갈매기와 함께 노닌다는 뜻으로 한 말이다.

182 바둑판은……덮었어라 : 시골 마을에서 매일 바둑을 두고 있다는 뜻으로 한 말이다.

용시가 멀리서 근래에 지은 내 시를 보내 달라고 몇 차례나 요구하였는데, 내가 병을 앓고 있어서 회답하지 못하였다. 비가 그친 뒤 빈 서재에 있노라니 경물이 시상(詩想)을 일으키므로 되는대로 읊어서 마음을 드러내다

龍施遠索我近日詩什 至再三猶不倦 余病未能答之 雨後空齋 景物撩緒 漫吟以宣之

관아가 아득하게 읍을 내려다보는데	官閣迢迢俯市墟
적성의 촌락에는 비 흔적이 남아 있네	赤城籬落雨痕餘
나무꾼이 돌아가도 꽃은 산에 만발하고	樵歸花自何山倣
중이 간 뒤 내에 비친 작은 다리 비었어라	僧去川涵細彴虛
봄이 오니 이별을 슬퍼하는 때 많은데	春後傷多離別恨
병이 들자 친구들의 편지 거의 오지 않네	病來全少友朋書
그대 생각하면서도 시를 짓지 못한 것은	思君不用煩詩草
붓을 들면 망연해질 것이 두려워서였네	只恐臨毫一惘如

밤 날씨가 쌀쌀하므로 서울에서 돌아오고 계실 아버님의 행차를 생각하며 걱정스러운 마음에 잠을 이루지 못하다

寒夜料峭 奉念家君南下之旆 耿耿靡睡

이때 아버님이 공무로 서울에 가셨다.

하늘은 희뿌옇고 달은 진창 비추는데	天色微青月照泥
처마 가득 솔과 대는 비를 잔뜩 머금었네	滿簷松竹雨侵低
만 리 길에 봄추위가 기세를 떨치는데	春氷萬里關河路
마부가 어디에서 새벽닭 소리 듣나	何處車徒問曉鷄

표려행

豹驢行

서문을 덧붙이다.

거사가 당나귀를 한 마리 키우는데 굳건한 외모에 뛰어난 기상을 지녔다. 다리에 표범처럼 얼룩덜룩한 무늬가 있으므로 '표(豹)'라고 이름을 붙였다. 아, 무늬가 아니었다면 너는 '표'가 되지 못했을 것이다. 그렇다면 무늬는 너를 꾸며 주는 것이다. 그런데 유독 장추(長楸)와 금랄(金埒)[183]에서 너의 무늬를 뽐내지 않고 주인과 더불어 자신의 뛰어난 점을 숨긴 채 세상에서 두각을 드러내려고 하지 않으니, 너의 무늬를 귀하게 여겨 줄 만한 사람이 없어서인가? 아니면 조물주가 너에게 무늬를 주는 데는 빼어났지만 세상 사람들로 하여금 너의 무늬를 사랑하게 하는 데는 빼어나지 못해서 그런 것인가? 참으로 무늬를 사랑하는 사람이 없을 것이라면 무엇하러 무늬를 주었단 말인가. 비록 그렇지만 너를 사랑하는 내 마음은 세상에 너를 사랑하는 사람이 없다고 해서 변하지는 않을 것이다. 반드시 이 말에 공감하는 사람이 있으리라.

거사의 당나귀는 너무도 뛰어나서	居士有驢絕耿介

183 장추(長楸)와 금랄(金埒) : 장추는 서울의 대로(大路)로, 옛날 중국에서 도성의 대로에 가래나무[楸]를 길게 심었던 데서 나온 말이다. 금랄은 진(晉)나라 왕제(王濟)가 낙양(洛陽) 교외 북망산(北邙山) 아래의 금싸라기 땅을 사서 동전(銅錢)을 꿰어 엮어서 울타리를 두르고 여기서 말을 타고 활쏘기를 하였던 고사에서 나온 말이다. 《世說新語 汰侈》 여기서는 서울의 대로를 달리는 고관대작들의 말을 가리킨다.

처음에는 그림 속의 말을 보는 듯하였네	牽來忽若瞻圖畫
미백색의 털빛은 정결함이 으뜸이고	毛爲微白淨堪數
길고 붉은 갈기는 띠를 맨 듯 드리웠지	項垂長髼鬆似帶
우뚝 서면 굳센 발목 힘줄보다 뻣뻣하고	勁骹卓地瘦於筋
마디 주변 무늬는 검은 구름 날아가듯	繡文繞節玄雲翥
뾰족한 귀는 절로 쫑긋 섰다 다시 눕고	尖尖耳自張復弛
정수리의 짧은 갈기 빳빳하게 곧추섰네	短短騣能竪不倚
맑은 정신 높은 기상 방자함도 남다르니	神淸氣矯恣挺出
사슴인 듯 표범인 듯 먼지 세상 초탈했네	鹿耶豹耶蛻塵累
잘 놀라고 의심 많아 날뛸 듯이 하다가도	其性驚疑稍欲橫
지혜로운 놈이라서 저 스스로 그치도다	爲物靈慧還自止
들에서 물 건널 땐 등을 높이 솟구치고	沿涉野水輒背竦
잔도(棧道)를 달려갈 땐 용맹하기 그지없네	超騰嶺棧最身勇
지난해엔 나와 함께 한양으로 길을 떠나	前年出向長安陌
한양의 넓은 길을 거침없이 내달렸지	長安大道淸無壅
붉은 재갈[184] 뻐긴다면 과연 속된 무리이고	紫鞚驕嘶果下胤
꼴만 먹다 죽는다면 형편없는 종자일 뿐	靑芻飽死駑駘種
거사가 표려에게 일러 주노니	居士謂豹驢
진청[185]이 없는 판에 누가 너를 생각하랴	世無秦靑誰念渠
바닷가에 산이 있고 산엔 지초(芝草) 있다 하니	海上有山山有芝

184 붉은 재갈 : 화려하게 장식한 고관대작들의 말을 가리킨다.

185 진청(秦靑) : 옛날에 말을 잘 알아보았다고 하는 진아(秦牙)와 관청(管靑)이다. 《淮南子 齊俗訓》

내가 곧장 너를 타고 신선 찾아 가려는데 吾行卽騎訪仙廬
당나귀야 당나귀야 네 생각은 어떠하냐 驢乎驢乎云何如

번암집

제4권

詩시

봄에 익경[1] 등 여러 사람과 함께 용흥사를 찾았다. 용추폭포에서 선유동으로 올라가서 줄지어 앉아 유상곡수 놀이를 하다[2]

春日 同翼卿諸人訪龍興寺 自龍湫轉上仙遊洞 列坐爲流觴曲水之戱

풍어[3]가 시원하게 푸른 산을 지나가니　　風馭泠然過碧山
신선 떠난 빈산에 물이 졸졸 흐르누나　　山空仙去水潺潺
부드러운 풀밭에서 연기 피워 점심 짓고　　煙依細草爲中飯
꽃잎이 뜬 물굽이에 술잔을 띄우노라　　杯逐殘花繞曲灣
위태로운 바위는 등에 새를 재워 주고　　危石自堪眠鳥背

1 익경(翼卿) : 번암의 막내 매제 이태운(李台運, ?~1760)의 자이다. 본관은 함평(咸平)이다.

2 용추폭포에서……하다 : 선유동(仙遊洞)은 경남 산청군 신안면 안봉리(安峯里) 수월마을 서쪽에 있는 골짜기이다. 둔철산 계곡물이 남쪽으로 흘러내리면서 형성된 여러 개의 폭포와 유상곡수를 할 수 있는 곳이 있다. 용추폭포는 그 근처 절벽 사이를 흐르는 50척가량의 폭포이다. 그러나 앞에 언급한 용흥사에 대한 기록은 찾지 못하였다.

3 풍어(風馭) : 바람을 이용해서 몰고 다니는 신선의 수레이다. 여기서는 자신의 선유동 유람을 두고 한 말인 듯하다.

조각구름은 응당 세상에 비 뿌리리라	片雲應是雨人間
돌아갈 길 어둡다고 시름일랑 하지 말라	莫愁歸袂侵曛黑
중이 문을 닫지 않고 기다리고 있을 테니	僧待吾行不閉關

익경과 함께 해인사를 찾아가다가 날이 저물어 함벽루[4] 합천에 있다. 에서 쉬다

同翼卿訪海印寺 暮憩涵碧樓 在陜川

까마득히 긴 다리를 한 나귀가 지나는데	橋勢迢迢送一騾
나루 머리 좁은 길이 산으로 이어지네	渡頭微徑接崇阿
허공에 뜬 바위 위에 달린 기둥 위태롭고	巖浮絶怪懸危棟
난간은 푸른 물결 위로 나가 앉았어라	欄出眞成坐碧波
저문 물가 찾아오니 주발에 별 비치고	暝渚客來星照榼
옛 사찰의 종 울린 뒤 여라 위에 달이 뜨네	古龕鍾罷月生蘿
세간의 번뇌들이 응당 모두 씻기리니	世間熱惱應須滌
웃으면서 미풍 쐬며 가서 은하 마시리라	笑拂泠風飮絳河

4 함벽루(涵碧樓) : 경상남도 합천군 합천읍 황강 변 절벽에 세워진 누각이다. 1321년(충숙왕8)에 창건된 이후 수차례 중건되었다. 황강을 정면으로 바라보는 아름다운 경관과 처마의 물이 황강에 곧바로 떨어지도록 배치된 것으로 유명하다. 내부에는 이황(李滉), 조식(曺植), 송시열(宋時烈) 등의 글씨가 걸려 있고, 누각 뒤 암벽에는 '함벽루'라는 송시열의 글씨가 새겨져 있다. 산청과 가야산 해인사 사이에 있다.

연호사에서 자다. 연호사는 함벽루 뒤에 있다

宿煙湖寺 寺在樓後

짚신 신고 달빛 받으며 누각에서 내려가니	青鞋躡月下危樓
연무 속에 한 무더기 등라가 또 걸려 있네	一簇煙蘿又上頭
초라하고 작은 절이 산비탈에 자리 잡아	寺小劣容棲岸住
키가 큰 나무라도 처마보다 아래 있네	樹高猶不竝簷浮
바위굴에 구름 피어 저녁밥을 먹기 좋고	雲生石竇飧堪好
강이 문을 흔들어서 앉아 있기 시름겹네	江動松樞坐欲愁
이곳에서 무릉교가 그리 멀지 않은데	此去武陵橋近遠
시내 가득 꽃이 지니 고깃배를 탈 만하네[5]	滿溪花落可漁舟

5 이곳에서……만하네 : 무릉교(武陵橋)는 해인사 밑 홍류동(紅流洞) 골짜기 입구에 있는 다리이다. 도잠(陶潛)의 〈도화원기(桃花源記)〉에 진(晉)나라 때 무릉(武陵)의 한 어부가 복사꽃이 떠내려오는 물길을 따라 거슬러 올라갔다가 복사꽃이 찬란한 선경(仙境)을 만났다는 내용이 나오는데, 여기서는 무릉교를 무릉도원과 연관시켜서 한 말이다. 즉 무릉교 아래에 복사꽃이 하얗게 날리고 있으니 무릉의 어부처럼 고깃배를 타고 물길을 거슬러 올라가 볼 만하다는 것이다.

무릉교에서 홍류동[6]으로 들어가다. 이날 비가 조금 내렸다
自武陵橋轉尋紅流洞 是日微雨

산 밖에는 분명 날이 화창할 텐데	定無山外雨
산기운이 안개비를 내리게 하네	山氣自能霏
숲이 짙어 하늘은 보이지 않고	萬木天何在
나귀 위로 꽃잎이 날리는구나	一驢花正飛
구름 사이 폭포는 백 갈래이고	穿雲百道瀑
햇빛은 육수의[7]를 비춰 주도다	暎日六銖衣
해인사가 어디인지 모르겠으나	不省招提境
솔 그림자 갈수록 옅어지누나	松陰去轉微

6 홍류동(紅流洞) : 가야산 해인사로 올라가는 골짜기 중의 한 곳이다. 지금은 무릉교 등과 함께 '해인사 소리길 19경' 중의 하나로 일컬어지는 곳이다.

7 육수의(六銖衣) : 불교의 도리천(忉利天)에서 입는다는 옷으로, 매우 가벼운 옷을 가리킨다.

비가 내리는데 궁현당[8]에 앉아서

雨坐窮玄堂

안개비가 자욱하게 산을 온통 뒤덮으니 煙雨冥濛極翠微
산사의 누각들이 점점 아련해지누나 上方樓閣轉依依
나그네 온 사월에도 꽃이 아직 남았으나 客來四月花猶在
중이 고운 얘길 해도 신선은 볼 수 없네[9] 僧道孤雲仙未歸
옥끈은 유수 따라 반이 넘게 닳았지만[10] 玉索半隨流水去
옥상자[11]는 화마(火魔)에도 재가 되지 않았어라 瑤箱不共刦灰飛
나그네가 천공에게 우러러 감사하니 扶筇仰謝天公意
분에 넘친 홍류[12]에 하룻밤이 풍요롭네 分外紅流一夜肥

홍류동에 고운(孤雲)이 직접 새긴 '광분첩석(狂奔疊石)' 시[13]가 있는데, 폭

8 궁현당(窮玄堂) : 해인사의 부속 건물이다.

9 중이……없네 : 해인사는 고운(孤雲) 최치원(崔致遠)이 만년에 은거하다가 여생을 마친 곳이며, 최치원이 가야산에서 노닐다가 신선이 되어 떠났다는 전설도 전해지기 때문에 한 말이다.

10 옥끈은……닳았지만 : 옥끈은 강건하고 힘 있는 글씨를 비유한 말이다. 여기서는 원주(原註)에서 설명한 최치원(崔致遠)의 글씨를 가리킨다.

11 옥상자 : 팔만대장경을 두고 한 말이다.

12 홍류(紅流) : 해인사가 있는 홍류동 골짜기와 연관해서 한 말로, 봄비에 복사꽃이 날리고 떨어져 시내를 붉게 물들인 아름다운 광경을 가리킨다.

13 광분첩석(狂奔疊石) 시 : 최치원의 《고운집(孤雲集)》 권1에 실려 있는 〈제가야산독서당(題伽倻山讀書堂)〉으로, 전문은 "마구 달려 부딪치며 깊은 산을 울려대니, 지척간의 말소리도 알아듣기 어렵구나. 세상의 시시비비 들려올까 염려하여, 일부러 물을

포수에 부딪히다 보니 지금은 깎이고 닳아서 '광분(狂奔)'과 '고교(故教)' 네 글자만 알아볼 수 있다. 왕년에 절에 불이 나서 건물 천여 칸을 태웠는데, 판전(板殿)과 팔만대장경만은 소실을 면하였다.

흘려 산을 온통 감쌌구나.〔狂奔疊石吼重巒, 人語難分咫尺間. 常恐是非聲到耳, 故教流水盡籠山.〕"이다.

학사대[14]에서 감회를 읊다

學士臺感吟

여기 오기 이전에도 반은 신선이었으니	未到伽倻已半仙
본래부터 적성의 꼭대기에 살았어라[15]	興居元是赤城巓
하늘은 산에 꽃을 남겨 놓고 기다리고	天應別著巖花待
비는 나를 붙들어서 자고 가게 하려 하네	雨欲深留山客眠
넓은 다리 천 시내의 물을 삼킬 듯하고	橋闊恰吞千澗水
굽이도는 봉우리는 향로 연기 가둬 두네	峯廻不洩萬龕煙
전 시대의 문장이 사라진 게 한스러워	文章異代蕭條恨
석양에 황폐해진 대 옆에서 한 번 읊네	落日荒臺一嘯邊

14 학사대(學士臺) : 해인사(海印寺) 서쪽에 있는 대(臺)로, 신라 말 한림학사 최치원(崔致遠)이 이곳에서 노닐었다고 해서 붙여진 이름이다. 이곳에 있는 커다란 전나무는 최치원이 꽂아 두었던 지팡이가 자란 것이라는 전설이 전해 온다.

15 여기……살았어라 : 최치원이 가야산에 오기 전부터 반은 신선이었다는 말이다. 적성(赤城)은 전설상의 선경(仙境)이다.

불전에 오르다
登佛殿

맑은 냇물 부딪치며 송라를 감도는데	澄流磕磕繞松蘿
우연히 어부 따라 선경(仙境)으로 들어왔네[16]	偶逐漁郎泝碧霞
한 바리때 옛날 것이 아닌 줄을 어찌 알랴	一鉢安知非古制
벌 떼들이 도 들은 건 신라 시대부터라네	群蜂聞道自新羅
샛길에는 풀 늦자라 봄철 내내 가늘고	幽蹊草殿三春細
어젯밤에 많은 꽃잎 편우[17]에 날렸어라	片雨花飛昨夜多
슬프게도 신선 종적 돌아오지 않으니	惆悵仙蹤今不返
십주의 어느 곳에 난거가 또 가 있는가[18]	十洲何處又鸞車

해인사에 전해 내려오는 바리때가 있는데, 양(梁)나라 때 보지 공(寶誌公)이 기탁한 것이라고 한다. 대웅전 기둥에는 벌집이 있는데, 신라 시대부터 있었던 것이라고 한다.

16 우연히……들어왔네 : 복사꽃이 절정인 홍류동 골짜기로 들어온 것을 비유한 말이다. 180쪽 주5, 181쪽 주6 참조.

17 편우(片雨) : 국지적으로 내리는 비이다.

18 슬프게도……있는가 : 신선은 최치원(崔致遠)을 가리킨다. 십주(十洲)는 도가(道家)에서 바다 속 신선이 사는 열 곳의 명산(名山) 승경(勝景)을 가리키는 말이고, 난거(鸞車)는 신선이 타는 수레이다. 즉 신선이 되어 떠난 최치원이 돌아오지 않으니, 십주의 어느 곳에 가서 머물고 있느냐는 말이다.

낙화담

落花潭

적성의 꼭대기서 수정 주렴 떨어지니	晶簾飛下赤城標
골짜기를 뒤흔들고 하늘까지 울리도다	巖壑交鳴殷九霄
햇빛이 삼만 곡의 물거품을 비추어서	日照靈膏三萬斛
반사된 빛 푸른 산을 감싸고 어른대네	朧朧光抱碧山搖

완재암

宛在巖

완재암은 고운(孤雲)이 직접 글씨를 새긴 바위이다.

두 폭포가 교차하여 한낮에도 서늘한 곳	雙瀑交廻白日寒
늙은 용이 수정 쟁반 동그랗게 깎아 뒀네	老龍團斲水晶盤
성관은 아득한데[19] 껄끄러운 바위 면에	星冠蒼茫雲根澁
선생이 남겨 두신 옥 같은 글씨 보네	留下先生玉字看

19 성관(星冠)은 아득한데 : 성관은 도사들이 쓰는 모자로, 여기서는 최치원(崔致遠)을 가리킨다. 즉 그 옛날 이곳에서 노닐었던 최치원은 떠나고 보이지 않는다는 뜻이다.

완재암으로부터 세차게 흘러 내려온 물이 돌에 부딪쳐서 사납게 솟구치고 노여운 듯이 소리치며 흐르다가 제월담에 이르러서야 기세가 조금 꺾여 잔물결을 일으키며 느릿느릿 흐르는데, 한 걸음 한 걸음이 다 뛰어난 경관이다

水之自宛巖風瀨而來者 皆爲石所激 不勝噴薄吼怒 然後到霽月潭稍殺勢 作迤徐演漾之態 蓋步步殊觀也

우레 치고 눈 뿌리며 만 솔을 흔들더니	騰雷疊雪萬松搖
칼날이 못에 닿자 거센 기세 꺾이도다[20]	鋒到平潭不作驕
고요한 가운데에 빼어난 곳 꼽으라면	欲識靜中奇絶處
서늘한 빈 골짝에 달빛 환히 비칠 때지	虛泠最受月明饒

20 칼날이……꺾이도다 : 칼날은 공중에서 쏟아지는 하얀 폭포 줄기를 묘사한 말이다. 완재암에서부터 사납게 쏟아져 내려온 물이 제월담에 이르러서 기세가 꺾여 잔잔해졌다는 뜻이다.

돌아오는 길에 홍류동에서 쉬며 절의 중더러 점심을 지어 오게 하다

歸路憩紅流洞 命寺僧具中飯以來

난생이 사라지자 푸른 산은 비었지만[21] 鸞笙一去碧山空
꽃 옆에는 선원으로 가는 길이 겹겹이네 花外仙源路幾重
솔 그늘이 다한 곳에 다시 말을 매는 것은 轉盡松陰猶繫馬
중이 밥을 물가로 가져왔기 때문이네 僧來飯我水聲中

21 난생(鸞笙)이……비었지만 : 난생은 신선이 부는 피리이다. 신선이 떠나 버려 산이 비었다는 뜻이다.

적벽가

赤壁歌

단성현은 고을 작아 마음 가는 데 없지만 　丹城縣小無可意
오직 적벽 하나만은 경치 무척 뛰어나니 　惟有赤壁頗詭異
산맥이 이어지다 백마성과 갈라져서 　山脉迤分白馬城
절벽이 가파르게 땅에 우뚝 꽂혔어라 　壁勢蒼然揷厚地
이어진 바위들은 그 모양이 각각이라 　雲根絡綴狀非一
곰과 말과 소의 형상 공중에 떠 있는데 　熊羆馬牛空中寄
행인들이 벌벌 떨며 그 밑으로 지나가면 　行人凜栗其下過
천 길의 벼랑으로 떨어질 듯 아슬아슬 　千仞谽谺危欲墜
푸른 솔엔 연녹색의 여라가 감겼는데 　蒼松綠蘿相間之
아침마다 노을 일면 새 모습을 드러내네 　朝朝霞起弄新姿
관아의 화각 소리 적벽 향해 울리면 　官門畫角吹向壁
적벽에서 우레 같은 메아리를 보내오고 　壁面相應轟雷馳
그 아래에 녹색의 신안강이 있어서 　下有新安綠江水
밤낮없이 적벽의 그림자가 일렁이네 　晝夜影動虛無裏
내가 여기 온 지도 두세 해가 되었는데 　我來此地二三載
아침저녁으로 봐도 싫증나는 줄 모르니 　朝看暮看情未已
달 뜬 밤에 적벽을 어찌 저버리겠는가 　有月何孤赤壁夜
각건 쓰고 외로운 배에 몸을 기대노라 　角巾每向孤舟倚
밝고 밝은 달빛은 사계절이 똑같으니 　明明月色同四時
칠월이나 시월이나 특별날 게 무엇이랴[22] 　七月十月何必奇

당시에 퉁소 부는 사람 위에 떴던 달이[23]	當時洞簫聲邊月
단구거사 술잔을 길이 비춰 주는구나	長照丹丘居士巵
오호라 적벽에는 크고 작음 없으니	嗚呼赤壁無小大
소동파(蘇東坡)는 부 지었고 나는 시를 짓도다	蘇子有賦儂有詩

22 칠월이나……무엇이랴 : 동파(東坡) 소식(蘇軾)이 임술년(1082) 7월 16일 밤에 적벽강(赤壁江)에서 뱃놀이하고 〈적벽부(赤壁賦)〉를 짓고, 그해 10월 15일 밤에 다시 적벽에서 뱃놀이하고 〈후적벽부(後赤壁賦)〉를 지은 것을 두고 한 말이다. 즉 소식이 적벽에서 뱃놀이했던 7월이나 10월이라고 해서 적벽의 밤 정취가 다르지는 않다는 말이다.

23 당시에……달이 : 소식이 적벽강에서 뱃놀이하던 때의 달을 말한다. 〈적벽부〉에 "함께 노닌 객 중에 퉁소를 지닌 자가 있어 내 노래에 맞추어 퉁소를 불었다."라고 하고, 이어 소식 자신과 나눈 대화를 기술해 놓았다.

최생[24]이 소첩을 그리워하여 소강남[25]으로 돌아가는데, 노정을 따져 보니 칠석날 집에 도착하게 될 듯하므로 장난삼아 지어 주다

崔生戀少妾 歸小江南 計程當以七夕到家 戲贈

산비가 방금 그쳐 석양빛이 희미하니	山雨纔晴夕照微
외로운 성에 비가 부슬부슬 내린 뒤네	孤城水氣白霏霏
그대 지금 말을 타고 강남으로 떠나가니	看君匹馬江南去
견우가 은하수를 건널 때에 도착하리	好趁牽牛渡漢時

24 최생(崔生) : 인적 정보는 드러나지 않지만, 《번암집》 권4에 '최생 운채(崔生雲采)'라고 쓴 곳이 있는 것으로 보아 그의 이름이나 자가 운채인 듯하다. 번암이 단성에 있을 때 교유했던 인물로, 거주지는 순천(順天)이라고 하였다. 《번암집》 권3, 권4에 그와 관련된 시가 6수 실려 있다.

25 소강남(小江南) : 순천(順天)의 별칭으로, 순천의 산수(山水)가 기이하고 아름답다고 해서 세상 사람들이 '소강남'으로 불렀다고 한다. 《新增東國輿地勝覽 卷40 順天都護府》

가을장마를 읊다

秋霖卽事

가을 구름 자욱하게 바다까지 뒤덮은 채	竝海秋雲百隊橫
한순간도 갠 하늘을 보여 주지 않더니	片時端不數陰晴
강물이 높아져서 숲에 하얀 선을 긋고	江高劃作平林白
구름 새로 해가 나와 먼 봉우리 밝아지네	日漏森成別峀明
별안간에 오이 보고 먼 나그네 놀라는데	蒲鴿頓能驚遠客
풀잎 배는 뜬 인생이 하찮음을 알게 하네	芥舟元自小浮生
과부가 애달프게 마을에서 통곡하니	哀哀寡婦村原哭
토사가 밀려와서 논을 덮어 버렸다네	聞說崩沙鏟野秔

농부가 새로 딴 오이를 가져왔으므로 5구에 언급하였다.

남쪽 지방

南紀

이상하게 남쪽 땅에 내리는 비가	怪來南紀雨
석 달이나 버티듯이 그치질 않네	三月恰相持
지붕이 새 시름겹게 밤을 보내며	漏屋堪愁夜
수시로 양동이의 물을 비우네	飜盆乃不時
농작물들 처량하게 상해 가는데	蕭蕭秋稼損
낮 구름은 자욱하게 짙어만지네	鬱鬱午雲滋
시내의 다리 또한 끊겼을 테니	應爲川梁斷
고향에서 오는 편지 지체되리라	鄉書也許遲

칠석날 신성연[26] 광수 이 해양[27] 별업에 들렀다가 남겨 둔 편지를 보다

七夕 見申聖淵 光洙 過海陽別業見留書

소나무와 계수나무 울창한 구봉[28] 앞에 蒼蒼松桂九峯前
저녁나절 말 멈추고 묵고 갔다 들었다오 聞說停驂宿暮煙
견우직녀 칠석에만 만난다고 말하지만 敢笑雙靈惟七夕
이별한 지 삼 년인 우리보단 나으리라 猶賢一別已三年
숲 솔개는 비에 젖어 가을날 자주 울고 林鳶慣雨秋多嘯
골짝의 물소리에 잠 못 드는 밤이 많네 峽水侵燈夜少眠
지금은 온갖 일들 귀를 씻을 만하건만 萬事卽今堪洗耳

26 신성연(申聖淵) : 신광수(申光洙, 1712~1775)로, 본관은 고령(高靈), 호는 석북(石北) 또는 오악산인(五嶽山人)이며, 성연은 그의 자이다. 61세인 1772년(영조48) 기로과(耆老科)에 장원하여 돈녕부 도정(敦寧府都正)이 되었고, 그 뒤 우승지와 영월부사(寧越府使)를 역임하였다. 젊어서부터 번암과 교유하였으며, 과시(科詩)에 능하여 시명을 떨쳤다. 저서로 《석북집(石北集)》이 있다. 번암이 지은 그의 묘지명 〈통정대부……신공 묘지명(通政大夫……申公墓誌銘)〉이 《번암집》 권54에 실려 있다.

27 해양(海陽) : 번암 일가의 근거지가 있던 충청도 홍성 근처의 지명으로, 청양현(靑陽縣) 경계의 구봉산(九峯山) 부근으로 짐작되지만, 정확한 지점은 분명하지 않다. 채팽윤(蔡彭胤)의 《희암집(希菴集)》에 '호서지해양(湖西之海陽)' 등의 구절이 여러 차례 보인다.

28 구봉(九峯) : 구봉산으로, 충청도 청양현 서쪽 5리 지점, 홍주(洪州)와 접경 지역에 있었다. 번암은 '홍주의 구봉산〔洪州之九峯山〕'으로 지칭하였는데, 이는 청양이 고려 때 홍주에 통합되었다가 조선 태조 때 분리되었기 때문인 듯하다.

기쁘게도 백아현을 들어 줄 뜻 전해 주네[29]　　　喜君深遣聽牙絃

29 기쁘게도……주네 : 백아현(伯牙絃)은 거문고의 명인 백아(伯牙)와 그 벗 종자기(鍾子期)의 고사를 인용한 것으로, 마음을 알아주는 지기(知己)를 뜻한다. 여기서는 신광수가 편지를 써 둔 것을 두고 이렇게 언급한 듯하다.

장마를 탄식하다

長霖歎

만산에 짙은 안개 한량없더니　不盡萬峯霧
우렛소리 골짜기를 흔드는구나　訇然衆壑雷
영남 땅에 사월부터 내리던 비가　嶺南四月雨
유월 지나 칠월에도 그치질 않네　六月七月猶不開
북극의 하늘 기둥 갑자기 기울어서　秖疑北辰天柱乍傾側
만 가마니 은하가 하늘에서 쏟아지나　倒瀉銀河萬斛天上來
아니라면 조왕이 용과 백번 겨루느라[30]　不然鳥王與龍鬪百場
우림군[31]이 천 개의 창 공중에서 휘두르나　快驅羽林千槍空中回
산골짝에 파도 넘쳐 백 갈래 물 모여드니　山谷揚濤百派集
신안강이 불어나서 물살이 화살 같아　新江橫溢如箭急
만 그루의 나무를 쉽게 꺼꾸러뜨리고　顚倒何有萬章木
천 길 높이 산을 덮쳐 씻기려고 하는구나　乘凌欲漱千尋嶽
천 길 산을 씻기는 건 그래도 괜찮지만　千尋嶽漱猶可
논밭의 곡식들을 모두 엎어 버렸어라　禾溝麥壟皆翻覆
지친 제비 나지막이 날며 춤추지 않고　石燕身疲低不舞

30 조왕(鳥王)이……겨루느라 : 조왕은 전설 속의 신조(神鳥)로 봉황을 가리킨다. 옛날에 "조왕이 용의 뇌를 먹기를 좋아하므로 용이 조왕을 두려워한다."라는 말이 있었고, 또 조왕이 용을 먹는 그림〔鳥王啖龍圖〕이 전해졌다는 이야기가 《오잡조(五雜俎)》 권9 〈물부(物部)〉에 실려 있다. 이 구절은 이 고사에 바탕을 두고 쓴 것인 듯하다.

31 우림군(羽林軍) : 고대 천자의 금위군(禁衛軍)을 가리킨다.

날개 젖은 까마귀는 어디론가 숨었어라	金鴉翅濕潛成伏
장로들은 탄식하고 과부들은 한숨 쉬니	長老長吁寡婦歔
가을 들에 통곡 소리 끊이지 않는구나	嗷嗷不絶秋原哭
엄혜산 허리에는 구름이 자욱한데	嚴惠之山石氣浮
구봉거사[32] 단성의 적벽 앞에 살고 있네	九峯居士居赤壁
흙비가 옷 적시고 궤와 자리 퀴퀴하니	霾氛膩衣几簟腥
우러러 하늘 보며 길게 한 번 탄식하네	仰視乾宇一歎息
백 년 동안 붕당이 첨예하게 대립하여	百年朋黨盛戈戟
음기가 하늘 찔러 하늘이 검어졌나	陰氣矗天天爲黑
아니라면 어찌 이리 장마가 극심할까	不爾霖曀何太劇
내가 우리 임금 위해 빗자루를 손에 들고	我欲爲君親擁篲
하늘로 날아올라 짙은 구름 쓸어 내어	飛上青天掃陰翳
영원토록 풍륭 병예[33] 간여하지 못하게 해	永使豐隆屛翳不敢干
태양이 내리쬐고 황도[34] 개게 하고 싶네	大明揚輝黃道霽

32 구봉거사(九峯居士) : 번암 자신을 지칭한다. 번암의 조부 채성윤(蔡成胤)의 호가 구봉이지만, 여기서는 구봉산 아래가 고향인 자신을 이렇게 부른 것이다. 구봉산은 195쪽 주28 참조.

33 풍륭(豐隆) 병예(屛翳) : 풍륭은 우레를 주관하는 신이고, 병예는 비바람을 주관하는 신이다.

34 황도(黃道) : 태양의 궤도를 가리킨다.

밤에 앉아 향교의 접소에 있는 익경[35]을 생각하다

夜坐懷翼卿校中接所

적적함을 견디기가 힘이 들어서　　寂寂難爲日
하루가 일 년처럼 긴 것 같으니　　迢迢也似年
멀리 가지 않은 줄은 알고 있지만　　熟知非遠去
홀로 잠을 자는 것이 한스럽구나　　終自恨孤眠
관아 지붕 모서리에 별빛 성글고　　官角踈星後
고기잡이 불빛 모두 물가에 있네　　漁燈積水邊
서쪽으로 가는 걸음[36] 막지 못하나　　西歸禁不可
가을 오니 마음이 또 망연해지네　　秋至更茫然

이때 익경(翼卿)이 과거에 응시하기 위해서 한양으로 돌아가려 하였다.

35 익경(翼卿) : 번암의 막내 매제 이태운(李台運)이다.

36 서쪽으로 가는 걸음 : 한양으로 돌아가는 것을 말한다. 아래 원주를 보면, 당시 이태운이 과거에 응시하기 위해 한양으로 돌아가려 하였다고 되어 있다.

저녁 무렵 날이 개다

夕晴

장마가 여름 내내 이어지다가	積雨彌三夏
날이 개니 그 가치가 백금과 같네	新晴直百金
가느다란 무지개 들판에 뜨고	纖虹生野外
저물녘의 햇빛은 강을 비추네	斜照徹江心
제비와 참새 무리 세차게 날고	燕雀飛全王
용과 뱀은 깊숙이 숨으려 하네	龍蛇臥欲深
음붕과 음료에 생각이 미쳐[37]	淫朋與淫潦
시사를 낮게 한 번 읊조리노라	時事一沈吟

37 음붕(淫朋)과……미쳐 : 음붕은 사당(邪黨)으로 당파 간의 대립을 뜻하고, 음료(淫潦)는 큰 수해(水害)를 가리킨다. 조정의 붕당 대립과 수해에 대해 걱정한다는 뜻이다.

7월 그믐에 고을의 여러 군자와 향교에서 모이다

七月晦日 與邑中諸君子會校中

이름난 선비들이 많은 영남 땅	名士炎州盛
대낮에 맑은 술상 차려졌어라	淸樽午景多
친구들과 시 짓는 모임 가지니	以文聊會友
취하지 않고서는 못 돌아가리	不醉未還家
새 달이 다가오자 비는 그치고	雨接新蓂歇
늙은 은행 옆에는 산이 비꼈네	山侵古杏斜
늦더위가 심하여도 걱정 없으니	莫須愁老熱
우물 속에 둥둥 뜬 외가 있다오	秋井有浮瓜

같은 운으로 거듭 시를 지어 제군에게 화운을 재촉하다

再疊促諸君和章

장마가 물러가고 더위 꺾이자	水退炎埃盡
난간으로 들 경치가 들어오는데	軒收野色多
그대들이 한자리에 모인 걸 보니	看君好傾蓋
고향 집에 있는 듯한 생각이 드네	令我到如家
가지 위의 매미는 소나기 맞고	山雨梢蟬急
대나무엔 밥 짓는 연기 비꼈네	村煙倚竹斜
이전부터 정성 바칠 생각 했으니	異時思獻草
목과(木瓜)에 답하기를 어찌 아끼랴[38]	何事惜酬瓜

38 이전부터……아끼랴 : 목과(木瓜)는 하찮은 물건을 뜻한다. 《시경(詩經)》〈목과(木瓜)〉에 "나에게 목과를 던져 주기에, 아름다운 옥으로 보답하고도, 보답했다 여기지 않는 까닭은, 길이 좋게 지내고자 하여서니라.〔投我以木瓜, 報之以瓊琚, 匪報也, 永以爲好也.〕"라고 하였다. 여기서는 자신의 시를 목과에 비유한 것이다. 즉 자신은 이전부터 정성을 다하기를 생각해 왔다고 하면서, 여러 사람에게 어찌 자신의 시에 화운하지 않느냐고 말한 것이다.

약산의 장례[39]에 참석하기 위해 한양으로 출발하여 함양의 강우성 집에서 자다

發京行 赴藥山葬也 宿咸陽姜遇聖宅

그대 더욱 외진 데로 집을 옮겨서	君家移更僻
푸른 산이 마당 앞에 펼쳐졌어라	庭戶有青山
박이 달린 울 밑으로 개가 나오고	犬出匏籬下
콩잎 넝쿨 사이로 노새가 가네	驢行豆葉間
조촐한 저녁상에 별빛 비치고	盤飧照星潔
뜰의 감은 하얗게 서리 맞았네	園柹得霜殷
내일 새벽 함양의 재를 넘으면	明發咸陽嶺
험한 잔도(棧道) 아득히 펼쳐지리라	迢迢棧勢艱

39 약산(藥山)의 장례 : 약산은 오광운(吳光運, 1689~1745)의 호이다. 본관은 동복(同福)이고, 자는 영백(永伯)이다. 번암의 첫 번째 부인 동복 오씨(同福吳氏)의 숙부이고, 장남 대관(大觀)이 번암의 숙부 채응만(蔡膺萬)의 사위이다. 번암의 스승이기도 하다. 1745년(영조21) 7월 21일 한양의 약현(藥峴) 옛집에서 졸하였다. 1719년(숙종45) 증광 문과 병과로 급제하였다. 설서(說書)로서 연잉군(延礽君)의 서연관(書筵官)이 되었으며, 영조 초반 수찬(修撰), 교리(校理) 및 동부승지를 역임하였다. 1728년(영조4) 3월 이인좌(李麟佐)의 난이 발생한 초기에 변을 아뢰고 대비하도록 함으로써 선견(先見)을 드러내었다. 영조의 탕평정국(蕩平政局)하에서 청남(淸南) 세력의 정치적 지도자로 활약하였다. 1729년 영남 안핵 어사(嶺南按覈御史)가 되고, 대사헌, 대사간, 예조참판 등을 거쳐 1744년 개성 유수에 이르렀다. 이조 판서와 대제학에 추증되었으며, 시호는 충장(忠章)이다. 저서로 《약산만고(藥山漫稿)》가 있다.

새벽에 팔량치[40]의 여관을 출발하다

曉發八良店

조반 먹고 주인과 작별을 하니	飯罷主人別
벽에 걸린 등불 아직 가물거릴 때	殘燈留壁間
먼 닭 소리 들으며 몇 리를 가고	遠鷄行數里
희미한 달빛 아래 산을 지나네	微月涉千山
한양에는 며칠에나 당도하려나	秦京到何日
비통해져 슬픈 노래 부르는구나	商歌多苦顏
찬 냇물을 건너려고 하지 않으니	川寒不肯渡
내 나귀의 간사함에 도리어 웃네	還笑我驢姦

40 팔량치(八良峙) : 경상남도 함양군과 전라북도 남원시 사이에 있는 높이 513미터의 고개이다. 고려 말 이성계(李成桂)가 왜구와 전투를 벌였던 곳으로, 대첩비(大捷碑)가 세워진 황산(荒山)과 5리 정도 떨어져 있다.

약산 선생 만사 102운

藥山先生挽 一百二韻

삼한 땅의 기운이 쓸쓸해지고　蕭瑟三韓氣
오수의 별자리가 아득해지니[41]　蒼茫五宿躔
예로부터 세상이 어지러울 땐　古來於缺界
하늘이 큰 인물을 돕지 않았네　天不佑高賢
초가을에 부고받고 의아했으니　赴紙新秋怪
지난달에 시를 내게 보내 주셨네　詩筒去月傳
들보가 꺾여 버려 큰 집이 비고　樑摧空巨室
미꾸라지 설쳐 대어 못이 휑하네　鰌橫廓深淵
말세에 큰 인재를 얻기 어렵고　季葉才難得
문단의 일마저도 망연해지니　詞林事惘然
병들어 영남 땅에 머무는 몸이　病留炎海外
상기(瘴氣)에 시달리며 눈물 뿌리네　淚灑瘴雲邊
나라에 어진 인재 급하던 때에　國以賢良急
공께서 온전하게 지우(知遇) 입으니　公曾際會專
총명은 세상에서 보기 어렵고　聰明世眞間

41 오수(五宿)의 별자리가 아득해지니 : 오수는 동방 칠수(東方七宿) 가운데 다섯 번째에 해당하는 심성(心星)을 가리킨다. 심성은 동방 칠수를 총괄하며 동방을 대표하는 주성(主星)으로 인식되었다. 여기서 오수는 동방에 있는 조선을 상징하는 말로, 오광운(吳光運)의 죽음으로 인해 조선에 나라를 바르게 이끌 인재가 없어졌다는 뜻을 담고 있다.

기개는 유례없이 뛰어났어라 超越氣無前
마음은 가을날의 물처럼 맑고 秋水開襟照
피부는 봄날에 핀 꽃과 같으며 春花暎肉姸
문장은 펼쳐 놓은 비단과 같고 文章腸錦捘
담설은 긴 강물이 흐르듯 했네 談說舌河懸
《주역》은 단호하게 음을 내치고[42] 太易排陰果
유기의 활 버들잎을 깨부쉈어라[43] 由基碎柳弦
하왕[44]만큼 기상이 늠름했으니 何王凜將及
여지의 죽음 누가 불쌍해하랴[45] 蜍志死誰憐

42 주역(周易)은……내치고 : 《주역》의 대의(大義)가 양(陽)을 군자로 간주하여 이끌어 주고 도와서 보호하고, 음(陰)을 소인으로 간주하여 밀어내고 물리쳐 축출한다는 데서 연유한 말로, 오광운이 이처럼 소인을 배척하는 데 과단성이 있었다는 뜻이다.

43 유기(由基)의……깨부쉈어라 : 유기는 춘추 시대 초 공왕(楚共王)의 장군인 양유기(養由基)로, 활 솜씨가 뛰어나 100보 밖에서 버들잎을 쏘아 명중시킬 정도였다고 한다. 《史記 卷4 周本紀》 여기서는 오광운이 악을 미워하여 바르지 못한 사람을 가차없이 탄핵하고 공격하였다는 뜻으로 말한 듯하다.

44 하왕(何王) : 진(晉)나라 하무기(何無忌)와 왕희지(王羲之)를 지칭하는 듯하다. 하무기는 환현(桓玄)을 토벌하여 진나라 황실을 회복하는 데 공을 세웠고, 뒤에 노순(盧循)과 싸우다가 전사한 충신이다. 《晉書 卷85 何無忌列傳》 왕희지는 진나라 때 우군장군(右軍將軍)을 지냈으며, 필법으로 크게 이름을 날렸다. 《명일통지(明一統志)》 권52에 진대(晉代)의 명환(名宦)으로 이름이 실려 있다. 여기서는 오광운을 이들에게 견주어 말한 것으로 보인다.

45 여지(蜍志)의……불쌍해하랴 : 여지는 진(晉)나라의 조여(曹蜍)와 이지(李志)인데, 글씨를 잘 썼지만 인품이 하잘것없어 글씨가 후세에 전해지지 않았다고 한다. 《세설신어(世說新語)》 〈품조(品藻)〉에 "염파(廉頗)와 인상여(藺相如)는 죽었지만 기상이 늠름하여 생기가 있고, 조여와 이지는 살았다 하더라도 죽은 사람과 같다."라고 하였으며, 황정견(黃庭堅)이 〈우군첩(右軍帖)〉 뒤에 쓴 글에는 "조여와 이지 무리가 글씨는

신속하게 예리한 판단 내리고	捷出精神銳
강단 있게 기세 몰아 행동 취하니	橫驅氣勢堅
세속적인 명리(名利)를 탈피했는데	自能伸汨沒
위기 극복 어려울 게 무에 있으랴	何有撥迍邅
천리마의 발에 붉은 전광 스치고	赤電捎騏足
송골매의 발톱 쇠로 다듬었어라	金精厲鶻拳
홍범이 숨어 버린 세상을 만나[46]	世丁箕範隱
초인의 지껄임에 동요 않다가[47]	身不楚咻牽
중년에 벼슬길에 들어섰는데	中歲收簪履
금상(今上)께서 인물됨을 인정하셨네	當朝別珷璇
썩은 뼈를 논한 상소 서릿발 같아[48]	皁囊霜朽骨

왕희지와 동등했지만 전하기에는 부족하다. 편지 한 장의 글씨라도 수백 대를 전할 수 있는 것은 다만 그 사람의 인품에 달려 있는 것이다."라고 하였다. 여기서는 오광운의 인품과 재능이 이들과는 완전히 달랐다는 뜻으로 인용한 듯하다.

46 홍범(洪範)이……만나 : 당시 붕당 간의 대립이 극에 달하여 왕권이 미약해졌다는 뜻이다. 기자(箕子)가 지었다는 《서경(書經)》 〈홍범〉에 "편벽됨이 없고 편당함이 없으면 왕도가 평탄하며, 편당함이 없고 편벽됨이 없으면 왕도가 안정된다.〔無偏無黨, 王道蕩蕩; 無黨無偏, 王道平平.〕"라는 구절이 나오는데, 조선 후기 탕평 정책이 이 구절에서 유래하였다.

47 초인(楚人)의……않다가 : 맹자(孟子)가 송(宋)나라 신하 대불승(戴不勝)에게 왕을 바르게 인도하려면 선한 신하들이 많아야 한다면서 비유를 들기를, 초(楚)나라 사람이 제(齊)나라 말을 배우려고 할 때 가르치는 사람 하나가 아무리 애를 써도 많은 초나라 사람이 떠들어 대면 당해 내기가 어렵다고 하였다. 《孟子 滕文公下》 여기서는 오광운이 붕당 간의 분쟁, 특히 집권 노론 쪽에 휩쓸리지 않고 굳건하게 소신을 지켰다는 뜻으로 한 말인 듯하다.

48 썩은……같아 : 이미 죽은 당인(黨人)들에게 죄가 있다는 주장을 강하게 폈다는

연촉이 화전 위에 아롱댔으니[49] 蓮燭纈花磚
시대를 근심하여 규간(規諫)하였고 剴切憂時語
연석에서 차분하게 도를 논했네 從容講道筵
난리의 큰 단서를 꺾어 버리니 籌摧亂階大
화란의 기미 먼저 환히 알았네[50] 識炳禍機先

뜻이다. 1740년(영조16) 7월 21일 오광운이 청남(淸南) 준론(峻論)의 영수로서 상소하여 탕평책의 시행을 강력하게 주장하면서, 경종(景宗) 당시 노론, 소론, 남인 모두에게 역적이 있었다고 논하고, 경종에게 불충한 자는 영조에게도 불충한 것이 된다는 논리를 세웠다. 이듬해에 다시 상소하여 목호룡(睦虎龍)의 임인옥안(壬寅獄案) 중 영조와 관련된 부분을 없애고 역모와 의리를 천명하는 대훈(大訓)을 지어 국시(國是)를 밝히기를 청하였다. 이를 계기로 영조가 대고(大誥)를 지어 종묘에 고하고 전국에 반포하여 국론을 정하게 되었다.

49 연촉(蓮燭)이……아롱댔으니 : 연촉은 황제가 쓰는 연꽃 모양의 촉등(燭燈)이다. 당(唐)나라 영호도(令狐綯)가 궁궐에서 밤늦게까지 황제와 대화를 나누다가 돌아갈 무렵에 촛불이 거의 다 꺼지자 황제가 자신의 수레와 황금 연촉을 주어 보냈던 고사에서 유래하여, 문필(文筆)을 맡은 신하에 대한 왕의 특별 예우를 뜻하게 되었다.《新唐書 卷166 令狐綯列傳》화전(花磚)은 꽃무늬 벽돌로, 당나라 때 한림원(翰林院) 앞길이 꽃무늬 벽돌로 되어 있었기 때문에 한림원을 가리키는 말로도 쓰였다. 여기서는 오광운이 영조의 총애와 예우를 입어 밤늦도록 궐내에 입시하여 국정을 논하면서 왕을 보필하였다는 뜻으로 한 말인 듯하다.

50 난리의……알았네 : 1728년(영조4) 무신란(戊申亂)이 일어났을 때의 일이다. 이해 3월 이인좌가 안양(安養), 안성(安城)에서 거병하였는데, 봉조하 최규서(崔奎瑞)가 향리에서 달려와 상변(上變)했지만 조정에서는 큰일로 생각하지 않고 하급 군관들의 소란 정도로만 여겼다. 당시 홍문관 부교리였던 오광운은 사태의 심각성을 깨닫고는 홍경보(洪景輔)·이종성(李宗城)과 함께 대신들을 따라 한밤중에 입대(入對)하여 즉시 국청을 설치하고 궁성을 호위하게 할 것을 요청하였다. 결국 오광운 등의 주장에 따라 대처한 덕분에 난을 초기에 진압할 수 있었다.《英祖實錄 4年 3月 15日》《樊巖集 卷42 贈資憲大夫吏曹判書……藥山吳公諡狀》

힘껏 도와 나라를 안정시킨 뒤	力贊金甌奠
철권에 이름 넣길 사양했으니[51]	名辭鐵券鐫
봄날에 도성 안의 재앙 거두어	春收雙闕祲
만백성이 편히 살 수 있게 되었네	晝穩萬家煙
벼슬하며 올곧게 처신하므로	逸軌雲霄展
성상께서 발탁하여 은총 베푸니	珍毛雨露宣
성심이 항상 공을 사랑하시어	聖心常有眷
왕도가 치우침이 없게 되었네	王道佇無偏
광형과 급암[52]처럼 종사를 위해	匡汲皆宗社
우리 임금 요순으로 만들려 하니	唐虞復廈氈
성상께서 발탁하는 교지를 내려	鳳綸惟簡在
시종신의 품계에 금세 올랐고	貂珥倏喬遷
사명을 받들고서 남쪽으로 가[53]	使轄南星動

51 철권(鐵券)에……사양했으니 : 철권은 공신(功臣)의 명부를 기록한 문건이다. 오광운은 무신란이 진압된 뒤 공신 책봉을 극력 사양한 바 있다.《樊巖集 卷42 贈資憲大夫吏曹判書……藥山吳公諡狀》

52 광형(匡衡)과 급암(汲黯) : 광형은 한(漢)나라의 경학자로, 원제(元帝) 때 태자소부로 있으면서 자주 상소하여 직언을 올렸던 것으로 유명한 인물이다.《漢書 卷81 匡衡傳》급암은 무제(武帝) 때의 신하로, 성품이 강직하여 황제의 면전에서 서슴없이 바른 말을 하여 황제가 그를 만나기를 꺼릴 정도였고, 강직하다고 해서 '급직(汲直)'이라고 일컬어졌다.《漢書 卷50 汲黯傳》오광운이 이들처럼 직언을 마다하지 않았다는 뜻으로 인용한 것이다.

53 사명(使命)을……가 : 1729년(영조5) 이도장(李道章)이, 무신란에 박문수(朴文秀)가 관련되었다고 고발함에 따라, 오광운이 영남 안핵 어사로 파견되어 이 사건을 조사하였다.

북두성과 닿은 대궐 그리워했네 仙樓北斗連
응대할 땐 언행이 온화했지만 言行藹酬酢
조정에선 못된 자들 용서 않았네 廷叱死蹻鶱
군신 간의 의기투합 이러했지만 契合紛如此
물러나려는 뜻을 가지셨으니 遐情實有焉
허석했던 가의(賈誼)처럼 승진 빨라도[54] 超同虛席賈
물러남은 급류 속의 전약수(錢若水)였네[55] 退似急流錢
가을날 하의(荷衣)[56] 입고 자유 누리고 蕭灑秋荷服
저물녘에 약초밭을 배회했으며 徘徊晚朮田
번화한 시장 옆에 살며 글 읽고 讀書金市側
약봉의 비탈에서 도를 닦으니 錬魄藥峯巓

54 허석(虛席)했던……빨라도 : 허석은 왕이 자리를 비워 놓고 신하를 기다리는 것이다. 가의(賈誼)는 한(漢)나라의 재사(才士)로서 시문에 뛰어나고 제자백가에 정통하여 문제(文帝)의 총애를 받았으며, 약관(弱冠)에 역대 최연소 박사가 되고 다시 1년 만에 태중대부(太中大夫)에 이르렀던 인물이다. 가의가 좌천되어 장사왕(長沙王)의 태부(太傅)로 있다가 일 년 남짓 만에 소명(召命)을 받고 조정으로 돌아오니, 문제가 선실(宣室)에서 가의를 만나 그의 이야기에 빠져 자신도 모르게 자리를 당겨 가의 앞으로 몸을 바짝 붙였다고 한다. 《史記 卷84 賈生列傳》 여기서는 영조가 오광운을 파격적으로 승진시키고 예우했다는 뜻으로 한 말이다.

55 물러남은……전약수(錢若水)였네 : 송(宋)나라 전약수에 대해서 어떤 도승(道僧)이 "급류 속에서 용감하게 물러날 수 있는 사람이다.〔是急流中勇退人也〕"라고 평한 적이 있는데, 과연 뒤에 추밀원 부사(樞密院副使)에 이르렀을 때 40여 세의 나이로 관직에서 물러났다고 한다. 《聞見錄 卷7 錢若水》 오광운이 전약수처럼 벼슬자리에서 과감하게 물러났다는 말이다.

56 하의(荷衣) : 고사(高士)나 은사(隱士)가 입던 연잎으로 만든 옷으로, 은거(隱居)를 비유하는 말이다.

간간이 시기하여 헐뜯은 말들　　間有猜讒發
대개가 왕의 총애 때문이었네　　居多寵遇緣
한적한 섬돌에는 국화가 피고　　砌閒黃菊護
열린 문엔 노송이 서려 있는데　　門豁老松纏
부모님 봉양하며 잡념을 잊고　　浮念刪晨省
비 오는 밤 형제가 한방에 잤네[57]　　餘歡囿雨眠
험난한 풍파 속의 지주[58]이셨고　　風波卽砥柱
티끌 같은 세상의 부처였으니　　塵刹乃金仙
골목에는 참새 그물 펼칠 만해도[59]　　窮巷容羅雀
명리 좇는 자에게는 침을 뱉었네　　名場唾慕羶
한 언덕에 서책이 넉넉하였고　　一丘饒典籍
세 족당[60]은 다투는 일 없었으니　　三黨息戈鋋
성상께선 운하(運河)의 풀로 일컫고　　睿賞官河草

상이 일찍이 "오모(吳某)는 지금 조정에서 부평초와 같은 인물이다."라고 하였다.

57 비 오는……잤네 : 오광운이 벼슬을 그만두고 형제와 우애를 나누며 편안하게 지냈다는 뜻이다. 당(唐)나라 시인 위응물(韋應物)의 시 〈시전진원상(示全眞元常)〉에 "나는 태수를 그만두고 떠나고, 너는 바깥일에 매여 지냈는데, 어찌 알았겠느냐 비바람 속에, 다시 만나 한 침상에 자게 될 줄을.〔余辭郡符去, 汝爲外事牽. 寧知風雨夜, 復此對牀眠.〕"라고 한 데서 온 말이다.

58 지주(砥柱) : 중국 황하(黃河)의 거센 물결 가운데 서 있는 바위산으로, 혼탁한 세속에 휩쓸리지 않고 꿋꿋하게 자신의 절조를 지키는 군자를 비유하는 말로 쓰인다.

59 골목에는……만해도 : 집에 찾아오는 사람이 없어 골목에 참새 잡는 그물을 칠 만했다는 것이다.

60 세 족당(族黨) : 삼족(三族)과 같은 말로, 부족(父族)·모족(母族)·처족(妻族)을 가리킨다.

백성들은 강 건너는 배로 여겼네　輿情野渡船
은거할 땐 부지런히 독서하였고　沈冥恒兀兀
저술 또한 심오한 경지였으니　著述又玄玄
붉은 정곡 꿰뚫는 걸 법으로 삼고[61]　法在紅心破
푸른 꼬리 선명함을 중히 여겼네[62]　珍看翠尾鮮
소리 내면 사경과 조화 이루고[63]　發聲諧泗磬
뜻은 묵은 학설에서 탈피하였네　立意蛻陳編
명쾌함은 장탕(張湯)이 쓴 판결문 같고[64]　張鼠單辭確
갖은 맛이 조화된 건 오후정(五侯鯖)인 듯[65]　侯鯖衆膩全

61 붉은……삼고 : 붉은 정곡〔紅心〕은 붉게 표시된 과녁의 정곡(正鵠)으로, 오광운의 학문이 철두철미하여 한 치의 오차도 용납하지 않았다는 뜻으로 쓴 듯하다.

62 푸른……여겼네 : 두보(杜甫)의 〈적소행(赤霄行)〉에 "공작이 소에게 뿔 있는 줄 모르고서, 목이 말라 샘물 먹다 소뿔에 받혔도다. 하늘 위의 선경을 오가야 할 몸이, 푸른 꼬리 황금 무늬 욕보는 걸 사양 않네.〔孔雀未知牛有角, 渴飮寒泉逢觝觸. 赤霄玄圃須往來, 翠尾金花不辭辱.〕"라고 하였다. 《杜少陵詩集 卷14》 여기서는 오광운이 곡학아세(曲學阿世)하지 않고 자신의 학문적인 소신을 굳게 지켰다는 뜻으로 한 말인 듯하다.

63 소리……이루고 : 사경(泗磬)은 사수 가에 드러난 돌로, 좋은 석경(石磬)을 만드는 재료로 사용되었다. 《서경》 〈우공(禹貢)〉에 "역산 남쪽에 높이 자라는 오동나무와 사수의 물가에 뜬 경쇠를 만드는 돌〔嶧陽孤桐, 泗濱浮磬.〕"이라고 하였다. 또 공자가 사수 근처에서 후진을 양성하기도 하였다. 여기서는 오광운이 유학의 올바른 학통을 이어받았다는 뜻으로 한 말이다.

64 명쾌함은……같고 : 한(漢)나라 장탕(張湯)이 어렸을 적에, 쥐가 고기를 훔쳐 먹었는데 그 아버지가 장탕의 소행인 줄 알고 장탕에게 벌을 주었다. 억울하게 생각한 장탕은 쥐를 끝까지 찾아 잡아다가 형구(刑具)를 갖추어 놓고 죄를 낭독한 다음 돌로 쳐 죽였는데, 그때 지은 글이 마치 옥리(獄吏)가 죄인을 다루는 것처럼 논리가 명확하였고 한다. 《史記 卷122 張湯列傳》 이 고사는 법관의 가혹한 판결을 가리키는 말로 많이 쓰이지만, 여기서는 오광운의 논리가 명쾌하고 확고했다는 뜻으로 한 말이다.

재주는 비교할 데 없이 높았고	才高不細級
마음은 참된 도리 터득한지라	心得有眞詮
좌고우면하는 태도 보이지 않고	光景無中境
매사를 분명하게 재단하였네	裁成別著天
밝은 감식력으로 신괴를 보고[66]	方諸神怪見
뗏목 타고 고금을 오르내렸네	橫筏古今沿
밀려드는 물은 섬돌 개의치 않고	湊處元嫌砌
큰 물결은 세류(細流)를 다 받아들이니[67]	洪來不擇涓
집집마다 닭이 울고 개가 짖어도	千門幻鷄犬
한 이치가 연비어약(鳶飛魚躍) 비추었어라[68]	一理照魚鳶
문장에도 온전한 소가 없으니[69]	壇坫無全目

65 갖은……듯 : 한나라 성제(成帝)의 외삼촌인 왕담(王譚), 왕상(王商), 왕립(王立), 왕근(王根), 왕봉(王逢) 5형제가 모두 후(侯)에 봉해졌으므로 이들을 오후(五侯)라고 불렀다. 정(鯖)은 어육(魚肉) 등을 섞어서 끓인 진기한 음식이다. 당시 오후가 서로 사이가 좋지 못해 빈객들이 이집 저집 돌아다니지 못했는데, 언변이 좋았던 누호(婁護)는 오후의 집을 두루 돌아다녔고, 각 집안의 진기한 요리를 합쳐서 찌개로 만들었으므로 사람들이 오후정(五侯鯖)이라고 불렀다 한다.《西京雜記 卷2》 여기서는 오광운이 영조를 도와 탕평책을 추진한 것을 두고 한 말로 보인다.

66 밝은……보고 : 오광운의 감식력이 뛰어나 거짓되고 허황된 일들을 간파하였다는 뜻이다.

67 밀려드는……받아들이니 : 오광운의 학문이 매우 폭이 넓고 방대하였다는 뜻이다.

68 한 이치가……비추었어라 : 온 세상 사람들이 시끄럽게 떠들어도 동요하지 않고 깊은 이치를 관조하였다는 말이다.《중용장구(中庸章句)》 제12장에 "《시경》에 '솔개는 날아 하늘에 이르는데, 물고기는 연못에서 뛴다.'라고 하였으니, 이는 위아래에 이치가 밝게 드러남을 말한 것이다.〔詩云: 鳶飛戾天, 魚躍于淵. 言其上下察也.〕"라고 하였다.

69 문장에도……없으니 : 오광운의 시문(詩文)이 뛰어난 경지에 이르렀다는 뜻이다.

나란히 겨룰 만한 자가 누구랴 櫜鞬孰竝肩
누군가가 영향을 준 게 아니라 非人作外援
내 힘으로 도달한 경지였어라 自我擬中權
성상께서 권점 찍어 드러내시니 御點推揚幟

공의 문형(文衡) 권점(圈點)에 상이 일찍이 어점(御點)을 가하였다.[70]

붕사가 채찍 든 걸 싫어하였네[71] 朋私忌著鞭
깊은 학식 급총서[72]를 달가워 않고 幽何屑汲塚

백정이 소를 잡을 때 처음에는 소 몸뚱이만 보였지만 3년쯤 지난 뒤에는 소의 각 부위만 보이고 소 몸뚱이 전체는 보이지 않았다는 '목우무전(目牛無全)'의 우화(寓話)가 《장자(莊子)》 〈양생주(養生主)〉에 실려 있다.

70 공의……가하였다 : 문형(文衡) 권점(圈點)은 대제학(大提學)을 선발할 때 추천권자들이 피추천자의 이름 위에 둥근 점을 찍고, 이 점이 가장 많은 사람을 이조에 추천하여 임명하게 했던 제도이다. 오광운은 몇 차례 문형 권점에 들었지만 권점이 1개에 불과하였는데, 평소 이를 못마땅하게 여겼던 영조가 1742년(영조18)에 "이 사람이 어찌 권점 하나란 말인가. 참으로 한심한 일이다."라고 하며 오광운의 이름자 위에 권점 하나를 더 찍어 내려보냈다. 《英祖實錄 18年 3月 29日》《樊巖集 卷42 贈資憲大夫吏曹判書……藥山吳公諡狀》

71 붕사(朋私)가……싫어하였네 : 다른 당(黨)의 사람들이 오광운이 승승장구하는 것을 싫어하고 시기했다는 말이다. 진(晉)나라 유곤(劉琨)은 친구인 조적(祖逖)과 함께 중원(中原)을 수복할 뜻을 품고 있었는데, 한번은 조적이 기용되었다는 말을 듣고 다른 친구에게 편지를 보내 "나는 창을 베고 아침이 오기를 기다리면서 역적의 머리를 효시하려는 생각뿐인데, 항상 조적이 나보다 말채찍을 먼저 쥘까 염려스럽다."라고 하였다. 《晉書 卷62 劉琨列傳》

72 급총서(汲塚書) : 진(晉)나라 태강(太康) 2년(281)에 급군(汲郡)에 사는 부준(不準)이 위(魏)나라 양왕(襄王)의 무덤을 도굴하여 얻었다는 선진(先秦)의 고서(古書)이나, 후대에 와서는 위서(僞書)인 것으로 판명되었다. 여기서는 오광운의 학문이 선진의 고서도 그다지 탐탁해하지 않을 정도로 심오한 경지에 도달했다는 뜻으로 한 말이다.

회수에서 나는 옥[73]과 빛을 겨뤘네	光欲鬪淮玭
상자 속에 담겨 있는 고매한 글들	有篋緘三昧
나라 안 사람들이 앙모하였네	翹心罄八埏
선비를 사랑하여 집에 있을 땐	在家常愛士
맞아들여 학문을 토론했으니	深庭別開椽
업후(鄴侯)의 서가 가득 아첨 꽂히고[74]	鄴架牙籤滿
용문에는 선비들이 들어찼었지[75]	龍門組帶塡
초하루의 인물평[76]은 엄정하였고	月評森不已
시를 짓는 규정은 치밀했는데	詩令密難蠲
강석에서 함장과 쟁론 벌일 때	間席爭函丈

73 회수(淮水)에서 나는 옥 : 진기한 옥을 가리킨다. 《서경》〈우공(禹貢)〉에 "회수 지역의 오랑캐는 구슬과 물고기를 바친다.〔淮夷, 蠙珠暨魚.〕"라고 하였다.

74 업후(鄴侯)의……꽂히고 : 업후는 3만 권의 책을 소장하였다는 당나라 이필(李泌)이고, 아첨(牙籤)은 상아로 만든 책갈피이다. 한유(韓愈)의 시 〈송제갈각왕수주독서(送諸葛覺往隨州讀書)〉에 "업후의 집에는 장서가 많아, 서가에 삼만 권이 꽂혀 있는데, 하나하나 아첨을 달아 놓으니, 손도 안 댄 것처럼 깨끗하였지.〔鄴侯家多書, 架插三萬軸. 一一懸牙籤, 新若手未觸.〕"라고 하였다. 여기서는 오광운이 이필처럼 많은 서적을 소장하였다는 뜻으로 한 말이다.

75 용문(龍門)에는 선비들이 들어찼었지 : 많은 후진들이 오광운의 풍도를 사모하며 추종했다는 뜻이다. 후한 환제(桓帝) 때 이응(李膺)을 존경하는 선비들이 그의 집 마루에 올라가기만 해도 '용문에 올랐다.〔登龍門〕'라며 영광스럽게 생각했던 고사에서 나온 말이다. 《後漢書 卷97 李膺列傳》

76 초하루의 인물평 : 후한 영제(靈帝) 때 여남(汝南)의 명사인 허소(許劭)와 그의 종형제인 허정(許靖)이 매달 초하루에 지방 사람들의 됨됨이를 평했는데, 이 인물평이 정확해서 사람들이 '여남의 월단평(月旦評)'이라고 불렀다고 한다. 《後漢書 卷68 許劭列傳》 여기서는 문하 선비들에 대한 오광운의 평가를 말한다.

질문하면 정확하게 응대하셨네 撞鍾輒應篿
진퇴에는 두 가지 걱정 따르고[77] 二憂隨進退
은거할 땐 세 즐거움[78] 누리셨으니 三樂稱盤旋
밝은 때에 물러나서 자유 누려도 漫跡明時倦
칠실에서 충성으로 가슴 태웠지[79] 忠腸漆室煎
갑자기 폐합하는 사태를 만나[80] 蒼黃逢閉閤

77 진퇴에는……따르고 : 두 가지 걱정은 조정에 나가면 백성들을 걱정하고 물러나면 임금을 걱정한다는 말이다. 송(宋)나라 재상 범중엄(范仲淹)의 〈악양루기(岳陽樓記)〉에 "묘당의 높은 지위에 있으면 백성들을 걱정하고, 강호의 먼 곳에 있으면 그 임금을 걱정한다.〔居廟堂之高則憂其民, 江湖之遠則憂其君.〕"라고 하였다.

78 세 즐거움 : 맹자가 말한 세 가지 즐거움으로, 부모가 모두 생존해 계시고 형제가 무탈한 것, 위로 하늘에 부끄러움이 없고 아래로 사람에게 부끄러움이 없는 것, 천하의 영재를 얻어서 가르치는 것을 이른다. 《孟子 盡心上》

79 칠실(漆室)에서……태웠지 : 칠실은 춘추 시대 노(魯)나라 고을 이름이다. 목공(穆公) 때 임금은 늙고 태자는 어려서 나라가 몹시 위태롭게 되자 칠실에 사는 과년한 처녀가 이를 근심하여 탄식했다는 고사가 있으므로, 자신의 처지에 맞지 않게 나라를 걱정한다는 뜻으로 많이 쓴다. 《列女傳 魯漆室女》 여기서는 오광운이 벼슬에서 물러나 있어도 늘 나라를 걱정했다는 뜻으로 한 말이다.

80 갑자기……만나 : 폐합(閉閤)은 문을 닫아건다는 뜻으로, 영조가 대신들을 오랫동안 만나지 않았던 일을 가리킨다. 1743년(영조19) 1월에 성변(星變)이 있었는데도 영조가 신하들을 접견하지 않자, 오광운이 상소하여 "위아래가 소통하지 못하는 것을 《주역》에서 '막혔다〔否〕'라고 합니다. 이렇게 천지와 상하의 기운이 소통되지 않는데 어떻게 성변이 없겠습니까. 전하께서는 마음에 편치 않은 일이 있으면 표현하려 하지 않고 매번 마음속에 담아 두시니, 이것이 매우 큰 병근(病根)입니다."라고 하였다. 이 상소는 《영조실록》과 《승정원일기》에는 보이지 않아 자세한 내용을 알 수 없지만, 영조 19년 1월 25일에 희정당(熙政堂)에서 대신(大臣)과 비국 당상(備局堂上)을 인견한 기사가 《영조실록》과 《승정원일기》에 실려 있어 당시 상황을 추측할 수 있다. 또 같은 해 11월에는 정언 조중회(趙重晦)의 상소에 사묘(私廟), 즉 육상궁(毓祥宮)에

정성 다해 경현역철(更絃易轍) 청하였으니[81] 悃款責更絃
어탑(御榻)은 철문처럼 닫혀 있는데 禁地扃如鐵
고관들은 간담이 연도(鉛刀) 같거늘 榮班膽似鉛
상소하여 세 가지 일 권면하였고[82] 血封三事聳
국맥을 한마디의 말로 이었네 邦脉一言綿
유도[83]처럼 몸은 비록 은거했지만 有道身雖隱
원안[84]의 눈물 절로 흘리셨으며 袁安涕自漣

관한 언급이 있었다는 이유로 진노하여 신하들을 만나지 않고 동궁에게 전위(傳位)하겠다고 선포하였다. 이에 대신들이 조중회를 처벌할 것을 청하여 영조의 노여움을 풀어주려 하였는데, 대사헌으로 있던 오광운이 반대하는 상소를 올려 극력 간하자, 그의 두 번째 상소를 보고 감동한 영조가 윤음을 내려 후회하는 뜻을 보였다. 《英祖實錄 19年 11月 28日, 29日》《樊巖集 卷42 贈資憲大夫吏曹判書……藥山吳公諡狀》《歸鹿集 卷16 贈吏曹判書吳公神道碑銘》

81 경현역철(更絃易轍) 청하였으니 : 경현역철은 현악기의 줄을 갈아 끼우고 수레가 가던 길을 바꾼다는 뜻으로, 입장이나 태도, 제도 등을 고치는 것을 말하는데, 여기서는 영조의 잘못된 처사를 바로잡도록 요청했다는 말이다.

82 상소하여……권면하였고 : 세 가지 일은 216쪽 주80에서 는 두 가지 일과 1743년 7월 기상의 변고가 있는데도 진연(進宴)을 강행하려 하였을 때 극력 간하였던 일이다. 7월에 상소를 올렸을 때는 영조가 동궁이 입시한 자리에서 오광운의 충직함을 칭찬하며 표리(表裏)를 하사하고 "선정(先正) 조광조(趙光祖)처럼 풍교(風敎)를 진작하라."라는 내용의 글을 내린 바 있다. 《英祖實錄 19年 7月 25日》《樊巖集 卷42 贈資憲大夫吏曹判書……藥山吳公諡狀》《歸鹿集 卷16 贈吏曹判書吳公神道碑銘》

83 유도(有道) : 당(唐)나라 왕정백(王貞白)의 자이다. 진사시에 합격하여 교서랑(校書郎)이 되었으나, 소종(昭宗)이 환관에게 협박을 받아 봉상(鳳翔)으로 가게 되자 즉시 물러나 은거하였다. 시로 명성이 있었으며, 저서로 《영계집(靈溪集)》이 있다.

84 원안(袁安) : 후한 화제(和帝) 때의 인물로, 효성과 청렴으로 추천되어 초군 태수(楚郡太守)를 거쳐 정승을 지냈다. 나라를 근심하여 조회 때나 대신들과 나랏일을 논할 때마다 한숨을 쉬면서 눈물을 흘리지 않은 적이 없었다 한다. 《後漢書 卷45 袁安列傳》

문정공의 붓으로 마음 바루고[85]	格心文正筆
계손이 매를 좇듯 악 미워했네[86]	嫉惡季孫鸇
일 처리엔 경륜이 빈틈이 없고	事外經綸密
가슴속에 모든 것을 꿰고 있었지	胸中細大穿
미나리도 맛있는데 뭐가 문제랴[87]	何傷芹亦美
약이 병을 고치는 걸 보려 하였네	要見藥能痊
우국애군(憂國愛君) 정성은 부족함 없고	憂愛存無過
왕의 허물 줄이고자 노력하였네	淵涓銳省愆
아첨하는 자의 얼굴 염지초(染指草) 같고[88]	佞顏騂指草

85 문정공(文正公)의……바루고 : 문정공은 중종 때 대사헌을 지낸 조광조(趙光祖)이다. 조광조가 직언으로 중종에게 숨김없이 간언했던 것처럼 오광운이 영조에게 직언하여 잘못을 바로잡았다는 말이다. 217쪽 주82 참조.

86 계손(季孫)이……미워했네 : 계손은 춘추 시대 사람 계손행보(季孫行父)로, 《논어》〈공야장(公冶長)〉에 나오는 계문자(季文子)이다. 계손행보가 "자기 임금에게 예를 지키는 자를 보면 효자가 부모를 봉양하는 것처럼 그를 섬겨야 하고, 자기 임금에게 무례하게 구는 자를 보면 매가 참새를 쫓듯이 처벌해야 한다."라고 하였다. 《春秋左氏傳 文公18年》

87 미나리도……문제랴 : 시골 사람이 혼자만 미나리 맛을 즐길 수 없어서 마을의 부호에게 바쳤다가 핀잔을 받고 부끄러워했다는 '야인헌근(野人獻芹)'의 이야기가 《열자(列子)》〈양주(楊朱)〉에 실려 있는데, 윗사람에게 정성을 다한다는 뜻의 겸사(謙辭)로 많이 사용된다. 여기서는 임금을 섬기는 데 자신의 정성을 다하는 것이 무슨 잘못이겠느냐는 오광운의 마음가짐을 뜻한다.

88 아첨하는……같고 : 염지초(染指草)는 봉선화로, 아첨하는 사람을 보면 스스로 부끄러워 얼굴이 붉게 달아오른다는 말이다. 자로(子路)가 "뜻이 같지 않은데도 더불어 말을 하는 사람을 보면 부끄러워서 그 얼굴이 붉게 달아오르니, 이는 내가 알 바가 아니다.〔未同而言, 觀其色赧赧然, 非由之所知也.〕"라고 말한 것과 같은 취지이다. 《孟子 滕文公下》

악의 괴수 추련에 승복하였네[89] 魔領服秋蓮
처음 먹은 마음이 돌처럼 굳어 介石初心固
좌천되어 지방으로 부임했는데[90] 仙鳬左降翩
청헌의 학조차도 지니지 않고[91] 不煩淸獻鶴
은지의 샘물 거듭 노래하였지[92] 再詠隱之泉
상이 자리 비워 두고 기다리시니 側席勤虛佇

89 악의……승복하였네 : 추련(秋蓮)은 칼집에 연꽃이 아로새겨진 보검이다. 이백(李白)의 시 〈호무인(胡無人)〉에 "유성처럼 빠른 화살 허리춤에 꽂고, 번쩍이는 보검을 상자에서 꺼내도다.〔流星白羽腰間插, 劍花秋蓮光出匣.〕"라고 하였다. 여기서는 오광운의 칼날 같은 기개에 악의 괴수가 승복하였다는 뜻으로 한 말이다. 오광운이 1741년(영조17) 과거 목호룡(睦虎龍)의 임인옥안(壬寅獄案) 중 영조와 관련된 부분을 없애고 역모와 의리를 천명하는 대훈(大訓)을 지어 국시(國是)를 밝히기를 청하였는데, 이를 계기로 영조가 〈대고(大誥)〉를 지어 종묘에 고하고 전국에 반포하여 국론(國論)을 정하였다.

90 처음……부임했는데 : 임인옥안을 바로잡아 영조의 명예를 회복하게 한 공로로 영조가 오광운을 도승지에 제수하였으나, 오광운이 여덟 차례나 소명을 어기자 홍주목사(洪州牧使)로 좌천시켰던 일을 말한다.《英祖實錄 17年 11月 24日》

91 청헌(淸獻)의……않고 : 청헌은 송(宋)나라의 명신 조변(趙抃)으로, 청헌은 그의 시호이다. 청헌의 학은 조변이 성도 전운사(成都轉運使)로 부임할 때 거문고 하나와 학 한 마리만을 가지고 갔다는 고사에서 나온 말로, 청렴한 지방관을 의미한다.《宋史 卷316 趙抃列傳》 여기서는 오광운이 지방관으로 있을 적에 조변보다 더 청렴하게 처신했다는 뜻으로 한 말이다.

92 은지(隱之)의……노래하였지 : 은지는 진(晉)나라의 오은지(吳隱之)이다. 광주(廣州)에 탐천(貪泉)이라는 샘이 있었는데, 누구든지 이 샘물을 마시면 욕심을 부리게 된다 해서 붙여진 이름이다. 오은지가 광주 자사(廣州刺史)로 부임하여 탐천의 물을 떠 마시고 시를 짓기를 "백이 숙제에게 이 물 마시게 하면, 개결한 마음 절대 변치 않으리.〔試使夷齊飮, 終當不易心.〕"라고 하였다.《晉書 卷90 良吏列傳 吳隱之》 역시 오광운이 지방관으로 봉직(奉職)하면서 청렴한 자세를 견지했다는 뜻으로 한 말이다.

돌아와서 어찌 감히 편히 지내랴[93] 還都敢靜便

내직으로 옮긴 것은 경천과 같고[94] 內遷資景倩

중비로 내린 은총 연년 같았지[95] 中批寵延年

공이 외직에 있다가 간의(諫議)로 부름을 받았고, 곧이어 어사대부(御史大夫)에 임명되었다.[96]

구름문양 보자기에 싸 내린 표리(表裏)[97] 衰獎紅雲褁

맑은 강에 빤 것 같은 흰 명주였네 恩紬白漢湔

덕이 빛나 봉새가 내려앉았고[98] 德輝忻鳳下

93 상이……지내랴 : 오광운이 1741년(영조17) 11월 홍주 목사로 좌천되었다가 두 달 뒤인 1742년 1월 대사간에 임명된 일을 말한다.

94 내직(內職)으로……같고 : 경천(景倩)은 당(唐)나라의 반경천(班景倩)이다. 반경천이 양주 채방사(揚州采訪使)로 있다가 대리소경(大理少卿)에 임명되어 내직으로 들어가게 되었는데, 예약수(倪若水)가 그를 전별하고 뒷모습을 바라보면서 "반공(班公)의 이번 길은 신선이 되어 하늘로 오르는 것과 같다."라고 한 일이 있다.《新唐書 卷128 倪若水列傳》

95 중비(中批)로……같았지 : 중비는 이조나 병조의 심의 없이 임금의 특지(特旨)로 관원을 임명하던 제도이다. 연년(延年)은 한(漢)나라의 두연년(杜延年)으로, 상관걸(上官桀)과 연왕 단(燕王旦)의 모반(謀反)을 고한 공으로 건평후(建平侯)에 봉해졌으며, 뒤에 간의대부를 지냈다.《漢書 卷60 杜延年傳》 여기서는 오광운이 특지로 대사간에 제수된 것을 두고 한 말이다.

96 공이……임명되었다 : 오광운은 1742년 1월 25일 대사간에, 1743년 7월 14일 대사헌에 제수되었다.

97 구름문양……표리(表裏) : 오광운이 표리를 하사받은 것은 두 번이다. 첫 번째는 1725년(영조1) 은산 현감(殷山縣監)에서 물러난 뒤 어사(御史)의 서계(書啓)로 표리를 하사받았고, 두 번째는 1743년 7월 기상이변이 있는데도 진연(進宴)을 강행하려는 영조에게 적극 상소한 일로 표리를 하사받았다. 여기서는 1743년의 일을 두고 한 말인 듯하다.

물속 괴물 서각(犀角)의 빛 두려워했지[99]	水怪怯犀燃
은택이 멀리까지 미치게 된 건	欲識恩波遠
은거하던 때로부터 비롯됐으나	初從釣渚圓
문원에도 어려움 겪었거니와[100]	文垣亦蹭蹬
낭묘 승진 억지로 지연시켰네[101]	廊廟强遷延
친람(親覽) 거친 훈의[102]를 감수하였고	訓義親經決
어제(御製) 정리 혼자서 주관하였네	宸章獨遣銓
어명 받고 개성(開城)의 유수(留守)가 되어	故都膺牘刻
풍속을 빠짐없이 두루 살피니	遺俗入帷褰

98 덕이……내려앉았고 : 한(漢)나라 가의(賈誼)의 〈조굴원부(弔屈原賦)〉에 "봉황이 천 길 높이 날이여, 덕이 빛남을 보고 내려오도다.〔鳳凰翔于千仞兮, 覽德輝而下之.〕"라고 하였는데, 여기서는 오광운이 자신을 알아주는 밝은 군주의 지우(知遇)를 입었기 때문에 세상에 나가 벼슬살이하였다는 뜻으로 말한 듯하다.

99 물속……두려워했지 : 서각의 빛이란 무소뿔에 불을 붙여 어두운 곳을 비춰 보는 것을 말한다. 진(晉)나라 온교(溫嶠)가 적신(賊臣)들을 토벌하고 우저(牛渚)에 이르렀는데, 물이 측량할 수 없을 정도로 깊고 물속에는 괴물들이 살고 있다고 하였다. 이에 서각에 불을 붙여서 물속을 비추니, 얼마 뒤에 물속에 있던 기이한 모습의 물고기들이 모두 모습을 드러냈다.《晉書 卷67 溫嶠列傳》여기서 물속 괴물은 당시의 정적(政敵)들을, 서각의 빛은 오광운의 밝은 감식력을 상징하는 것으로 보인다.

100 문원(文垣)에도 어려움 겪었거니와 : 오광운이 충분한 자격이 있었음에도 홍문관 대제학으로 발탁되지 못했다는 말이다. 오광운의 대제학 권점과 관련해서는 214쪽 주70 참조.

101 낭묘(廊廟)……지연시켰네 : 오광운이 충분한 능력을 갖추었으나 반대 세력의 방해로 판서 자리에 오르지 못하였다는 말이다.

102 훈의(訓義) : 1744년(영조20) 새로 번역하여 간행한《어제소학언해(御製小學諺解)》를 가리킨다.

박연(朴淵)[103]에는 무지개가 곧게 드리우고　淵瀑垂虹直
만월대(滿月臺)[104]엔 사슴 풀이 무성하였네　臺芽覆鹿芊
촌락마다 따뜻한 정사 펼치고　陽春布井落
만일 위해 산천을 그렸지마는　陰雨繪山川

공이 개성 유수로 있을 때 화공(畫工)에게 명하여 관방(關防)의 요해(要害)를 그리게 하였는데, 장차 보고하려 하다가 실행하지 못했다.

단시간에 공의 풍도 그쳐 버리니　短局風期歇
우리 도가 나날이 전도되리라　斯文日覩顚
일찍부터 옥 같은 덕 흠모하다가　早欽如玉美
복규의 경계까지 듣게 됐는데[105]　多忝復圭篇
도리[106]로 온전하게 배양하시며　桃李培成植
부족해도 버리지 않으셨으니　柯桐蝕未捐
물속에 잠긴 검이 광채 발하며[107]　沈鋌吐光怪

103 박연(朴淵) : 개성에 있는 박연폭포(朴淵瀑布)를 지칭한다.

104 만월대(滿月臺) : 고려 정궁(正宮)이 있던 터를 가리킨다.

105 복규(復圭)의……됐는데 : 번암이 오광운의 조카사위가 되었다는 말이다. 《시경》 〈억(抑)〉에 "흰 옥의 흠집은 갈면 없어지지만, 말에 흠이 있는 것은 어쩔 수 없다.〔白圭之玷, 尙可磨也. 斯言之玷, 不可爲也.〕"라는 내용이 있는데, 공자의 제자 남용(南容)이 이 시를 하루 세 차례씩 되풀이하여 외웠으므로 공자가 형의 딸에게 장가들게 했다고 한다. 《論語 先進》 번암이 오광운의 제자이자 조카사위이므로 이 둘의 관계는 남용과 공자의 관계와 묘하게 일치한다.

106 도리(桃李) : 문하생을 뜻하는 말이다. 당(唐)나라 재상 적인걸(狄仁傑)이 무측천(武則天)에게 자신의 문하생을 많이 추천하여 장상(將相)이 되게 하였으므로 "천하의 도리가 모두 공의 문하에서 나온다.〔桃李滿天下〕"라는 말을 들었다는 고사가 있다. 《資治通鑑 則天順聖皇后下 久視1年》

107 물속에……발하며 : 진(晉)나라 때 뇌환(雷煥)이 용천(龍泉)과 태아(太阿)라는

풀무질을 하여 힘껏 가르치셨네 開鞴力陶甄
〈백설가〉를 영에서 읊조리시고[108] 吟雪歌仍郢
황금 내건 연왕에게 보답하시니[109] 懸金禮復燕
백토 깎는 재주[110]를 감히 말하랴 敢言拚斲堊
통발 잊는 경지[111]에 이르렀어라 別是到忘筌

두 명검을 얻어 하나는 자기가 차고 하나는 장화(張華)에게 주었는데, 장화가 복주(伏誅)되면서 그가 찼던 칼은 사라지고 말았다. 뒤에 뇌환의 칼을 그의 아들이 차고서 복건성(福建省) 연평진(延平津)에 이르렀을 때, 칼이 갑자기 물속으로 뛰어들더니 없어졌던 장화의 칼과 합하여 두 마리의 용으로 변한 뒤 사라졌다는 고사가 전한다.《晉書 卷36 張華列傳》 여기서는 남들이 알지 못하는 오광운의 뛰어난 학식을 두고 한 말로 보인다.

108 백설가(白雪歌)를 영(郢)에서 읊조리시고 : 백설가는 초(楚)나라의 수도 영에서 불리던 노래로, 〈양춘가(陽春歌)〉와 함께 격조 높고 뛰어난 곡조로 알려졌다. 옛날에 어떤 사람이 영 땅에서 노래를 불렀는데, 처음에 보통 유행가인 〈하리(下里)〉나 〈파인(巴人)〉을 불렀을 때는 같이 합창하여 부르는 자가 수백 명에 달하였다. 그러나 〈양춘가〉와 〈백설가〉를 부르자 따라 부르는 자가 거의 없었다 한다. 여기서는 오광운의 정치적인 식견과 역량이 매우 뛰어났다는 뜻으로 쓴 말이다.

109 황금(黃金)……보답하시니 : 전국 시대 연 소왕(燕昭王)이 역수(易水) 동남쪽에 대(臺)를 건립하고 여기에 천금을 비치하여 천하의 현사(賢士)들을 불러 모았던 고사가 있다.《戰國策 燕策1》 여기서는 오광운이 자신을 발탁한 영조에게 충성을 다해 보답했다는 뜻인 듯하다.

110 백토(白土) 깎는 재주 : 기예가 매우 뛰어남을 뜻한다.《장자(莊子)》〈서무귀(徐无鬼)〉에 "영(郢) 땅 사람이 코끝에 백토를 파리 날개처럼 얇게 바르고서 장석(匠石)을 시켜 그것을 깎아 내게 하였다. 장석이 바람을 일으키며 도끼를 휘둘러 마음대로 깎아 내기 시작하였는데, 백토를 다 깎았는데도 코를 다치게 하지 않았고, 코에 백토를 묻힌 채 서 있던 영 땅 사람도 조금의 동요 없이 그대로 서 있었다."라고 하였다.

111 통발 잊는 경지 :《장자》〈외물(外物)〉에 "통발은 고기를 잡는 것인데 고기를 잡고 나면 통발은 잊어버리고, 올가미는 토끼를 잡는 것인데 토끼를 잡고 나면 올가미는

진결이 기억에서 흩어져 가니 眞訣諳中散

공이 일찍이 양생(養生)의 비결을 배웠다.

영주를 악전에게 의지하였네[112] 靈籌倚偓佺

여전히 영남에서 머무는 내게 客來猶嶺邑

편지와 함께 시를 보내셨는데 書到又詩箋

우리 도가 지금 어떤 지경이냐며 吾道今何似

더욱 힘써 나가자고 면려하였네 相期益勉旃

하늘은 왜 우리를 저버렸는지 天胡負家國

폭풍이 큰 나무를 쓰러뜨렸네 風忽倒楠梗

나라 안이 모두 놀라 방아 멈추고 輟杵驚朝野

널이 시전 지날 때는 통곡 소리뿐 過車哭市廛

성상께서 지난날의 공훈 생각해 玉音提舊伐

높은 품계 공에게 추증하셨네[113] 華贈送新阡

상이 연석(筵席)에서 공이 무신년(1728, 영조4)에 적도를 토벌한 공훈을 특별히 생각하시고 공에게 정경(正卿)을 추증할 것을 명하셨다.

잊어버린다.〔筌者所以在魚, 得魚而忘筌; 蹄者所以在兎, 得兎而忘蹄.〕"라고 하였는데, 올가미나 통발은 어떤 목적을 달성하기 위한 도구 또는 방편을 가리킨다. 여기서는 오광운이 자신이 세운 공로나 세속적인 명예 등을 초탈했다는 뜻인 듯하다.

112 영주(靈籌)를 악전(偓佺)에게 의지하였네 : 소식(蘇軾)의 《동파지림(東坡志林)》에 "어떤 세 노인이 만나서 서로 나이를 물었는데, 한 노인이 말하기를 '바닷물이 뽕나무밭으로 변할 때마다 내가 산가지 하나씩을 내려놓았는데, 지금 산가지 열 개가 찼다.'라고 했다."라는 말이 나오는데, 이는 인간의 장수를 뜻한다. 악전은 전설 속의 선인(仙人)을 가리킨다. 이 구절은 오광운의 죽음을 상징하는 것으로, 양생술을 배운 오광운이 인간 세상을 떠나 신선 세계로 돌아갔다는 뜻이다.

113 높은……추증하셨네 : 1745년(영조21) 오광운이 졸하자 영조가 이조 판서와 대제학을 추증한 것을 말한다.

애통함은 남들보다 백배나 큰데 痛惜身堪百
천 리나 되는 길이 가로놓였네 微茫路恰千
반열에서 정숭(鄭崇)의 신발 못 끌고[114] 班心未鄭履
주나라 사냥 수레 수행 못 하니[115] 車後失周畋
향화(香火) 속에 한 해는 저물어 가고 香瓣乾坤暮
갈대 재는 절서의 변화 알리네[116] 灰葭節序嬗
혼탁한 구주의 연기[117] 벗어나 九煙超穢濁
훨훨 날아 삼신산(三神山)에 들어가시니 三島入翩躚
새벽닭이 울기 전에 입궐 못 하고[118] 未先晨鷄往

114 반열에서……끌고 : 정숭(鄭崇)은 한(漢)나라 때 직간(直諫)을 일삼았던 사람이다. 상서복야(尙書僕射)로 있으면서 항상 가죽신을 땅에 끌며 들어가 천자를 뵈었으므로, 애제(哀帝)가 그의 발소리만 듣고도 정숭이 들어오는 줄을 알겠다며 웃었다는 일화가 있다. 《漢書 卷77 鄭崇傳》 오광운이 죽음으로써 다시는 조정에 들어가 직간을 할 수 없게 되었다는 뜻이다.

115 주(周)나라……하니 : 주나라에서는 국왕이 사시(四時)의 사냥을 중월(仲月)에 하였는데, 이때 품계가 높은 관리들이 수행하였다. 오광운은 7월 21일에 졸하여 8월의 사냥에는 왕을 수행할 수가 없었으니, 역시 오광운이 운명하여 더 이상 왕을 보좌할 수 없게 되었음을 뜻하는 말인 듯하다.

116 갈대……알리네 : 오광운이 세상을 떠난 뒤 얼마간의 시일이 흘렀다는 뜻이다. 옛날에 갈대청을 태운 재를 십이율관(十二律管)에 채운 다음 밀실(密室)에 놓아두고 기후의 변화를 관찰하였는데, 해당하는 율관의 재가 날리면 그 절서가 이른 것으로 파악하였다. 《後漢書 卷21 律曆志》

117 구주(九州)의 연기 : 풍진세상을 가리키는데, 높은 하늘 위에서 내려다보면 중국의 구주가 가물거리는 아홉 점의 연기처럼 보인다고 해서 나온 말이다. 이하(李賀)의 시 〈몽천(夢天)〉에 "멀리 구주를 바라보니 아홉 점의 연기인 듯, 큰 바다가 한 잔 술을 부은 듯이 조그맣네.〔遙望齊州九點煙, 一泓海水杯中瀉.〕"라고 하였다.

118 새벽닭이……하고 : 이때 개성 유수로 봉직하던 오광운이 등연(登筵)하기 위해

'선(先)' 자는 거성(去聲)이다.[119]

끝내는 상여 타고 돌아가셨네	終成素馬還
산양에는 저물녘의 젓대 소리요[120]	山陽來晩篴
강 위에는 외로이 배가 떠가네	江漢出孤舷
수레바퀴 자국은 강가에 남고	殘轂留鴻跡
찬 꽃은 말 언치를 비춰 주는데	寒花暎馬韉
추사에 제비들은 머뭇거리고[121]	依遲秋社燕
석양 무렵 매미 소리 처량하여라	凄咽夕陽蟬
풀이 자라 집 앞길은 보이지 않고	草沒前蹊惑
빈 뜰에는 학 한 쌍이 나란히 섰네	庭空舊鶴聯
공연히 국사[122] 위해 눈물 흘릴 때	空餘國士淚
들보 위에 달빛 환히 비치는구나	樑月照潺湲

서 입경(入京)하였다가 갑자기 세상을 떠났기 때문에 한 말이다. 즉 이른 새벽 대궐에 입궐하지 못하였다는 뜻이다.

119 선(先) 자는 거성(去聲)이다 : '先' 자가 거성일 경우 시간적으로 앞선다는 뜻이 된다.

120 산양(山陽)에는……소리요 : 죽은 벗이나 지인(知人)을 그리워한다는 뜻으로, 여기서는 죽은 오광운을 그리워하는 마음을 표현한 것이다. 진(晉)나라 죽림칠현(竹林七賢)인 혜강(嵇康), 상수(向秀) 등이 일찍이 산양에서 어울려 놀았는데, 뒤에 상수가 산양 땅을 지나다가 누군가가 부는 젓대 소리를 듣고는 죽은 친구인 혜강과 완적(阮籍) 등을 추억하며 〈사구부(思舊賦)〉를 지은 데서 나온 말이다. 《晉書 卷49 向秀列傳》

121 추사(秋社)에 제비들은 머뭇거리고 : 추사는 입추 이후 다섯 번째 무일(戊日)이다. 또 입춘 이후 다섯 번째 무일을 춘사(春社)라고 하는데 제비는 춘사에 남쪽 나라로부터 왔다가 추사에 다시 돌아간다고 한다. 여기서는 가을철을 맞아 돌아갈 때가 된 제비들이 아쉬운 듯 떠나지 못하고 머뭇거린다는 뜻으로 한 말이다.

122 국사(國士) : 한 나라에서 재능이 가장 뛰어난 선비를 가리키는데, 여기서는 오광운을 지칭한다.

한양에서 단성으로 돌아가는 길에 광나루 배 안에서 이익경에게 회포를 적어 부치다

自京還向丹丘 廣津舟中寄懷李翼卿

상경할 땐 그대와 여정 함께하였는데	來時與君同作行
갈 때는 그대 두고 나 혼자 가야 하네	去時君留我獨征
광릉의 강가에서 외로운 배를 타니	廣陵江上倚孤舟
갈댓잎에 쏴아 하고 가을바람 부는구나	蘆葉淅淅多秋聲
저도는 어디인가 멀리 연기 일어나고	楮島何在遠煙起
석양빛에 봉은사는 보일 듯 말 듯 하네	夕陽明滅奉恩寺
봉은사는 나에게 용천암[123]과 같은 곳	奉恩是我龍泉菴
지난날 산사에서 힘겹게 글 읽었네	往歲攻苦禪窓裏
이른 새벽 세수하고 불전에 올라가서	早起盥洗登佛殿
그날 과제 끝마치면 정오가 안 되었고	了得新題未午晷
다시 방에 들어가서 못 미칠 듯 독서하다	回身讀書如不及
나무에 어두운 빛 깃들고야 그쳤었지	瞑色生樹然後已
유월과 칠월이면 지독하게 날이 더워	六月七月天甚熱
몸에 물을 끼얹은 듯 줄줄 땀이 흘렀고	肌膚汗積流如潑
절밥에 허기지고 모기가 뜯어 대도	僧飯不飽寺蚊嚙

123 용천암(龍泉菴) : 중국 절강성(浙江省) 여요현(餘姚縣) 서쪽 용천산(龍泉山)에 있는 암자로, 송나라 왕안석(王安石)이 이곳에서 독서한 적이 있다고 한다. 《中國古代地名大詞典》

고생스레 책 붙들고 오랜 세월 보냈었네	艱哉硯北多歲月
돌아와서 한 번 만에 용문에 올랐으니[124]	歸來一蹴龍門高
귀신이 그동안의 수고에 보답한 듯	如有鬼神酬其勞
지금 그대 지난날의 나처럼 책 싸 들고	今君負笈如故我
산사에서 밤마다 등불 켜고 앉았으니	佛榻夜夜焚膏坐
부지런히 공부하여 절굿공이 바늘 되면[125]	若能孜孜杵成針
서로 멀리 떨어져 있다 한들 어떠하랴	何妨落落商與參
갈대에 맺힌 이슬 가을날은 저무는데	蒹葭白露秋陰暮
이른바 이 사람을 찾아갈 수가 없네	所謂伊人不可尋

124 용문(龍門)에 올랐으니 : 대과(大科)에 합격한 것을 뜻한다. 용문은 과거(科擧) 시장(試場)의 정문(正門)이다.

125 절굿공이 바늘 되면 : 각고의 노력을 기울여 학업을 성취한다는 뜻이다. 이백(李白)이 젊어서 산중에서 독서하다가 학업을 성취하지 못한 채 중도에 포기하고 떠났는데, 도중에서 만난 한 노파가 무쇠 절굿공이를 갈고 있었다. 이백이 까닭을 묻자, 노파는 바늘을 만들려고 한다고 말하였다. 이 말을 듣고 깨달은 이백이 산으로 되돌아가서 학업을 다 마쳤다고 한다. 《蜀中廣記 卷12》

조령
鳥嶺

남쪽에 극히 험한 고개 있으니	炎維有絶險
조령은 천하에서 으뜸가는 곳	鳥嶺天下獨
태곳적의 쇠가 닳아 절벽 이루고	壁磨太始鐵
두터운 지맥 끊겨 벼랑이 됐네	崖絶厚地脉
지난날 신라와 고려 시대에	新羅及高麗
하늘이 남과 북을 갈라놓으니	天以限南北
벌벌 떨며 공중에 잔도(棧道) 만들고	凌兢斲飛棧
기어올라 북극성을 뚫으려 해도	仰攀穿斗極
신령한 도끼날이 도리어 무뎌	神斧力反脆
단번에 돌 모서리 깎지 못하여	未遽剗石角
숲에서는 음산한 기운 풍기고	林木集逡氛
자주 하늘 컴컴해져 비를 뿌렸네	往往天潑黑
지나간 임진년(1592, 선조25)에 조선에서는	昔者壬辰年
왜구가 온 나라에 들끓었는데	島夷大充斥
발호하여 조령 밑에 이르러서는	跳梁及嶺下
의구심과 두려움을 가득 품었지	疑懼遂滿腹
돌 비탈을 오르려니 날개가 없어	緣磴腋無翼
서로 신호 보내면서 잠복했는데	嘯儷以狙伏
원수가 관군들을 거느리고도	元帥統王師
겁을 먹고 험한 지형 차지 못 하니	懦不先據阨

흉적들이 질풍처럼 돌격하여서　凶鋒猋乃發
귀신처럼 신속하게 빈 곳을 쳤네　擣虛如鬼速
조령의 뒤쪽으로 날듯 진격해　鼓行飛鳥背
가무 소리 만 골짝을 흔들었는데　歌舞動萬壑
치달리는 형세를 감당 못 하여　長驅勢莫當
죽은 이들 피가 땅을 물들였기에　殺人中原赤
오늘날도 달천(獺川) 가에 비바람 치면　至今獺水上
귀신이 한밤중에 통곡을 하네　風雨鬼夜哭
나라에서 지난 일을 교훈 삼아서　國家丕懲前
진장을 둬 관문을 굳게 지키니　鎭將鎖闉闕
세 성[126]은 공중에 우뚝이 솟고　三城鑿空翠
흰 성벽은 백 척이나 뻗어 있도다　粉甓亘百尺
고을에서 식량을 실어 보내어　州郡轉粟米
창고에 차곡차곡 쌓아 두었고　壯哉倉廩積
촌락에는 개들이 짖는 일 없어　民居狗不警
백성들이 밥과 죽을 배불리 먹네　鼓腹飧與粥
내가 마침 가을에 이곳에 오니　我來屬時晚
나뭇잎들 새로 붉게 물이 들어서　赤葉融新液
하늘로 올라가는 사십 리 길이　天梯四十里

126 세 성(城) : 조령산성(鳥嶺山城)의 세 성으로, 하나는 충청도와 경상도의 경계에 있는 조령관(鳥嶺關)이고, 하나는 응암(鷹巖) 북쪽에 있는 중성(中城)이며, 하나는 초곡(草谷)에 있는 주흘관(主屹關)이다. 《新增東國輿地勝覽 卷29 慶尙道 聞慶縣》《萬機要覽 軍政篇4 關防 慶尙道》 현재는 문경새재의 제1, 제2, 제3관문으로 불린다.

비단을 펴 놓은 듯 곱게 빛나며　　綺纈粲相射
골짝마다 시냇물이 졸졸 흐르고　　源流漏百谷
가을바람 숲에서 불어오누나　　秋韻間松櫟
건장한 병졸들은 대낮에 졸고　　健兒白日眠
딱따기는 한구석에 버려졌는데　　戌柝臥成澁
말을 내려 형세를 살펴보고는　　下馬覽體勢
옛일을 떠올리며 탄식하누나　　懷古一於悒
어찌하여 관문을 잠그지 않아　　奈何不扃鐍
왜구들이 들어올 수 있게 했던가　　而使大盜入
많은 무기 갖추고 큰 성 쌓는 건　　千倉與百雉
예로부터 급선무가 못 되었으니　　古來非務急
장수가 적임자가 아닐 경우엔　　推轂苟非人
천연적인 해자라도 소용이 없네　　天塹爾何益
비가에 용추(龍湫)에선 용이 치솟고[127]　　悲歌拔湫龍
서생의 머리카락 갓을 뚫으니[128]　　髮指書生幘
훗날에 여기 오는 사람들에겐　　無令後來者
지금 같은 울분 갖지 말게 할지니　　視今猶視昔

127 비가(悲歌)에……치솟고 : 용추(龍湫)는 조령(鳥嶺)의 제1관문과 제2관문 사이에 있는 못이다. 조령과 관련해서 임진왜란 때의 비통함을 읊은 자신의 노래를 듣고 용도 울분을 참지 못해 용추 위로 솟구쳐 나온다는 말이다.

128 서생(書生)의……뚫으니 : 지난 역사를 돌이켜 보노라니 번암 자신도 울분으로 머리카락이 곤두선다는 말이다.

부상역[129]에서 자다

宿扶桑驛

고아를 데리고서[130] 밤낮을 함께하니　　提得孤兒伴曉昏
돌아가는 행색이 한없이 쓸쓸하네　　歸裝蕭瑟不堪論
등잔 아래 부상역의 새벽빛이 비쳐 들고　　侵燈曙色扶桑驛
시내 건너 낙엽 나는 마을에는 방아 소리　　隔水舂聲亂葉村
예로부터 까마귀 떼 해 질 녘에 설쳤거니　　終古群烏驕日下
깊은 가을 지친 말은 서리 흔적 겁내누나　　深秋羸馬怯霜痕
작은 시장 지나다가 붉은 감을 사 왔는데　　貪從小市求赬卵
고향 집 마당에서 딴 감처럼 맛이 있네　　美味依然似故園

129 부상역(扶桑驛) : 경상도 개령현(開寧縣) 남쪽에 있던 역이다.

130 고아를 데리고서 : 고아는 정황상 오광운(吳光運)의 아들 중 한 사람일 것으로 추정된다. 번암이 지은 오광운의 시장(諡狀)과 《동복오씨족보(同福吳氏族譜)》에 따르면 오광운에게는 아들이 둘 있었는데, 장남 대관(大觀)은 오광운 생존 시 요절하였고, 이 당시에는 차남 대성(大成)만 남아 있었다. 하나밖에 없는 아들이 부친의 삼년상 중에 번암을 따라갈 리는 없으므로, 번암이 오광운의 장례에 참석한 뒤 그의 서자 중 하나를 데리고 단성으로 내려간 것으로 생각된다. 그런데 오광운이 지은 오준(吳竣)의 묘지명에는 "오광운의 아들로는 장원급제한 대관이 있는데 요절하였고, 차자는 대심인데 아직 어리다.〔光運子大觀, 壯元及第早夭, 次大心幼.〕"라고 되어 있어 위의 기록들과 차이를 보인다. 《藥山漫稿 卷18 高祖輔國崇祿大夫……世子左賓客府君墓誌銘》 오광운이 생존 시에 쓴 오준 묘지명에 차자 대성의 이름이 보이지 않는 이유를 알 수는 없지만, 오준 묘지명에 기록된 대로 대심(大心)이라는 아들이 있었다면 이때 번암이 데리고 내려간 아들은 대심일 가능성이 높다.

비 오는 날 세심정[131]에 앉아서

雨坐洗心亭

이때 아버님의 행차를 배종(陪從)하였다.

아홉 굽이 연하가 손에 잡힐 것 같은데　九曲煙霞隔手舒
시내 따라 십 리 길을 느릿느릿 지나왔네　溪行十里信吾驢
하늘은 선원으로 가는 길을 감싸고　靑天抱去仙源路
붉은 기운 처사가 살던 집을 둘렀어라　紫氣團深處士廬
서늘한 비가 그쳐 숲에는 바람 불고　涼雨乍開林吹合
강물은 고요한데 허공에 새가 나네　澄泓不動鳥飛虛
초명의 경계 바깥[132] 무하유(無何有)의 정취[133]를　焦螟界外無何趣
호량에서 헤엄치는 고기[134]에게 물어보네　笑問濠梁自在魚

131 세심정(洗心亭) : 경상남도 산청군 덕천서원(德川書院) 앞에 있는 정자이다. 덕천서원은 남명(南冥) 조식(曺植)의 학문과 덕행을 추모하기 위해 1576년(선조9)에 창건되었는데, 그 뒤 1582년 남명의 제자 최영경(崔永慶)이 덕천서원 유생들의 휴식처로 삼기 위해서 이 정자를 세웠다. 《松亭集 卷4 德川書院洗心亭記》

132 초명(焦螟)의 경계 바깥 : 초명은 눈에 보이지 않을 정도로 지극히 작은 날벌레인데, 떼를 지어 날아다니며 모기 눈썹 위에 집을 짓고 알을 낳는데도 모기가 깨닫지 못한다고 한다. 《晏子春秋 外篇下14》《列子 湯問》 여기서는 하찮은 인간 세상을 뜻하는데, 세심정이 세속을 벗어난 지역이라는 뜻으로 한 말이다.

133 무하유(無何有)의 정취 : 아무 데도 걸릴 곳이 없는 자유로운 정취를 뜻한다. 무하유는 《장자(莊子)》 〈소요유(逍遙遊)〉에 나오는 '무하유지향(無何有之鄕)'의 준말로, 아무것도 걸릴 것 없이 끝없이 펼쳐진 자유롭고도 광막한 세계이다.

134 호량(濠梁)에서 헤엄치는 고기 : 호량은 호(濠)라는 강에 놓인 다리이다. 장자(莊子)와 혜자(惠子)가 호수(濠水)의 다리를 거닐면서 물고기가 자유롭게 노니는 것을

두 번째 其二

진경(眞景) 찾는 시상(詩想)이 극히 맑고 서늘한데	探眞詩骨極淸泠
오동잎은 쓸쓸하고 비 올 듯이 짙은 구름	桐葉蕭蕭雨意冥
두 골짝은 굽이돌다 별천지를 만들었고	雙峽轉開爲別局
한 시내는 그윽한 정자 앞을 흘러가네	一溪相送了深亭
구름 걸린 늙은 측백 여전히 호기롭고	雲捎老柏猶豪氣
거울처럼 맑은 못은 절로 신령스럽구나	鏡拂圓潭自性靈
듣건대 대라천[135]은 다함이 없다 하니	聞說大羅天不盡
옥호를 뚫고 가면 선경(仙境)이 또 열리리라[136]	玉壺穿去又禪扃

보고는 물고기가 즐거움을 아는지에 대해 논하였다. 장자가 "피라미가 조용히 노니니 이는 물고기의 즐거움이로다."라고 하니, 혜자가 "그대는 물고기가 아닌데 어찌 물고기의 즐거움을 아는가?"라고 하였다. 그러자 장자가 "그대는 내가 아닌데 내가 물고기의 즐거움을 모르는 줄 어찌 아는가?"라고 하니, 혜자가 "나는 그대가 아니어서 그대를 알지 못한다. 그와 마찬가지로 그대는 물고기가 아니니, 그대가 물고기의 즐거움을 모르는 것은 분명하다."라고 하였다. 《莊子 秋水》 여기서는 세심정 앞을 흐르는 덕천(德川)의 물고기를 두고 한 말이다.

135 대라천(大羅天) : 도교에서 말하는 삼십육천(三十六天) 가운데서 가장 높은 곳에 있는 하늘이다. 선계(仙界)를 뜻하는 말로 쓴 것이다.

136 옥호(玉壺)를……열리리라 : 신선 세계가 펼쳐지리라는 말이다. 동한(東漢) 때 비장방(費長房)은 시장을 관리하는 사람이었는데, 어떤 노인이 시장에서 효험이 뛰어난 신기한 약을 팔고는 밤이 되면 남모르게 가게 앞에 걸어 놓은 병 속으로 들어간다는 것을 알게 되었다. 비장방이 이 노인을 찾아가 여러 날 동안 극진히 시중을 들자, 그의 진정성을 알게 된 노인이 어느 날 그를 병 속으로 데리고 들어갔다. 노인은 선궁(仙宮)과 수십 명의 시종들이 있는 병 속 세상을 비장방에게 보여 준 뒤 자신이 신선이라는 것을 알려 주었다. 《後漢書 卷82下 方術列傳下 費長房》

여우 상인이 거처를 쌍명암에서 회계산으로 옮기려고 하였는데, 이별을 고하면서 매우 간곡하게 시를 청하므로 이것을 써서 주다

汝愚上人自雙明菴將移錫會稽 告別索詩甚勤 書此以贈

촌락은 쓸쓸하게 반쯤 눈이 덮였는데	村郭蕭條半雪痕
병들어 한가하게 《도덕경(道德經)》을 외우네	病來閒誦五千言
아전은 다 돌아가고 빈 뜰에 달 비칠 때	吏蹬歸盡虛庭月
밤에 문을 두드리는 고승을 맞이하네	猶許高僧夜到門

두 번째 其二

외로운 학 머물지를 않고 훌쩍 날아가니	孤鶴飄然不定居
쌍명암의 새벽종이 빈 승방에 울리리라	雙明鍾曉上方虛
흰 구름과 계수나무 모두 광채 사라지니	白雲叢桂渾無色
세모에 영남에서 그를 또 잃는구나	歲暮淮南又失渠

즉흥적으로 읊다
卽事

단성현 읍성 밖에 옛 산성이 있는데	丹城縣外古時城
산성 아래 마을에 마침 눈이 개었어라	城下村虛趁雪晴
청어 값이 비싸다고 너도나도 말을 하니	爭說青魚魚價貴
십이월에 남쪽 읍의 해천이 울었다네	南州臘月海天鳴

하늘이 울면 청어가 통발에 걸리지 않는다고 한다.

병인년(1746, 영조22) 설날 새벽에
丙寅元曉

세월은 이렇게도 급히 가는데　年徂有何急
나는 아직 돌아가지 못하였어라　吾滯未言還
앓는 사이 매화는 몽우리 맺고　病久梅生閣
시 지으니 눈이 산을 온통 덮었네　詩成雪滿山
가물대는 등불 옆에 강물이 울고　江鳴殘燭裏
어지러운 대밭에서 나례[137] 펼치니　儺起亂篁間
색동옷을 입고 춤을 추진 않지만　不是斑衣舞
영락한 신세 한번 웃을 만하네[138]　飄零可解顔

두 번째 其二

밤 새운들 가는 해를 어찌 잡으랴　縱守那能縶

137 나례(儺禮) : 음력 선달 그믐날 밤에 악귀를 쫓기 위하여 베풀던 의식인데, 후대로 오면서 악사, 기생, 악공의 춤과 노래를 곁들인 놀이로 변질되었다. 《高麗史 卷64 禮志 季冬大儺儀》

138 색동옷을……만하네 : 춘추 시대 초(楚)나라의 은사(隱士)인 노래자(老萊子)가 나이 70이 되어서도 어버이의 마음을 기쁘게 해 드리려고 색동옷을 입고 춤을 추었다는 고사가 전한다. 《初學記 卷17 孝子傳》 여기서는 설날에 부모님을 기쁘게 해 드리려고 색동옷을 입고 재롱을 부리지는 못하지만, 선달 그믐날의 나례를 구경하면서 잠시 영락한 처지를 잊고 즐거워한다는 말이다.

닭이 울면 새해가 오고야 마네 聞鷄便失圖
슬프게도 한평생이 범경[139] 같은데 百年嗟泛梗
타향에서 도소주(屠蘇酒)[140]를 애써 마시네 萬里强屠蘇
뜰에는 여울 소리 크게 들리고 閤靜灘聲大
마을에선 외롭게 개가 짖누나 村疎犬吠孤
윷놀이를 하는 곳에 누이가 있어 攜蒱阿妹在
한 번 높이 던지고 즐거워하네 一擲與爲娛

139 범경(泛梗) : 물 위에 떠내려가는 장승이라는 말로, 정처 없이 떠도는 신세를 비유한다. 옛날에 진흙으로 빚은 토우인(土偶人)이 복숭아나무로 만든 장승〔桃梗〕에게 "나는 폭우가 쏟아져서 무너지면 본래의 흙으로 되돌아가 이 땅에 있지만, 자네는 탁류에 휩쓸려 떠내려가서 장차 어디로 갈지 알 수가 없다."라고 했다는 우화(寓話)에서 나온 것이다. 《戰國策 齊策3》

140 도소주(屠蘇酒) : 설날에 마시는 약주 이름이다.

마

薯蕷

단성에는 마가 많이 생산되는데	丹丘多薯蕷
큰 것은 한 아름이 될 정도이네	大者餘一圍
어떤 이가 포대 가득 가져다주니	人有贈滿包
순박한 풍속 감히 내가 어기랴	淳風我敢違
장마는 직선으로 곧게 뻗었고	倔强首尾立
산마는 뱀이 서린 모습 같은데	盤鬱龍蛇肥
생육에 강한 성질 지니고 있어	滋蔓恰盡性
들판에 눈 내려도 피해가 없네	不泥原雪威
돌려 보는 사람마다 탄성 지르며	傳視輒驚叫
흔치 않은 크기라고 말들을 하네	見者曾見稀
삶아 오니 입에서는 침이 흐르고	蒸來口涎出
하얀 김이 물씬물씬 피어나는데	氣騰朝霞霏
자줏빛 옥과 같은 예쁜 껍질을	姸姸紫玉皮
벗겨 보니 얇아서 날 것만 같네	應爪脫如飛
응고된 연유보다 더 부드럽고	凝酥奪柔軟
두꺼운 지방보다 광택이 나며	疊肪損光輝
당당하게 쟁반에 누운 모습은	磊落偃髹盤
키가 큰 사람처럼 훤칠하여라	一似長人頎
연달아서 꿀 내오라 재촉해 대니	連聲促新蜜
특이한 향이 옷에 배는 듯하고	異香頗襲衣

안 씹어도 입에서 절로 녹는 게　消融不煩嚼
아침 햇살 받은 눈이 녹는 듯하네　如雪見朝暉
순식간에 모조리 다 먹어 치우니　斯須喫已盡
게걸스럽다는 비난 개의할쏜가　寧顧鶴饞譏
가만히 생각하니 흉년이 들어　默念歲不登
많은 백성 봄 기근에 시달리느라　閭巷多春饑
아침에는 나무뿌리 캐다가 먹고　朝收石榡去
저녁에는 풀을 뜯어 연명하는데　暮掇烏昧歸
좋은 음식 먹는 나는 뭘 하는 건가　美味我何者
상 앞에서 길게 한번 탄식을 하네　臨案一永唏

백고조 호주 선생의 시연[141]이 3월에 있었는데, 영남에서 병을 앓는 바람에 참석하지 못하였으므로 삼가 율시 한 수를 지어 하찮은 정성을 드러내다

伯高祖湖洲先生諡宴 寔暮春也 病滯嶺外 莫廁後列 謹以一律 用宣微忱

인묘 이후 재상 중에 으뜸가는 분이라면　　仁廟以來賢宰相
호주 선생 이외에 다시 누굴 꼽겠는가　　湖翁之外更誰尊
효성 깊은 증손 있어 현양하게 되었는데　　顯揚實有曾孫孝
좋은 시호 군자들이 논란하기 어려웠네　　美號終難君子諠
당구는 봄에 교목 그림자를 머금었고[142]　　堂構春涵喬木影
고화는 갠 날 낡은 키 흔적을 비춰 주네[143]　　誥花晴照老箕痕

141 백고조(伯高祖)……시연(諡宴) : 호주(湖洲)는 채유후(蔡裕後, 1599~1660)로, 효종 때 이조 판서를 지냈고 1662년(현종3) 숭정대부 좌찬성에 증직되었다. 시연은 조상에게 시호가 내려진 것을 경축하기 위해 여는 잔치로, 연시연(延諡宴)이라고도 한다. 《승정원일기》에 따르면 채유후에게 '문혜(文惠)'라는 시호를 내리기로 결정된 날은 1745년(영조21) 2월 19일이다. 그런데 번암의 이 시대로라면 연시연을 거행한 날짜는 그 이듬해인 1746년 3월이 된다. 시호를 내리는 과정에 어떤 사정이 있었는지, 아니면 《번암집》을 편집할 때 착오가 있었던 것인지 알 길이 없다.

142 당구(堂構)는……머금었고 : 당구는 《서경(書經)》 〈대고(大誥)〉에 "아버지가 집을 짓고자 하여 이미 설계를 끝냈더라도, 그 자손이 집터를 닦으려 하지 않는다면 어떻게 집이 완성되기를 기대할 수 있겠는가.〔若考作室, 旣底法, 厥子乃不肯堂, 矧肯構?〕"라고 한 데서 나온 말로, 여기서는 대대로 가업을 이어 온 채유후의 집안을 가리킨다. 교목(喬木)은 《맹자》 〈양혜왕 하(梁惠王下)〉에 "이른바 고국(故國)이란 교목이 있는 것을 말하는 게 아니라 세신(世臣)이 있음을 이른다."라고 한 데서 나온 말로, 역시 전통 있는 채유후의 집안을 이른다.

한스럽게 만 리 밖의 외로운 고을에서 孤城萬里周南恨
풀이 곱고 새 우는 날 홀로 문을 닫고 있네 芳草鳴禽獨掩門

143 고화(誥花)는……주네 : 고화는 오화관고(五花官誥)의 준말로, 증직(贈職)할 때 봉(封)하는 조서(詔書)를 오색의 금화(金花) 무늬가 있는 비단으로 쌌다고 하여 붙여진 이름이다. 낡은 키〔老箕〕란 《예기》 〈학기(學記)〉에 "훌륭한 대장장이의 아들은 마치 금속을 접합하듯이 가죽을 조각조각 맞추어 가죽옷 꿰매는 것을 익히고, 활 잘 만드는 장인의 아들은 마치 뿔을 휘어 활을 만들듯이 버들가지를 휘어 키 만드는 법을 익힌다.〔良冶之子, 必學爲裘; 良弓之子, 必學爲箕.〕"라고 한 데서 온 말로, 자손이 부조(父祖)의 가업을 잘 계승하는 것을 비유한다. 즉 선대의 가업을 잘 이어 온 채유후의 집안에 증직의 교서가 내려졌다는 말이다.

쌍계동으로 소응천[144] 처사를 찾아갔다가 만나지 못하다
雙溪洞天 訪蘇凝天處士不遇

천 길 높이 방장산이 까마득한데	方丈千尋黛
뛰어난 처사 하나 숨어 지내네	深藏一士奇
차조밭은 시냇물을 내려다보고	秫田臨水在
초가집은 숲 사이로 보일 듯 말 듯	茅屋暎林知
정신을 단련시킬 단약(丹藥)이 익고	鍊魄金丹熟
책 읽느라 세월이 더디게 가네	看書日月遲
내가 온 걸 알아채는 사람이 없어	無人覺來往
살구꽃 가지 옆을 서성이노라	三繞杏花枝

두 번째 其二

늙은 개가 순하게 길이 들어서	老犬馴良甚
한참 동안 누운 채로 날 바라보네	移時臥見人
처자식은 속기를 찾을 수 없고	妻孥渾不俗
연기 피는 이웃집이 두어 채로세	煙火少爲隣

144 소응천(蘇凝天) : 소일혼(蘇一渾, ?~1760)으로, 본관은 진주, 호는 춘암(春菴)이다. 벼슬은 하지 않았지만 영남 지역에서 문장으로 이름이 높았다고 한다. 고조 이후로 익산(益山)에서 세거(世居)하였는데, 그는 산청(山靑)의 자연동(紫烟洞), 지리산의 화개동(花開洞), 덕유산의 양악(陽嶽) 등에서 30여 년을 은거하기도 하였다.《耳溪集 卷30 春菴蘇公墓碣銘》

지초는 원래 한을 경시했지만[145] 芝草元輕漢
도원으로 진을 피해 온 건 아니네[146] 桃源非避秦
언제 다시 이곳에 찾아올거나 重來欲何日
말안장의 누런 먼지 부끄러워라 鞍馬愧黃塵

세 번째 其三

이곳의 숲과 골짝 좋아하기에 於焉好林壑
이 사람이 벼슬 않고 은거하나니 之子不簪纓
속세를 떠나와서 글을 읽지만 事外藏書籍
세상에 그의 명성 자자하여라 人間有姓名
산속의 시내 소리 발에 날리고 簾飛山澗響
절 종소리 창으로 들려오도다 窓落寺鍾聲
화산의 반을 내게 나눠 준다면[147] 半華如相及

145 지초(芝草)는……경시했지만 : 당(唐)나라 두목(杜牧)의 시 〈제청운관(題青雲館)〉에 "사호는 지초 있어 한 고조를 경시했고, 장의는 땅도 없이 회왕에게 준다 했네.〔四皓有芝輕漢祖, 張儀無地與懷王.〕"라고 하였는데, 여기서는 소일혼이 한 고조(漢高祖)의 부름을 거절하고 상산(商山)에 은거했던 상산사호(商山四皓)처럼 덕을 지닌 채 세상에 나가지 않고 지리산에 은거하고 있다는 뜻으로 한 말이다.

146 도원(桃源)으로……아니네 : 진(晉)나라 효무제(孝武帝) 때 무릉(武陵)의 한 어부(漁父)가 복사꽃잎이 어지러이 떠내려오는 시내를 따라 올라갔다가 옛날 진(秦)나라의 학정(虐政)을 피해 들어간 사람들이 숨어 사는 별천지(別天地)를 만났다는 이야기가 도잠(陶潛)의 〈도화원기(桃花源記)〉에 실려 있다. 여기서는 소일혼이 세상을 피하여 지리산에 은거했지만, 이것은 국가의 정치가 어지러워서가 아니라는 뜻으로 한 말이다.

봄날 함께 밭 갈기를 약속하리라　　　春期在耦耕

147 화산(華山)의……준다면 : 번암 자신이 지리산에 들어와 소일혼과 함께 은거하고자 한다는 뜻을 담은 구절이다. 송(宋)나라 장영(張詠)이 포의(布衣) 시절에 화산 운대관(雲臺觀)에서 은거하고 있던 진박(陳摶)에게 "화산의 절반을 제게 나누어 주어 살게 해 주시겠습니까?"라고 물었는데, 진박이 "다른 사람은 안 되지만 공이라면 나누어 주겠소."라고 했던 고사를 인용한 것이다. 《澠水燕談錄 第2卷 名臣》

최생을 위해 구만가[148]를 짓다

九萬歌 爲崔生賦

나는 본래 현암[149]의 시내에서 낚시하며　我本漁釣玄巖溪
푸른 삿갓 도롱이로 관원들을 비웃던 몸　綠蓑青箬笑簪紱
권세가에 명함 들일 생각 하지 않았고　有刺不修五侯門
장안의 진흙길에 말을 몰지 않았었지　有馬不鞴長安泥
주머니에 돈 없어도 구전문사(求田問舍)[150]할 만하여　囊中無錢可問舍
말을 타고 유람하며 근심 잠시 풀던 차에　駕言出遊憂暫瀉
구만촌에 이르러선 눈이 문득 밝아지니　九萬村墟眼忽明
백운산[151] 앞쪽으로 큰 들판이 열렸어라　白雲山前大開野

148　구만가(九萬歌) : 구만촌(九萬村)을 주제로 한 시이다. 구만촌의 위치는 정확히 어디인지 알 수 없으나, 당시 번암이 머물고 있던 단성(丹城)의 한 마을로 생각된다. 단성에는 이 시에 언급된 백운산이 있고, 그 부근에 오봉산이 있으며, 우리나라에서 목화를 처음 재배한 문익점(文益漸)의 유적이 옛날 단성 관아 근처인 신안면에 있다.

149　현암(玄巖) : 번암 집안의 세거지인 홍성(洪城) 어디인 듯하다. 번암과 그의 부친 채응일(蔡膺一)이 번암의 백부인 채응만(蔡膺萬)을 '현암 공(玄巖公)'으로 지칭하는데, '현암'이라는 채응만의 호도 고향의 지명에서 나온 것으로 보인다.

150　구전문사(求田問舍) : 원대한 포부 없이 가산(家産)이나 경영하고 일신의 안위나 걱정하는 것인데, 여기서는 그럭저럭 살림을 꾸려 갈 만하다는 뜻으로 한 말이다. 삼국 시대 허사(許汜)에게 유비(劉備)가 "당신은 국사(國士)의 명성을 지녔으니 세상을 구할 생각을 해야 할 터인데, 밭이나 구하고 집이나 물을 뿐 취할 만한 말이 없으므로 원룡(元龍)이 꺼린 것이다."라고 대답한 고사에서 유래하였다. 《三國志 卷7 魏書 陳登傳》

151　백운산(白雲山) : 경상남도 산청군 단성면 백운리에 있는 산이다.

마주한 오봉산[152]은 홀을 꽂은 것 같은데	前對五峯如揷笏
모두가 빼어나고 자태가 각양각색	箇箇姸妙態非一
그 아래로 맑은 강물 한 줄기가 흐르는데	澄江一帶其下過
강물 속에 큰 물고기 어찌나도 많은지	江中大魚何發發
깊이 따라 낚싯대나 작살로 잡아 올려	深則宜釣淺宜擉
작은 것은 내버리듯 개에게 던져 주네	小者飼犬如棄物
출렁이는 누런 곡식 십 리를 뒤덮었고	穲稏橫覆十里雲
목화는 눈이 온 듯 천 이랑에 펼쳐졌네	木綿平開千畝雪
옆을 보면 한 고을이 손에 잡힐 것만 같고	傍視縣城如可攬
밥 짓는 연기 피어 숲으로 번져 가네	墟煙林照遞明滅
이 세상에 낙토가 있는 줄을 알겠으니	世上方知有樂土
도원이나 귤주[153]를 무엇하러 말하리오	桃源橘洲何足說
오래전 신통력 있는 중이 풍수 보곤	伊昔神僧勘地理
공경대부 끊임없이 나올 거라 하였다네	公卿袞袞應輩出
귀신이 의도한 듯 아끼고 감춰 둔 곳	神慳鬼護如有情
은거지를 끝내 누가 경영하게 되려는지	菟裘竟屬何人營

152 오봉산(五峯山) : 경상남도 산청군 금서면에 있는 산으로, 그 아래 오봉계곡은 절경으로 이름이 높다.

153 도원(桃源)이나 귤주(橘洲) : 모두 이상향 또는 별천지를 가리킨다. 도원은 무릉도원(武陵桃源)이다. 244쪽 주146 참조. 귤주는 중국 호남(湖南) 장사시(長沙市) 서쪽 상강(湘江) 가운데에 위치한 지역으로, 지금은 귤자주(橘子洲)라 불린다. 진(晉)나라 혜제(惠帝) 때 처음 생겨났는데, 좋은 귤이 나기 때문에 이런 이름이 붙었다고 한다. 장마가 져서 다른 곳이 다 물에 잠겨도 이곳은 수해를 입지 않는다고 한다. 두보(杜甫)의 〈악록산도림이사행(嶽麓山道林二寺行)〉에 "무릉도원 가옥은 단순하여 짓기 쉽고, 귤주 지역 전토는 여전히 기름지네.〔桃源人家易制度, 橘洲田土仍膏腴.〕"라고 하였다.

석양에 말 멈추고 세 번 길게 탄식하니	落日停車三歎息
나와 함께할 사람은 늙은 최생이리라	誰其偕者老崔生
최생이 날 위해서 주선을 잘해 주니	崔生爲我好料理
훗날 그대 손을 잡고 그곳으로 함께 가리	他日同君攜手行

서울로 떠나는데 최생 운채가 회계산의 생림촌까지 함께 왔다가 빗속에서 이별하였다. 말을 멈추고 아쉬워하며 절구 한 수를 입으로 불러 주다

發京行 崔生雲采偕至會稽之生林村 雨中爲別 駐馬依依 口占一絶以贈

말 멈추고 이별 술잔 들고 잠시 서성이니	離樽下馬暫徘徊
꽃이 지는 생림촌에 보슬비가 내리누나	花落生林細雨來
돌아가면 냇가에서 헤어진 일 언급 말라	君歸莫話臨溪別
부모님이 내 생각을 하실까 봐 염려되니	恐作庭闈一段懷

전주

全州

이른 새벽 안장 없는 말을 타고 멀리 오니	迢迢驏騎犯輕寒
들빛 처음 열리고야 산안개가 열어지네	野色初開峽翠殘
꽃과 버들 가득하여 성이 날로 고와지니	花柳滿天城日媚
이 무렵의 봄 경치가 한양성과 비슷하네	到時春事似長安

약산 선생[154]의 옛집에서 감회에 젖어 시를 짓다
藥山舊第 感懷賦詩

너무나도 짧은 인생 생각은 길고 긴데　浮生苦短意何長
부질없이 따져 보니 한바탕 꿈만 같네　閒事商量一夢場
삼우당 앞 나무에는 달이 밝게 비추건만　三佑堂前松檜月
책상에 기댄 사람 이제 다시 볼 수 없네　更無人倚舊書牀

두 번째 其二

뜰에는 이끼 끼고 작은 밭은 황량하니　庭院青苔十畝荒
꽃이 피고 꽃이 져도 모든 것이 아득할 뿐　花開花落事茫茫
담장 밑엔 벌집이 아직도 남아 있어　墻陰留下蜂房在
하루 종일 분주하게 꿀을 물어 나르도다　辛苦含香盡日忙

세 번째 其三

옛 아전이 오지 않아 대문은 고요하고　故吏不來門寂寂
날 저물면 도둑놈이 화랑을 엿보도다　偸兒日暮畫廊窺
약산 선생 집에 와서 슬픈 감회 드는 것은　藥山庭戶傷心事
선생이 전에 지은 시와 일치하기 때문이네　正是先生舊日詩

옛 아전〔故吏〕과 도둑놈〔偸兒〕은 약산(藥山)의 시에 나오는 말이다.[155]

네 번째 其四

허물어진 담장 위로 저녁 비가 내리니　頹垣日暮雨霏霏
학 길렀던 빈 정원은 풀빛이 희미하네　養鶴園空草色微
슬프게도 지난날의 왕씨 사씨 집 제비가　惆悵去年王謝燕
봄이 오자 공연히 주렴 옆을 날려 하네[156]　春來虛擬傍簾飛

154 약산(藥山) 선생 : 약산은 오광운(吳光運)의 호이다. 203쪽 주39 참조.

155 옛 아전과……말이다 : 오광운의 《약산만고(藥山漫稿)》 권3 〈행로난(行路難)〉에 "상자에 찬 금과 옥을 가져가지 않으니, 저녁이면 도둑놈이 화랑을 엿보도다. 옛 아전이 오지 않아 대문이 고요하니, 마을 애들 들보에서 귀신이 운다 하네.〔金玉盈箱不將去, 日暮偸兒窺畫廊. 故吏不來門寂寂, 里兒傳言鬼嘯樑.〕"라고 하였다. 이 대목은 생전에 부귀영화를 누렸더라도 죽고 나면 아무 소용이 없음을 읊은 것인데, 번암은 오광운이 죽은 뒤 아무도 찾지 않는 빈집의 정경이 시 내용과 똑같아서 슬프다고 말한 것이다.

156 슬프게도……하네 : 왕씨(王氏)와 사씨(謝氏)는 중국 육조(六朝) 때의 망족(望族)으로, 명망 있는 가문을 가리키는 말로 쓰인다. 당(唐)나라 유우석(劉禹錫)의 시 〈오의항(烏衣巷)〉에 "전에 왕씨 사씨네 처마에 살던 제비, 심상하게 백성들의 집에 날아드는구나.〔舊時王謝堂前燕, 飛入尋常百姓家.〕"라고 하였는데, 여기서는 이전부터 오광운 집의 처마에 둥지를 틀고 있던 제비들을 보고서 새삼 그의 죽음을 절감하며 서글퍼한 것이다.

호서의 시골집으로 돌아가는 구호 이형[157] 수일 을 전송하다
送龜湖李兄 秀逸 還湖西庄

이른 아침 성문에서 이별주를 들이켜니	離杯日出禁城隅
남하하는 푸른 나귀 칩구에 부끄럽네[158]	南下青驢愧縶駒
지난해에 헌신짝처럼 벼슬 내던지고	去歲棄官如弊屣
온 집안이 고상하게 고향에 가 누웠었지	全家不俗臥西湖
동강[159]의 구름 달을 뉘라서 빼앗을쏜가	東岡雲月誰爭奪
중원의 변란 소식 사실인지 알 수 없네	中土煙塵事有無

157 구호(龜湖) 이형(李兄) : 이수일(李秀逸, 1705～1779)로, 본관은 한산(韓山), 자는 자준(子俊)이며, 구호는 그의 호이다. 아계(鵝溪) 이산해(李山海)의 7대손이며, 호서(湖西)의 육군자(六君子) 중 하나로 꼽혔다 한다. 부친은 이성(李宬)이고, 모친은 채성윤(蔡成胤)의 딸로, 번암과는 내외종 사이이다. 1740년(영조16) 증광 문과에 병과로 급제하여 승문원(承文院)에 분관(分館)되었는데, 원리(院吏)가 면신례를 요구하자 거부하고 귀향하였다. 1749년 이후 벼슬길에 나와 장령, 헌납, 승지 등을 역임하였다. 《樊巖集 卷50 通政大夫……龜湖李公墓碣銘》

158 남하하는……부끄럽네 : 《시경》 〈백구(白駒)〉는 현자(賢者)가 왔다가 돌아가려 하자 헤어지는 것을 아쉬워하는 주인(主人)의 정을 노래한 시인데 "깨끗한 저 흰 망아지가 내 밭의 곡식을 먹었다고 핑계 대고, 가지 못하게 묶어 놓아 오늘 아침을 더 머물게 하여, 그 사람이 여기에서 노닐게 하리라.〔皎皎白駒, 食我場苗. 縶之維之, 以永今朝. 所謂伊人, 於焉逍遙.〕"라고 하였다. 여기서는 이수일이 귀향하는 것을 만류하지 못하고 도리어 그에게 자신의 말을 빌려준 것이 부끄럽다고 한 것이다.

159 동강(東岡) : 은거지를 뜻한다. 후한(後漢)의 주섭(周燮)이 벼슬길에 나아가지 않는 것을 보고 그의 종족이 "선세(先世)로부터 훈총(勳寵)이 이어져 왔는데 어찌 그대만 동쪽 산비탈을 지키려는 것인가?"라고 한 데서 유래하였다. 《後漢書 卷53 周燮列傳》

임하에서 독서하며 스스로를 아낄지니　　林下讀書須自愛
좋은 인재 오래도록 묵혀 두려 하겠는가　　肯令才智久泥塗

내 말을 빌려 타고 가므로 2구에 언급하였다. 이때 북쪽의 변란 소식이 심심찮게 들려왔기 때문에 6구에 언급하였다.

외숙 및 벗들과 함께 배를 타고 소악루를 찾았다가 입으로 부르다 2수

同內舅暨諸朋友 船訪小岳樓 口號 二首

도롱이를 걸쳐 입고 기분 좋게 성문 나서	一嘯披蓑背郭門
백년 인생 하삭음[160]을 즐기러 달려가네	百年河朔赴深樽
말을 내려 바라보니 하늘빛이 강과 같아	下驢天借江湖色
비 그치길 기다리며 주막에서 바둑 두네	帶雨棋從楊柳村
돛대 위에 뜬 무지개 김포가 불긋하고	帆頂虹留金浦赤
안개 속에 드러난 산 계양의 흔적이네	霧中山出桂陽痕
세간에 희이[161]의 낙 아는 이가 누구일까	世間誰識希夷樂
물 위에 뜬 갈매기와 논하지 않는다면	除是浮鷗與共論

160 하삭음(河朔飮) : 하삭(河朔)은 중국의 황하(黃河) 이북 땅을 가리킨다. 후한(後漢) 말에 유송(劉松)이 원소(袁紹)의 군대를 진압하러 하삭에 가서 원소의 자제들과 삼복더위에 술판을 벌이고 밤낮없이 마셔 댔던 고사에서 유래하여, 여름철에 피서한다는 명분으로 주연(酒宴)을 여는 것을 표현하는 말로 쓰이게 되었다.《初學記 歲時部上 夏避暑飮》

161 희이(希夷) : 희(希)는 눈으로 보아도 보이지 않는다는 뜻이고 이(夷)는 귀로 들어도 들리지 않는다는 뜻으로, 정신이 외물(外物)로부터 벗어나 공허하고 적막하며 현묘한 경지에 놓인 것을 가리킨다.《老子 第14章》

두 번째 其二

원기가 아득하게 해문까지 닿았는데　元氣迢迢接海門
포도 빛깔 물결 일어 술이 따로 필요 없네　葡萄新漲不須樽
파릉[162]에서 돛 내리고 정박할 줄 알지마는　定知宿帆巴陵岸
웃으면서 고기 파는 마을을 물어보네　笑問買魚何處村
피리 소리 퍼져 가는 강물 위엔 저녁연기　橫篴平江煙送暮
구름 덮인 먼 섬에는 비 흔적이 남았어라　亂雲遙嶼雨留痕
중국 사신 떠난 뒤로 선봉이 적막하니　皇華一去仙峯冷
아득해진 소호를 다시 논할 수 있으랴[163]　韶濩蒼茫更可論

162 파릉(巴陵) : 경기 양천(陽川)의 고호로, 지금의 서울시 양천구 지역이다.

163 아득해진……있으랴 : 소(韶)는 순(舜) 임금의 음악 이름이고, 호(濩)는 은(殷)나라 탕(湯) 임금의 음악 이름이다. 일설에는 소호를 탕 임금의 음악 이름이라고도 한다. 지금은 중국 사신들이 이 일대에서 뱃놀이를 하지 않아 아름다운 음악 소리가 끊겼다는 말이다.

역병에 걸려 거처를 옮겨 기거하였는데, 요양하는 틈틈이 떠오르는 대로 기록하였다. 훗날 사람들에게 보여 주면 병중에 헛소리를 했다고 여기지나 않을지 모르겠다

患癘移家 調治之暇 有得隨記 異日示人 未知人不以爲病囈否也

관노(官奴)가 떠나려고 자꾸 편지 재촉하니	官奚臨發索書頻
병든 마음 아득해져 눈물이 쏟아질 듯	病思蒼茫淚欲抆
노친께서 병 심한 걸 눈치챌까 두려워서	恐被老親疑病甚
기대 앉아 글 몇 줄을 억지로 적었어라	數行攲就强成言

두 번째 其二

적막한 나날 실로 태곳적과 비슷한데	寥寥眞似上皇年
빈집에서 자다 깨어 다시 잠이 들곤 하네	眠了虛堂也更眠
우습게도 늙은 닭이 병든 객이 안 볼 때에	剛笑老鷄欺病客
남은 밥을 먹으려고 침상 가로 다가오네	步隨殘粟到衾邊

세 번째 其三

대추나무 잎 푸르고 뽕나무는 듬성한데	棗葉靑靑桑葉稀
병든 주인 일어나서 천시를 살펴보네	主人病起攬天時
절에 가서 함도회(含桃會)[164]를 열기로 했기에	招提向上含桃約
끝이 없는 안개 물결 머릿속에 맴도누나	無限煙波有所思

한강 가에서 함도회를 열기로 약속했는데 병이 나서 지키지 못하였다.

네 번째 其四

여라 밖에 어둑해진 조그마한 하늘 있고　　蘿外冥冥小有天
개 짖는 몇몇 집에 저녁 짓는 연기 피네　　數家鳴吠自人煙
도원의 풍속 후해 성낼 걱정 없기에　　桃源厚俗無嫌怒
보리밭 근처에다 푸른 나귀 풀어놓네　　放著青驢近麥田

다섯 번째 其五

산안개와 시내 연기 먼 산을 가렸는데　　山靄溪煙抹遠青
작은 방이 서늘하여 정신을 맑게 하네　　小堂涼意動新醒
무단히 새벽녘에 성 남쪽에 비가 오니　　無端五夜城南雨
솔가지에 별이 몇 개 걸린 것을 못 믿겠네　　未信松梢有數星

여섯 번째 其六

한 달가량 병을 앓아 사람들이 피하므로　　吾病三旬被衆猜
사립문을 남들에게 열어 주지 못하는데　　柴門不敢向人開
이웃집의 여자아이 그걸 어찌 알겠는가　　隣家小女那能識
담장 위로 나비 날면 번번이 쫓아오네　　一一墻頭趁蝶來

164 함도회(含桃會) : 함도(含桃)는 앵두이다. 앵두가 익는 음력 3월에 여는 봄철의 연회를 가리킨다. 정약용(丁若鏞)은 "옛날에 진사들이 모여 앵도회를 열었다.〔古進士有櫻桃會〕"라고 하였다.《與猶堂全書 卷1 陪家君……舟中次睦丈韻》

일곱 번째 其七

푸른 교외 맑은 물을 마주 보는 작은 초가 青郊白水暎茅茨
여름 내내 문을 닫고 적막하게 지냈어라 長夏門深太古時
쌀 사 오고 남새밭을 가꾸는 어린 종 둘 小婢買粮僮理圃
황새 둥지 가지에다 그네를 달아 뒀네 秋千搭在鸛巢枝

여덟 번째 其八

댓잎에는 엷은 이슬 돌아가는 새 드문데 竹露微生返翼稀
성곽 남쪽 별 뜬 밤에 스님이 찾아왔네 郭南星月上人衣
오늘 밤 빈방에서 홀로 자지 않게 하니 今宵免使虛堂臥
날 만나고 가겠다고 산 구름과 약속한 듯 如約山雲訪我歸

아홉 번째 其九

약 달이는 화로에 불이 가물거리는데 藥爐殘火有孤明
병난 뒤로 잠이 줄어 잡념만 가득하네 病後無眠百慮盈
새벽종 소리 나를 일깨워 줘 고마우니 多謝曉鍾偏起我
항상 친구 음성을 듣는 듯한 느낌이네 每回聞似故人聲

열 번째 其十

온종일 사립문에 찾아오는 사람 없어 長日柴扉少客來

사내종의 부축 받아 시냇가로 내려가네	野僮扶下柳溪隈
뜬구름이 푸른 산에 문득 비를 뿌리려 해	浮雲便欲青山雨
오늘 아침 보리 베지 않은 것을 후회하네	悔不今朝刈麥廻

밤에 앉아서 이몽서[165]를 생각하다

夜坐 懷李夢瑞

연무 덮인 강 언덕에 저녁 무렵 새가 나니	點點煙皐送夕禽
병 걱정과 이별 시름 금하기가 어렵구나	病憂離念兩難禁
먼 산 위의 달빛은 발에 살짝 비쳐 들고	遙岑月色通簾細
숲속의 샘물 소리 꿈결에 맴도누나	亂樾泉聲繞夢深
시론은 백 년 동안 종묘사직 경시하고	時論百年輕社稷
서생은 평생토록 산림에서 지내도다	書生終古有山林
구성[166]의 그대 안부 누구에게 물어볼까	駒城去住憑誰問
슬프게도 거문고에 먼지 내려앉았어라	惆悵遊塵下玉琴

165 이몽서(李夢瑞) : 이헌경(李獻慶, 1719~1791)으로, 본관은 전주(全州), 초명은 성경(星慶), 호는 간옹(艮翁)이며, 몽서는 그의 자이다. 1743년(영조19) 번암과 함께 정시 문과에 급제하였다. 뒤에 여러 직책을 역임하고 1790년(정조14) 기로소(耆老所)에 들어갔다.

166 구성(駒城) : 용인(龍仁)의 고호(古號)이다. 이헌경의 집이 용인에 있었다.

벽에 쓰다

題壁上

묘하게도 청파와는 인연이 이어져서	青坡怪殺未消緣
십 년 만에 옛날 우물 근처로 돌아왔네	十載歸人古井邊
작은 집을 빌리니 거처하기 편안하고	借得一枝棲息穩
천 권의 책 가져오니 도심이 오롯하네	擁來千卷道心專
창이 높아 종남산의 햇살을 받기 좋고	窓高恰受終南旭
내가 넓어 한강으로 배가 때로 통하도다	川豁時通漢水船
발 밖의 구름 노을 안면이 있는 듯해	簾外雲霞如舊識
매번 서로 마주 보며 즐거움에 젖어드네	每回相對兩悠然

개를 잃다

失犬

한낮이 되어서야 부엌에서 밥을 짓고	炊黍中廚近午暉
산속 집이 담박하여 생선 먹는 일 드문데	山家澹泊買魚稀
세상인심 도원의 개에게도 미쳤는지	世情亦及桃源犬
사립문을 뛰쳐나가 돌아오지 않는구나	厭殺柴門走不歸

서늘한 기운

一涼

어둑해진 강 언덕을 거니노라니	步屧東皐暝
맑은 바람 근심을 씻어 주누나	淸風爲散襟
건넛마을 절구 소리 멀리 들리고	山舂遙隔巷
숲을 조금 비추는 달이 떠 있네	巖月稍開林
붕당은 죽자 살자 싸움질하고	生死淫朋戰
성스러운 군주 마음 위태로운데	艱危聖主心
한 줄기 서늘함에 흡족해져서	一涼吾易足
온갖 시름 모조리 떨쳐 버리네	莫受百憂侵

문득 날이 개므로 용시[167]를 생각하다

乍晴 懷龍施

노을빛이 발 감싸고 궤석이 청량하니	霞氣縈簾几席淸
작은 동산 둘러보매 몸이 한결 가벼워라	小園移眺覺身輕
푸른 산이 문득 개자 저녁볕이 비쳐 들고	靑山忽霽生殘照
먼 시내는 물소리가 어제와 다르구나	流水遙聞異昨聲
고요하게 책 읽으니 옛 도가 담겼는데	靜裏詩書存古道
병이 들자 이웃들은 인정이 적어졌네	病來隣比少人情
그대 소식 금옥처럼 아깝게 생각 말고[168]	爾音也自無金玉
손으로 요화 꺾어 형에게 물어 주길[169]	手折瑤華問阿兄

이웃집이 나의 병 때문에 우물을 함께 쓰지 않으려 하였으므로 장난삼아 언급하였다.

167 용시(龍施) : 번암의 외사촌 동생 이보연(李普延)이다. 번암의 외숙 이지억(李之億)의 아들인데 요절했다는 기록이 보이며, 번암이 어려서부터 그와 같이 살며 함께 공부했다고 한다. 《樊巖集 卷38 祭外從妹尹氏婦文, 卷50 外祖考贈吏曹判書行刑曹正郞李公墓碣銘》

168 그대……말고 : 《시경》 〈백구(白駒)〉에 "그대의 목소리를 금옥처럼 아껴서, 나를 멀리하는 마음을 두지 말라.〔毋金玉爾音, 而有遐心.〕"라고 하였는데, 여기서는 이보연에게 소식을 보내 달라고 요청한 말이다.

169 손으로……주길 : 요화(瑤華)는 《초사(楚辭)》 〈대사명(大司命)〉에 "구슬처럼 새하얀 꽃이 핀 향초 꺾어, 장차 은자에게 주련다.〔折疏麻兮瑤華, 將以遺兮離居.〕"라고 한 데서 온 말로, 상대방의 시나 편지를 미화하는 말이다. 형은 번암 자신을 가리킨다. 즉 안부를 묻는 시를 보내 달라고 이보연에게 요청한 것이다.

감회가 있어서

有感

병든 사내 게을러져 느지막이 일어나니	病夫愛枕朝慵起
이웃 닭이 난간에다 똥 싸 놓는 일이 많네	未怪隣鷄矢曲欄
성곽 남쪽 마을 연기 물가에서 사라지고	南郭村煙臨水淨
동쪽 비탈 적신 비에 소가 추워 떠는구나	東陂雨色放牛寒
나는 본래 문을 닫고 독서하며 지내지만	閉門吾自讀書是
사람들은 세상길이 험난하다 말해 왔지	終古人言行路難
묘당에서 성곽 증축 계획하고 있다 하니	見說廟謨增女堞
오랑캐가 몰려와도 막아 낼 수 있으리라	寇來蕩蕩可能干

비 내리는 밤에 근심으로 한숨도 자지 못하였는데, 익경만은 지금의 내 마음을 헤아려 주지 않을까 싶다. 병석에서 읊은 시를 감히 다른 사람들에게는 보여 주지 못하나, 익경이 '팔자도 좋다'면서 물리치지 말았으면 좋겠다

雨夜耿耿 不成一眠 惟翼卿念我此時心否 病枕有吟 雖不敢煩諸人 幸翼卿勿以脂膏而麾之也

서재에서 담비 갖옷 자주 끌어당기는 밤	貂裘頻攬倚書帷
문이 깊어 경고(更鼓) 소리 들리지 않는구나	漏刻門深聽不知
푸른 등불 깜빡깜빡 잠 이루지 못하는데	半壁青燈眠更澁
빈 뜰에는 빗물 소리 밤이 어찌 이리 긴가	空階餘滴夜何遲
개굴개굴 개구리는 하소연을 하듯 울고	蛙聲唧唧紛如訴
때때로 컹컹 짖는 개는 누굴 본 것인가	犬吠時時爲見誰
남쪽 고을 소식 끊겨 시름이 깊어지니	愁絶南州音信阻
노친은 날 생각하고 나는 노친 생각하네	老親思我我親思

농가

田家

농가의 참된 맛을 요즘 와서 알게 되니	田家滋味近來知
낮이면 황금물결 울타리에 비치누나	野外黃雲晝暎籬
서산의 농가에서 소 빌리고 종도 빌려	西崦借牛兼借僕
내일 아침 강비탈의 보리를 실어 오리	明朝載麥水東陂

새벽에 읊다

曉吟

숲이 잠잠해지고 비가 그쳐도	林定雨聲絶
연기구름 자욱하게 끼어 있도다	煙雲黯自浮
산이 아직 밝아지지 않았건마는	青山未盡曙
어디선가 구구대는 비둘기 소리	何處有鳴鳩

벗들의 편지가 끊긴 지 오래되었기에 병석에서 일어나 머리를 빗다가 감회가 있어 시를 짓다

故人書斷絶久矣 病起櫛髮 感懷成詩

공연히 푸른 산을 이별하고 한양에 와	悔別青山西入秦
강가에서 사립문을 온종일 닫고 있네	柴門終日掩漳濱
병세 중해 약 쓰느라 몸이 수척해졌건만	沈沈藥餌形憐瘦
찾아 주는 벗 없으니 진실한 뜻이 적네	寂寂朋知意少眞
만 리 밖의 서신 없어 부모님 꿈을 꾸고	萬里無書親在夢
한 달 만에 빗질하니 사람 꼴이 되어 가네	三旬疏髮我爲人
평소에도 넓게 트인 전원 좋아하였는데	端居稍喜田園曠
비 흩뿌린 맑은 내의 경색들이 새롭구나	雨散清溪衆色新

이발

理髮

병에 걸려 누운 지 한 달여 만에　　臥病一月餘
간신히 일어나서 머리를 빗네　　新起理吾髮
여러 날 흘린 땀과 잔뜩 낀 때가　　宿汗與深垢
다림질을 한 것처럼 들러붙어서　　熨帖湊爲一
송라처럼 얼기설기 뒤엉킨 데다　　纏來劇松蘿
아교 칠을 한 것처럼 엉겨 붙었네　　凝處似膠漆
나무 빗이 도리어 튕겨 나오니　　木梳反齟齬
당겨서 빗어 내릴 방도가 없어　　無罅可句掣
가닥가닥 신경 써서 분리한 다음　　絲絲用意剔
하나하나 손으로 갈라야 하네　　箇箇分手裂
뭉친 곳은 모근(毛根)이 상할까 싶어　　深結最念根
조심스레 끝을 먼저 비벼 보는데　　淺試先刷末
단단하게 들러붙은 부분을 뗄 땐　　狠族有時脫
너무 아파 신음 소리 저절로 나네　　牽痛輒聲發
엉켜 붙어 뿌리가 약해진 탓에　　黏雲軟少蔕
뭉텅뭉텅 소리 없이 뽑혀 나와서　　隊隊無聲拔
머리가 가볍다고 느낄 정도니　　擧頭便覺輕
혀를 차며 탄식할 뿐 어찌할쏜가　　感歎何唧唧
내가 처음 태어날 때 머리카락과　　吾與髮爲約
백 년을 함께하길 기약했으니　　曾以百年結

백 년이라 해 본들 얼마나 되랴	百年復幾何
필경에는 모두가 사라지는 것	畢竟兩澌滅
내 몸이 우연히 내가 된 것이	吾身偶成吾
떠다니던 원기가 모여서인데	飄在元氣藪
네가 또 나의 몸에 기탁한 것이	爾又寄吾身
어떻게 영원할 수 있는 것이랴	那得永相守
내 몸조차 지키지 못할 판인데	吾身幾不救
어찌 너를 저버리지 않을 수 있나	於爾可無負
모이면 흩어지게 되어 있으니	旣聚理必散
시간이 짧고 긴 건 논할 게 없네	不須論暫久
이로써 그럭저럭 달관을 하니	以玆聊達觀
내 마음은 느긋하게 할 만하지만	亦足寬我意
두려운 건 노친에게 절을 하는 날	只恐拜老親
노친께서 측은하게 보실 일이네	老親憐我視

저물녘에 날이 개다

晩晴

배회하던 산안개가 난간까지 닿으려다	山氣徘徊欲上欄
저녁 무렵 석우촌[170]에 빗소리 잦아드니	石隅村晩雨聲殘
나무 가득 햇살 비쳐 새들이 기뻐하고	晴暉滿樹鳴禽悅
냇물 불어 빨래하는 아낙네들 추워하네	新水漫沙浣女寒
졸렬함을 길러서 외루[171]가 되었거니	養拙自然成畏壘
문을 닫고 지내는데 도성 옆인 걸 믿으랴	閉門誰信傍長安
부모님을 생각하면 몸 소홀히 할 수 없어	思親吾敢吾身慢
애써 이불 걷고 앉아 밥상을 마주하네	作意披衾對飯飧

170 석우촌(石隅村) : 숭례문(崇禮門) 밖 3리 지점에 있던 마을이다. 《茶山詩文集 卷4 石隅別》

171 외루(畏壘) : 춘추 시대 노(魯)나라의 산 이름인데, 흔히 외진 산골, 은거지를 뜻하는 말로 쓰인다. 경상초(庚桑楚)가 노담(老聃)의 도를 터득한 뒤 북쪽의 외루산으로 가서 순박하고 부지런한 사람들만 데리고 은거하였는데, 3년이 지나자 외루 지방에 큰 풍년이 들었다고 한다. 《莊子 庚桑楚》 여기서는 은거한다는 말이다.

잡흥

雜興

산속에서 지내느라 게을러져서　山居養疎懶
느지막이 일어나 방문을 여니　晏起出茅墅
구름이 자욱하게 사방을 덮어　洩雲冒四垂
몇 시나 됐는지를 알 수가 없네　日上定幾許
아마도 정오까진 되지 않은 듯　午時似不足
곳곳에서 밥 짓는 연기가 피네　炊煙起處處
기지개를 켜 보니 기분이 좋고　欠伸氣頗適
앉고 눕는 데에도 걸림이 없네　坐臥無違拒
이불과 요를 들고 나가서 터니　衾裯出披拂
이들이 톡톡 튀어 도망을 가네　衆蚤跳以去
숲 바람이 저녁 무렵 비를 몰고 와　林風吹晩雨
발과 휘장 한 번씩 휘날리더니　簾帷時一擧
하늘에서 불같은 호령을 내려　上天有號令
천둥과 번개 치니 막을 수 없네　雷動不可禦
역질이 이로 인해 소탕되리니　癘疫爲掃蕩
무더위를 식혀 주고 말 리가 없네　豈伊淸煩暑
이 덕분에 얼굴에 화색이 돌아　卽此有歡顔
기분 좋게 술 사 오라 명을 내리니　陶然命酤醑
술을 사다 누구와 마시려 하나　酤醑欲誰共
〈벌목〉 시의 내용에 느낌이 있네[172]　伐木感遺語

두 번째 其二

촌 사내가 가난하여 돈이 없어서	野夫貧無錢
집을 세내 교외에서 살고 있는데	賃宅息郊墟
민가가 대여섯 집밖에 안 되니	人家纔五六
황량하여 마을이라 할 것도 없네	荒落豈里閭
소나무 울타리를 못 치게 하여	松籬命不揷
긴 시내를 마음껏 볼 수 있는데	恣意頫脩渠
땅이 넓어 사람들의 다툼이 적고	地曠少人爭
아름다운 나무 많이 자라고 있네	嘉木植不疎
내 밭까지 넝쿨을 뻗은 오이와	瓜蔓延我畬
내 집으로 가지를 드리운 살구며	杏子垂我廬
대추나무 밤나무는 줄을 이루고	棗栗頗成行
아직 어린 뽕나무도 무성해졌네	穉桑菀以舒
저녁나절 시원한 바람 일더니	靈籟起將夕
푸른 산에 보슬비를 뿌리고 갔네	靑山微雨餘
옆쪽으로 우묵하게 들어간 곳에	傍有一席坳

172 벌목(伐木)……있네 : 좋은 친구와 함께 술을 마시겠다는 말이다. 《시경(詩經)》 〈벌목〉에 "나무를 쿵쿵 베거늘, 새가 아름답게 울도다. 깊은 골짜기에서 나와, 높은 나무로 올라가도다. 새가 아름답게 우는 것은, 그 벗을 찾는 소리로다. 저 새를 보아도, 오히려 벗을 찾으려고 우는데, 하물며 사람이, 벗을 찾지 않겠는가.〔伐木丁丁, 鳥鳴嚶嚶. 出自幽谷, 遷于喬木. 嚶其鳴矣, 求其友聲. 相彼鳥矣, 猶求友聲. 矧伊人矣, 不求友生?〕"라고 하였는데, 이 시는 후에 붕우 간의 깊은 정의(情誼)를 나타내는 전고로 사용되었다.

접시꽃이 자라도록 버려뒀는데　葵藿懶弗鋤
여기에다 초가로 지붕 올리고　於焉擬茅編
내 책을 가져다가 채우려 하네　攜我滿架書
땅이 외져 순수한 성품 지키고　沖眞割區緣
내 뜻대로 담박하게 살 수가 있네　淸澹獲心初
문 앞으로 난 길을 바라보건대　睠彼門前路
정신없이 고관들의 수레 오가니　擾擾流軒車
닭이 울면 분주하게 오관을 나가[173]　鷄鳴出午關
흙탕물에 옷자락을 더럽히도다　泥潦浩染裾
묻노니 뭣 때문에 그리하는가　借問何乃爾
이부는 강가에서 은거했거늘[174]　吏部江上居

173 닭이……나가 : 오관(午關)은 중국의 섬서성(陝西省) 장안(長安) 남쪽에 있는 자오관(子午關)을 가리키는 듯하다. 새벽부터 바쁘게 도성문을 드나드는 것을 두고 한 말로 보인다.

174 이부(吏部)는 강가에서 은거했거늘 : 이부는 이부상서(吏部尙書)를 지낸 당(唐)나라 위장(韋莊)을 가리키는 듯하다. 위장의 〈강변음(江邊吟)〉에 "도잠의 정사는 일천 잔의 술이요, 장한의 생애는 한 조각의 배로다.〔陶潛政事千杯酒, 張翰生涯一葉舟.〕"라고 하여 도잠과 장한처럼 자연 속에서 은거하는 삶을 언급한 구절이 보이며, 그 밖에도 〈강상제소거(江上題所居)〉, 〈강상촌거(江上村居)〉 등 강가의 생활을 읊은 시가 여러 편 있다.

권죽오[175] 기언 에게 받들어 올리다
奉簡權竹塢 基彦

도성 서쪽 길을 잘 알고 있기에　易識西城路
내 말이 가는 것을 막지 못하니　難禁我馬行
담소할 땐 옛 도가 아닌 게 없고　談何非古道
시는 간혹 참신함을 볼 수가 있네　詩或叩新聲
문 앞에는 수정 같은 내가 흐르고　流水門庭晶
대자리엔 바둑 두는 소리가 맑네　鳴棋莞簟淸
서로에게 기대하는 마음 깊은데　相期眞不淺
뜰에 가득 난초 계수 자라고 있네　蘭桂滿園生

두 번째 其二

밝은 시절이라서 풍파 없으니　明時非雨雪
그대 손을 잡고서 함께 가려네　攜手敢同行
떠도는 몸 서울 생활 시름하다가　飄梗愁秦贅
등불 아래 고향 말씨 듣고는 울컥　幽燈感越聲
날이 개자 별 사이로 별이 빛나고　簾星晴後潤

175 권죽오(權竹塢) : 권기언(權基彦)으로, 자는 사회(士恢)이며, 생몰년과 본관 등은 미상이다. 1741년(영조17)부터 사간원, 사헌부 등에서 재직하였다. 번암과 동향(同鄕)일 수도 있다.

사서 옮긴 구름 골짝 맑디맑도다　　雲壑買來淸
병이 조금 회복될 때 조심하라고　　少愈千金戒
날 염려해 편지로 당부하였네　　飛書念死生

장마 뒤에 별이 반짝이고 달빛이 밝으니 가을처럼 서늘한 기운이 감돌았다. 홀로 앉아 근심을 떨치다

霖餘星月皎然 涼意似秋 獨坐遣興

비가 개어 상쾌한 날 푸른 숲에 있노라니	晴意泠然在碧林
가슴에 먼지 하나 침범하지 못하누나	靈臺禁得一塵侵
돌 사이로 샘물 흘러 서늘한 기운 돌고	鳴泉觸石涼生早
빈 누각에 발을 걷어 달빛 깊이 들어오네	虛閣開簾月到深
이슬은 먼 들판의 풀을 살짝 적셔 놓고	華露稍飜遙野色
유성(流星)은 밤하늘의 구름 모두 쓸어 내네	飛星爭掃暝雲陰
성 남쪽에 불어오던 바람이 그쳤는데	刁調萬籟收南郭
부끄럽게 한밤중에 뿔을 치며 노래하네[176]	羞殺中宵叩角吟

176 뿔을 치며 노래하네 : 춘추 시대 위(衛)나라 영척(甯戚)이 자신이 기르던 소를 몰고 가서 제 환공(齊桓公)의 수레 밑에서 소의 뿔을 두드리며 노래를 불렀는데, 환공이 그를 등용하여 보필하는 재상으로 삼았다는 고사에서 나온 말이다. 《藝文類聚 卷94 琴操》 그 노래를 〈반우가(飯牛歌)〉라고도 하는데, 뒤에는 벼슬을 구하기 위해서 노래를 부른다는 뜻으로 쓰이게 되었다.

앞 시내로 걸어 내려가다

步下前溪

약을 먹고 뜰을 걷다 시냇가로 내려가니	苔庭行藥至灣碕
시원한 구름 골짝 말이 더 필요 없네	雲壑泠泠無是非
두어 그루 버들에는 먼 연무가 뭉쳐 있고	數柳遠煙團作聚
한 시내의 밝은 햇살 옷에 가득 내려앉네	一溪晴日蕩盈衣
병 때문에 사람 피해 한가함을 누리는데	閒因畏客稱多病
앉은 채로 산 보려고 사립문을 안 달았네	坐爲看山不設扉
한평생 시 짓는 게 어찌 그리 즐거운지	詩句百年何所樂
희한하게 읊조릴 땐 돌아가는 것도 잊네	怪來吟嘯輒忘歸

즉흥적으로 읊다
卽事

산전에 보릿가리 줄을 지어 서 있는데	麥峙山田百隊斜
누런 구름 실어다가 들 집으로 들여놓네	黃雲輸入野中家
아이가 소를 몰고 가는 것에 서툴러서	小童不慣驅牛去
날 저물자 길을 잃고 울며 아비 부르누나	暝失林蹊啼喚爺

옷을 벗고 누워서

裸體

옷을 벗고 성근 창문 아래에 눕자	裸體臥疎牖
대자리에 서늘한 기운이 이네	微涼生簟席
오래도록 잠 이루지 못하노라니	迢迢不成夢
나뭇잎에 떨어지는 빗방울 소리	葉上雨時滴

14일 밤 날이 개다
十四夜晴

엷은 구름 헤치고 달이 떠가고	月破纖雲轉
오랜 비로 불어난 냇물 맑은데	川收積雨明
밝은 달은 나를 마냥 앉았게 하고	氷壺仍坐我
종루 소리 한없이 맑게 울리네	鍾漏不勝晴
중국에는 전쟁이 터졌다지만	戰伐中原事
나는 홀로 숲에서 밤을 즐기네	林溪獨夜情
못에서 잠을 자는 백로 무리들	陂塘有宿鷺
끼룩끼룩 울며 자주 날아오르네	磔磔屢飛鳴

이때 중국에 전쟁이 터졌다고 하므로 우연히 언급하였다.

오생 대이가 찾아왔다 곧바로 돌아간 뒤 밤늦도록 잠들지 못하다가 불현듯 읊다. 겸하여 남쪽 이웃의 종숙 이지회[177]를 생각하다

吳生大頤乍訪旋歸 深夜不寐 率爾有吟 兼懷南隣李從叔 之晦

시내 저편 연기구름 물빛이 어두운데　隔水煙雲楚色冥
바윗길로 객이 떠나 빈 뜰이 고요하네　巖蹊送客悄虛庭
성 남쪽서 병을 앓다 최근에야 일어나서　南城病起無多日
반갑게 장마 뒤의 별 몇 개를 바라보네　靑眼霖餘見數星
흰빛이 드는 방[178]에 새가 간혹 들어오고　幽鳥時參生白室
《태현경》을 푸른 산이 오래도록 둘러쌌네[179]　碧山長繞太玄經
말소리도 들릴 법한 거리인데 대화 못 해　聞聲咫尺難相語
은하수가 기울도록 작은 창에 기대 있네　落盡天河倚小櫺

177 이지회(李之晦) : ?~1771. 번암의 외종숙이다. 승지를 지냈으며, 그 밖의 인적 사항은 잘 드러나 있지 않다. 《樊巖集 卷37 祭戚叔李承旨文》

178 흰빛이 드는 방 : 《장자(莊子)》 〈인간세(人間世)〉에 "빈방에 햇살이 비치니 거기에 좋은 징조가 깃든다.〔虛室生白, 吉祥止止.〕"라고 하였는데, 청허(淸虛)하여 욕심이 없으면 도심(道心)이 절로 생겨나는 것을 비유한 말이다.

179 태현경(太玄經)을……둘러쌌네 : 《태현경》은 한(漢)나라 양웅(揚雄)이 《주역(周易)》을 모방하여 지은 책으로, 그 내용이 매우 심오한 것으로 알려져 있다. 여기서는 산으로 둘러싸인 곳에서 독서하는 자신을 이렇게 표현한 것으로 보인다.

집 안에 영남에서 온 사람이 있어 짓다

門有嶺南人行

영남에서 올라온 사람 있으니 門有嶺南人
단성에서 며칠에 출발했을지 幾日發丹丘
단성에서 한양은 구백 리이고 丹丘九百里
긴 강이 또 아득히 흐르고 있네 江漢復悠悠
단성에 계신 나의 부모님께서 懷哉我父母
내가 아픈 것만을 걱정하는데 閔焉惟疾憂
무릎 꿇고 부모님의 편지 읽으니 長跪讀來書
눈물을 어찌 금할 수가 있으랴 弱涕不其流
사람 출입 경계하라 말씀하시고 上言畏人來
이어 음식 조심하라 당부하셨네 下言愼飮食
가지가지 진기한 바다 생선과 溟鱗種種異
눈처럼 하얀 꿀을 보내 주시고 崖蜜如雪白
그 밖에도 정성스레 싸 보낸 것들 殷勤爲包裹
하나같이 병든 나의 입맛에 맞네 箇箇病口適
좋아하던 음식은 아니지마는 匪汝之爲好
부모님이 멀리서 보내셨기에 父母遠于錫
일어나 앉아 한번 맛을 보기를 起坐加一餐
부모님이 옆에 계신 것처럼 하네 如在父母側
편지로 그 은혜에 감사드릴 뿐 修書報父母
걱정을 덜어 드릴 방도가 없네 何以慰顔色

어제는 오랜만에 이발을 하고　昨日理吾髮
오늘은 또 세수하고 몸을 씻었네　今日又盥濯
나귀 타고 백문[180]을 지나가는데　騎驢過白門
움직이는 것이 제법 자유롭기에　四體頗自適
돌아와서 내 방을 청소한 다음　歸來掃我室
저녁 내내 앉아서 책을 읽노라　讀書以永夕

180 백문(白門) : 선양문(宣陽門)의 별칭이다. 선양문은 육조(六朝) 때의 도읍인 건강(建康), 즉 남경(南京)의 남문(南門)이다. 여기서는 도성을 지칭한다.

신성연[181]을 생각하다

憶申聖淵

오늘날 내가 아는 명사 중에서	當世知名士
신성연만 한 사람 볼 수 없는데	無如申聖淵
오래도록 해진 갖옷 입고 지내다	敝裘多歲月
필마로 부모님을 뵈러 갔어라	匹馬去晨昏
그의 시는 요새 사람 같지가 않고	詩不今人似
교제는 옛 도를 잘 간직하였지	交能古道全
강가에서 지내며 탄식하노니	漳濱可歎息
혼자 집에 들어앉아 수심에 젖네	愀我一柴門

181 신성연(申聖淵) : 신광수(申光洙, 1712~1775)이다. 195쪽 주26 참조.

병석에서 일어나 주교를 지나는데 주변 경색이 이미 완전히 달라져 있었다

病起過舟橋 物候已異觀矣

작은 나귀 다행히 탈이 없어서	小驢無恙在
저물녘에 날 태우고 외출했는데	載我出斜曛
뜻밖에도 그사이에 청파 옛집이	不省青坡宅
짙은 나무 그늘에 다 덮였구나	繁陰裹十分

한적한 삶

端居

객이 가니 숲에서 연기가 피고　客去煙生藪
바둑 두는 소리 차츰 잦아드누나　紋枰稍斂聲
한적한 생활 속의 적막 깨려고　端居擺寂寞
한여름날 시끄럽게 우는 개구리　朱夏以蛙鳴

장마

長霖

초하루에 장마가 올 조짐이 있어 　初吉霖爲兆
한 달 내내 계속될 걸 짐작했는데 　懸知是月仍
천지는 스민 물로 야위려 하고 　地天滲欲瘦
강산은 더운 김을 내뿜어 대네 　河嶽逼相蒸
붕새가 성안으로 이사해 오고 　鵬徙都中敢
물고기가 머리맡에 뛰어오르네 　魚跳枕下能
문을 닫고 시름겨워 잠만 자는데 　閉門愁只睡
서늘해져 쇠파리가 사라졌구나 　秋氣歇青蠅

두 번째 其二

용은 어찌 정갈한 제물(祭物)을 뱉고[182] 　龍豈精禋吐
하늘은 왜 비 멈추길 어려워하나 　天何霽色難
증기 서려 지붕에는 버섯이 돋고 　菌蒸棲屋上
강이 노해 소나무를 삼킬 듯하네 　江怒到松端
젖은 나귀 몸집 작아 가련하거니 　驢濕憐渠小
나무하는 아이종은 춥지 않을지 　僮樵無乃寒

182 용은……뱉고 : 정갈한 제물을 갖추어 비를 그치게 해 달라고 빌어도 소용이 없다는 뜻이다.

낭묘에서 음양(陰陽)을 조절할 테니[183] 調元有廊廟
벼에 싹이 돋을 걱정 않아도 되리 禾耳莫須嘆

183 낭묘(廊廟)에서……테니 : 낭묘는 재상을 가리키는 말이다. 《서경》 〈주관(周官)〉에 "태사(太師)와 태부(太傅)와 태보(太保)를 세워 삼공(三公)으로 삼는데, 이들 재상은 도를 논하고 나라를 경륜하며 음과 양의 두 기운을 조화시켜 다스리는 일을 맡는다."라고 하였다. 즉 재상이 음양을 섭리(攝理)하여 곧 비를 그치게 할 것이라는 말이다.

불어난 물을 구경하다

觀漲

비바람에 요란한 우레까지 몰아쳐서	風雷合沓晝轟驅
골짝마다 물이 넘쳐 만상이 외로우니	百谷揚濤萬象孤
온 천지에 시커먼 먹구름이 자욱하고	天地排張太陰國
한양성에 물고기와 용이 설쳐 대는구나	魚龍騷屑漢陽都
산이 물에 잠겼으니 우의 도끼 어디 쓸까[184]	山浮夏禹斤何用
붓이 작은 장주는 간담이 떨어질 듯[185]	筆小莊周膽欲無
우습구나 인간 세상 티끌 배를 탄 그대여	笑爾芥舟人界上
은혜 입어 벼슬할 날 얼마나 되겠는가	恩讎幾許在名途

두 번째 其二

큰물이 져 들과 언덕 찾아볼 길이 없고	洪流無處覓郊原

184 산이……쓸까 : 불어난 물로 산이 물 가운데에 떠 있는 형국이라 우(禹)처럼 뛰어난 사람이라도 홍수를 다스릴 재간이 없다는 말이다. 요(堯) 임금 때 9년 동안 장마가 계속되자 우(禹)에게 홍수를 다스리도록 명하였는데, 우가 자연적인 형세에 따라 치산치수(治山治水)하여 홍수를 막고 백성들이 정착할 수 있도록 만들었기 때문에 한 말이다. 《書經 禹貢》《孟子 滕文公上》

185 붓이……듯 : 장주(莊周)의 필력으로도 거대한 홍수 물결을 묘사하기 어렵다는 말이다. 장주가 가을에 홍수가 나서 황하에 물이 넘치는 것을 가지고 《장자(莊子)》 〈추수(秋水)〉 편을 지은 것을 두고 한 말인 듯하다.

온 천지를 뒤덮을 듯 출렁이는 물뿐이네　　凌厲乾端水氣飜
배가 시내 어귀까지 밀려오는 지경이요　　溪口可能禁舴艋
큰 붕새가 울 밑에서 날개를 칠 정도라네　　籬根猶許擊鵬鵾
우리 임금 밤새 잠을 이루시지 못할 텐데　　吾王丙枕應難睡
노인들은 정해년의 홍수와도 같다 하네　　故老丁年與共論
만촉국의 시비 다툼[186] 끝날 날이 없으니　　蠻觸是非無日了
뗏목 타고 시끄러운 먼지 세상 떠나려네　　乘桴吾欲蛻塵喧

사람들이 "정해년(1707, 숙종33)의 홍수가 이번 홍수와 같았다."라고 말한다.

186 만촉국(蠻觸國)의 시비 다툼 : 달팽이의 왼쪽 뿔에 있는 촉(觸)이라는 나라와 오른쪽 뿔에 있는 만(蠻)이라는 나라가 영토 분쟁을 벌여 죽은 사람이 백만이나 되었다는 장자의 우화(寓話)에서 나온 말이다. 《莊子 則陽》 시비(是非)가 분분(紛紛)한 세상일을 비유하는데, 여기서는 당쟁을 두고 한 말로 보인다.

오성집[187] 대성 을 애도하다

哀吳聖集 大成

영문에서 그대를 보았을 때에	令門見吾子
그 집안의 자제답게 총명했으니	了了固應爾
약산을 아버지로 뒀는 데다가	藥山以爲父
현계[188]가 바로 그의 형이었어라	有兄玄溪是
성 남쪽에 자리 잡은 단아한 집에	翼然城南宅
울창하게 나무들이 솟아 있으니	鬱鬱峙喬梓
늙은 봉새 기이한 풍채 지녔고	老鳳有奇彩
어린 새끼 아름다운 자태 배웠네	穉翎學旖旎
문단에서 기예를 겨룰 적에는	出遊白戰場
대단한 기량 널리 떨쳤으므로	獲雋奮距嘴
사람들은 현계가 요절했지만	人言玄溪沒
약산에게 다른 아들 있다 하였네	藥翁復有子

187 오성집(吳聖集) : 오광운(吳光運)의 둘째 아들 오대성(吳大成, ?~1746)이다. 부친상을 당한 뒤 1년이 채 되지 않아 요절하였다.

188 현계(玄溪) : 오대관(吳大觀, 1711~1734)으로, 본관은 동복(同福), 자는 경숙(敬叔)이다. 오광운의 장남이자 번암의 백부인 채응만(蔡膺萬)의 사위이다. 1732년(영조8) 10월 정시 문과에 장원으로 급제하여 벼슬이 병조 좌랑에 이르렀으나, 24세에 요절하였다.

두 번째 其二

누구의 죽음인들 안 슬프랴만　　人死誰不哀
그대의 죽음만 한 슬픔 없으니　　哀莫如君死
상 당하고 일 년이 채 되지 않아서　　縗麻未及練
몸 거두어 저승으로 돌아갔어라　　斂歸泉臺裏
약산의 묘에 풀이 무성해지니　　荒哉藥山墓
귀신이 굶주리진 않으려는지　　不其鬼餒矣
때때로 조문하는 이들 오지만　　時時弔者來
누구인지 알아보는 사람이 없네　　無人辨誰某
각자가 자기 성과 이름을 적어　　各自書姓字
부질없이 노복에게 넘겨주는데　　空付蒼頭手
노복이 글을 들고 눈물 흘리며　　蒼頭持書泣
그대의 오랜 벗인 날 바라보네　　見君故時友

세 번째 其三

그대에게 가죽 상자 두 개가 있어　　君有兩皮篋
그 속에다 붓을 가득 모아 뒀으니　　中貯管城子
붓을 모아 둔 것은 앞으로 있을　　藏之欲有俟
선친의 문집 간행 위해서였네　　所俟先稿梓
그대가 죽고서야 상자를 열어　　君死始抽閱
그 붓으로 그대의 명정을 쓰고　　寫君銘旌字
나머지는 어디도 쓸데가 없어　　餘者用無處

내당의 안어른께 전해 드렸네　持向高堂裏
안어른이 제수 비용 걱정하시어　高堂憂奠需
시장에 가져다가 팔게 하시니　俾賣白門市
어찌 귀히 여기지 않아서이랴　豈不貴此物
놔두어도 차마 볼 수 없어서라네　留亦不忍視

네 번째 其四

화전[189]에 그대 집의 전장 있는데　君家花田庄
밤나무에 열린 밤이 다발 같았지　種栗栗似束
회상컨대 지난해 팔월 어느 날　往年八月中
밤이 익자 그대 가서 밤을 털더니　栗熟君來剝
올가을엔 그대가 세상을 버려　今秋送君去
밤나무 옆에다가 그대를 묻네　葬之栗樹側
또렷하게 보이는 그대 옛집엔　宛宛舊棲屋
그대 행적 하나하나 남아 있어라　一一見行跡
가을바람 밤낮으로 불고 있으니　西風日夜至
예전처럼 주먹만 한 밤이 열리면　舊栗如拳拆
가져다가 그대 무덤 앞에 올리고　持玆侑君塚
과부가 추석 제수 마련하리라　孀婦祭秋夕

189 화전(花田) : 지금의 경기도 고양시 덕양구 화전동 부근인 듯하다. 부친 오광운(吳光運)의 장지가 고양의 다정(多井)이라고 한 것과도 관련이 있어 보이지만, 고양의 다정은 정확한 지점을 알 수가 없다.

다섯 번째 其五

내 나이 스무 살이 조금 넘었고	吾年二十餘
그대 안 지 십 년이 채 안 되었는데	識君未一紀
조부부터 그대까지 모두 곡하니	哭君祖子孫
세대가 바뀌는 게 이와 같도다	人代迅如此
지난날에 어르신을 찾아뵙고서	曩時拜尊翁
오만 가지 일들을 상의했지만	商量百千事
그중에 한 가지도 못 이룬 채로	百千未得一
세월만 속절없이 보내었어라	西日東逝水
진즉에 다 허사임을 알았을진댄	早知竟亡羊
어찌 길이 맹세하지 않았겠는가[190]	那不歌永矢
그대 가서 어르신께 말씀드리면	君歸報尊翁
어르신이 뭐라고 대답하실지	尊翁云何似

190 어찌……않았겠는가 : 평생토록 초야에서 은거하기로 맹세했을 것이라는 말이다. 《시경(詩經)》 〈고반(考槃)〉에 "언덕에 은거자의 집이 있으니, 대인이 한가로이 지내는 곳이로다. 혼자 잠들고 깨어나고 자지만, 맹세코 남에게 알리지 않으리라.〔考槃在陸, 碩人之軸. 獨寐寤宿, 永矢弗告.〕"라고 하였다.

약산의 생일에 감회가 있어 시를 짓다
藥山生日 感懷賦詩

기일이 지난 뒤에 바로 생신 돌아오니	死日纔經生日廻
한양성에 서리 이슬 아득하여 슬프구나	白門霜露莽悲哉
기구하게 아들마저 이승을 떠났는데	窮途天不孤兒借
지난해에 이 제자와 술자리를 가졌었네	往歲杯同弟子開
구름 덮인 큰 못에는 용의 모습 적막하고	大澤晝陰龍寂寞
냉기 도는 들보에는 가을 제비 배회하네	畫樑秋冷燕徘徊
영서[191]가 구천까지 통하지는 못하지만	靈犀未許重泉隔
깊은 밤 꿈속에선 분명 뵐 수 있으리라	三夜分明夢裏陪

191 영서(靈犀) : 신령스러운 무소뿔이다. 무소의 뿔은 영력(靈力)이 있다고 하는데, 한 가닥의 흰 줄이 밑에서부터 끝까지 이어지기 때문에 피차(彼此)의 마음이 무언중에 서로 잘 통하는 것을 비유하는 말로 쓰인다. 여기서는 약산에 대한 자신의 심회를 가리킨다.

객지의 밤

客夜

바람 그친 관성[192]에는 한 기운이 서늘하고	風落關城一氣森
빈숲에는 뒤늦게야 둥지 찾은 새가 우네	空林啼殺後棲禽
하늘 만 리 별이 뜨고 가을날은 깨끗한데	星河萬里秋仍淨
다듬이질 소리 속에 밤이 점점 깊어 가네	砧杵千家夜遂深
야외에 풀이 차니 벌레가 절로 울고	野外草寒蟲自語
영남 소식 끊어지니 기러기 무심해라	嶠南書斷鴈無心
명주가 밤중에는 노여움을 쉽게 사니[193]	明珠易被中宵怒
이제부턴 새 시를 감히 읊지 않으리라	從此新詩不敢吟

192 관성(關城) : 변방 성을 뜻하는데, 여기서는 구체적으로 어디를 가리키는지 알 수 없다.

193 명주(明珠)가……사니 : 명주는 진기한 진주이다. 한(漢)나라 추양(鄒陽)이 모함을 받고 투옥된 뒤 옥중에서 양 효왕(梁孝王)에게 상소한 글 가운데 "명월주나 야광벽을 밤중에 갑자기 길에 던지면 누구나 칼을 어루만지며 노려보게 됩니다. 왜냐하면 까닭 없이 보배가 앞에 이르렀기 때문입니다."라고 하였다. 《史記 卷83 鄒陽列傳》 대체로 재주 있는 사람이 인정받지 못하거나 중용되지 못하는 것을 비유하지만, 여기서는 번암이 누군가에게 시를 보내 진정 어린 충고를 했다가 오해를 산 일이 있어서 이렇게 말한 듯하다.

장차 영남으로 가려고 하는데 익경이 와서 함께 밤을 보내며 이별하였다. 그러고는 겨울에 단성에서 만나기로 약속하였으므로 시를 지어 증표로 삼다

將有嶺行 翼卿來宿爲別 仍以冬月約會丹丘 詩以證之

등불 아래 마주하니 마음이 여유롭고	篝燈相對便從容
문밖에는 봉우리를 덮을 듯한 서리 구름	簾際霜雲欲滿峯
병이 많아 한양에서 만난 날이 적었으니	多病長安少會日
겨울 되면 그대 부디 필마로 와 주게나	須君匹馬用新冬
시내 남쪽 나무 잎이 모두 지니 객수 깊어	羈愁葉盡溪南樹
성곽 밖에 종루(鐘漏) 소리 들릴 때에 이별하네	別語星生郭外鍾
내가 일찍 돌아감을 괴이하게 생각 말라	莫怪小山歸計早
오활한 내대자(褦襶子)[194]를 뉘라서 묶어 두랴	誰將褦襶絡疎慵

194 내대자(褦襶子) : 무더위에 성복(盛服) 차림으로 남을 찾는 사람, 즉 오활해서 사리에 어두운 사람을 비유하는 말이다.

신성연과 함께 이숙[195]의 집에서 밤을 보내며 운을 불러 함께 짓다

同申聖淵宿李叔宅 呼韻同賦

초저녁 성 남쪽에 눈이 내리고	薄夜南城雪
온 천지 시내들이 차가워진 때	川華滿地寒
고맙게도 그대가 밤에 와 주어	多君及星到
새벽까지 대화를 이어 가도다	更僕話鍾殘
병 있다고 술을 전혀 하지 않으랴	病豈樽醪細
하늘이 우리 만남 이뤄 줬으니	天教我輩團
아이종이 신기하다 호들갑 떨며	童言有奇事
솔가지의 달이 산을 엿본다 하네	松際月窺巒

195 이숙(李叔) : 번암의 외종숙 이지회(李之晦, ?~1771)이다. 승지를 지냈으며, 그 밖의 인적 사항은 잘 드러나 있지 않다. 《樊巖集 卷37 祭戚叔李承旨文》

단성 관아로 부모님을 뵈러 가던 중 새벽에 과천의 여관을 출발하다

歸覲丹衙 曉發果川店

멀리서 서너 차례 새벽닭이 우는 시간	三聲四聲鷄遠唱
하늘에는 한두 개의 별이 높이 떠 있는데	一點二點星高浮
마부가 말을 끌고 역점(驛店)을 출발하니	僕夫戒行村店曙
어둑한 호령[196]에는 눈과 구름 남았어라	狐嶺蒼蒼雲雪留
하마비 앞쪽에는 관솔불이 타오르고	下馬碑前松火明
주모가 데운 술은 기름처럼 걸쭉하네	胡姬煖酒酒如油
길 멈추고 주막으로 들어가 앉은 것은	停鞭不辭壚上坐
헌 갖옷에 새벽 추위 파고들기 때문이네	曉行寒襲敝貂裘

196 호령(狐嶺) : 서울시 관악구와 경기도 과천시의 경계에 있는 남태령(南泰嶺)의 별칭이다.

죽저점을 지나는데 오성권[197]이 나의 행색을 알아보고 멀리 떨어진 언덕 위에서 나를 불렀으나, 바빠서 들러 볼 수 없었기에 시로 사과하다

過竹底店 吳聖權認爲我行色 臨岸遙呼 忙不克歷見 詩以謝之

개 짖고 닭이 우는 마을 꼭대기	鷄犬村墟頂
적막한 초가집을 새로 지으니	蕭蕭茅屋新
계획한 지 오래임을 알고 있건만	深知久立意
발길 멀리 지나치니 야속했으리	遙恨戛過人
어지러운 물 위로 해는 기울고	亂水爲斜日
시월의 찬 들판이 아득하므로	寒郊莽小春
가는 말을 멈추기가 어려워서요	征驂自難駐
소원하게 대하려는 것이 아니네	非是簡情親

197 오성권(吳聖權) : 오경운(吳經運, 1723~1754)으로, 본관은 동복(同福)이다. 생부는 오상겸(吳尙謙)이며, 숙부 오상홍(吳尙弘)의 후사가 되었다. 번암의 부인 동복 오씨에게 삼종숙(三從叔)이 되는데, 연배는 번암보다 아래이다.

소사교[198]를 노래하다

素沙橋歌

삼한의 사물 중에 무엇이 가장 크랴	三韓物象誰最大
어느 것도 소사교를 당해 내지 못하리라	素沙之橋不可當
내가 이곳 소사교를 몇 번이나 건넜지만	我行素沙凡幾度
올 때마다 벌벌 떨며 비 오듯이 땀 흘렸네	每到跼蹐汗流漿
멀리 보면 걸쳐진 듯 다가가면 누운 듯	遠望如掛近如臥
공중에서 완연하게 용이 나는 형상이요	空中宛爾遊龍翔
북쪽에서 건너편에 있는 사람 바라보면	北邊望見南邊人
개미처럼 꼬물거려 구분하기 어려워라	蠢動如蟻難可詳
열 길이나 되는 나무 천여 개 가까이가	十丈之木數近千
판자를 이고 서서 장엄하게 줄 이루고	頭頭戴立儼成行
양 입구는 완만하다 중간에선 경사 커져	兩畔稍偃腹乃果
점점 위로 굽어진 게 가옥의 들보 같네	漸漸穹隆如屋樑
그 아래로 백 이랑의 물결이 마구 흘러	其下橫流百頃波
넘실대며 솟구치니 어찌나도 아득한지	澎湃蕩潏何茫茫
말을 타고 건너가다 말이 혹 내달리면	癡人騎馬馬或逸
순식간에 다치거나 목숨을 잃게 되네	須臾性命絶可傷
신기하게 승려들이 일을 무척 쉽게 하여	異哉僧徒力容易

198 소사교(素沙橋) : 조선 시대 경기도 양성현(陽城縣) 소사천(素沙川)에 있던 다리인데, 이곳은 지금의 경기도 평택시 소사동에 해당한다.

해마다 여기에서 다리를 보수하네　　歲歲於此修津梁
내가 와서 건너는데 간이 콩알만 해져서　　我來徒步心更寒
조심조심 발을 떼며 어쩔 줄을 모르고　　擧武促促太劬勤
중간에선 감히 옆을 돌아보지 못한 채　　當中不敢左右顧
눈앞이 아찔해져 구름 듯이 휘청대다　　雜花隕目如顚僵
평지에 닿고서야 안도의 숨 내쉬지만　　置身平地始舒嘯
여전히 벌레 소리 귓전에서 웽웽대네　　窸窣聲猶在耳傍
위험함과 평탄함은 처신하기 나름이니　　險能爲易易反險
사물의 이치 모두 헤아림에 달렸을 터　　物理細細歸商量
매사를 삼가도록 하는 것이 이 같으니　　使我畏愼皆類此
양장판도 서둘지를 않는다면 강장일 터[199]　　羊腸未遽非康莊
그대 보지 못했는가　　君不見
높은 수레 달리다가 엎어지는 일 많지만　　高車駟馬多傾覆
한양성엔 넓은 길이 하늘처럼 뻗은 것을[200]　　長安大道如天長

199 양장판(羊腸阪)도……터 : 양장판은 중국 태항산(太行山)의 꼬불꼬불하고 험한 고개이고, 강장(康莊)은 사통팔달(四通八達)의 대로(大路)이다. 즉 아무리 험한 길이라도 급히 서둘지만 않으면 큰길처럼 평탄하게 갈 수 있다는 말이다.

200 높은……것을 : 한양의 도로가 넓고 평탄한데도 부귀한 자들의 수레가 전복되는 일이 많은 것은 조심하지 않은 때문이라는 말로, 환로(宦路)에서 시련을 겪는 것은 처신을 삼가지 않아서 그렇다는 속뜻을 담고 있다.

홍주를 출발하며 이형 상보[201]를 생각하다. 이형은 절에 머물고 있다

離發洪州 奉懷李兄尙輔 李兄方棲寺

저녁 무렵 먼 마을에 연기 피는데	薄暮墟煙逈
홀로 가니 이별의 한 더해지누나	孤征別恨添
말은 여라 그림자를 따라서 돌고	馬隨蘿影轉
별은 갈대 밑으로 비치는구나	星倒荻根沾
밤에 편지 읽노라니 그대 그립고	夜字懷之子
겨울에도 따뜻한 남쪽 땅 근처	冬暄近以南
그대 술을 얻어먹지 못하였기에	淸樽未了債
한스럽게 구봉산의 암자를 보네	流恨九峯庵

201 이형 상보(李兄尙輔) : 이재망(李載望)으로, 번암의 종조부인 채명윤(蔡明胤)의 외손이며, 부친은 이미년(李眉年)이다. 진사시에는 합격하였으나 벼슬길에 오르지 못한 것으로 보인다. 《樊巖集 卷40 伯從祖祖父五視齋先生行狀》

강경에서 머물다

次江鏡

길 위에서 달이 차고 이지러져도　　圓缺途中月
아직까지 나는 집에 닿지 못했네　　吾猶未及家
빈 하늘은 들판을 덮고 있는데　　天空蓋田野
산은 멀리 전라도에 이르렀어라　　山逈到全羅
기러기는 찬 강에서 방향을 잃고　　客鴈迷寒渚
장삿배는 노을 아래 돛을 내렸네　　商帆駐暮霞
다듬이질 소리가 숲을 흔드니　　砧聲搖萬樹
서울 같아 억지로 웃어 보노라　　剛喜似京華

만마동[202]에서 재종 재겸 씨를 만났는데, 단성 관아에서 홍주로 돌아가는 길이었다. 말이 병들어서 버리고 소를 타고 가고 있었다

萬馬洞 遇再從再謙氏 自丹衙還洪鄉 馬病棄 騎牛作行

서른 살 된 남아의 높은 기개로	三十男兒氣
어찌하여 소를 타고 가는 것인가	如何牛背鞍
풀을 깔고 마주 앉은[203] 소탈한 우리	班荊俱歷落
떠돌자니 갖은 곤란 겪을 수밖에	飄梗實艱難
저무는 첩첩 산엔 눈이 쌓이고	雪壓重峯晚
차가운 시내 옆엔 마을이 있네	村依亂水寒
만났다가 곧바로 이별을 하니	相逢便相別
앞길이 평안하길 바랄 뿐이네	前路願平安

두 번째 其二

산봉우리 만마동을 둘러쌌는데	山圍萬馬集
사람은 소를 타고 돌아가누나	人跨一牛廻

202 만마동(萬馬洞) : 전주와 남원 사이에 있는 만마관(萬馬關)을 가리킨다.

203 풀을……앉은 : 오랜 친구나 지인을 만났을 때의 기쁨을 표현하는 말이다. 춘추시대 초(楚)나라 오거(伍擧)가 채(蔡)나라 성자(聲子)와 세교(世交)를 맺고 있었는데, 두 사람이 우연히 정(鄭)나라 교외에서 만나 형초(荊草)를 깔고 앉아서 옛이야기를 주고받은 것을 '반형(班荊)'이라고 한 고사에서 유래하였다. 《春秋左氏傳 襄公26年》

만났다가 바쁘게 헤어지려니	草草相看色
마음속에 아쉬움이 한량없어라	愔愔未了懷
다리 밖엔 역점의 연기 번지고	店煙橋外落
새 옆으론 숲의 해가 기울어 가네	林景鳥邊催
백부께서 내 걱정을 하실 터이니	伯父煩爲念
건강 조심하더라고 전해 주구려	歸傳我愼哉

연치현은 남원과 운봉의 경계에 있는데, 커다란 돌 두 개가 길옆에 서 있다. 그 표면에 명나라 장수 도독 유정[204]이 직접 쓴 "만력 모월 모일에 도독 유정이 병사를 이끌고 이곳을 지나가다." 등의 수십 글자가 새겨져 있으니, 2년 사이에 두 차례 이곳을 지나가면서 그때마다 돌에 새겨 기록한 것이다. 가만히 생각해 보면 만력황제는 우리 동방 사람들에게 하늘처럼 망극한 은혜가 있다. 그 당시 유 도독 같은 분이 실로 성지를 받들어 흉악하고 교활한 왜놈들을 소탕하기를 바람처럼 신속히 하고 중국 조정에 승전보를 올림으로써 명성을 외국에까지 드날렸으니, 그 지략과 용맹이 어찌 진실로 뛰어나지 않겠는가. 우리나라 사람이라면 군중에서 나무를 하고 밥을 짓는 천한 졸개라고 할지라도 명나라 조정을 존경하고 예우할 것이다. 더구나 황제의 명을 받고 출정한 장수라면 어떠하겠으며, 더구나 황제의 명을 받고 출정해서 우뚝한 공을 세운 것이 유 도독과 같은 분이라면 어떠하겠는가. 명나라 조정을 사랑하는 마음을 미루어서 유공을 사랑하고, 유공을 사랑하는 마음을 미루어서 유공의 마음이 담긴 글씨를 사랑한다면, 진실로 남국이 감당을 애호하고[205] 현수에 타루비가 전해진 것[206]과 같이 해야 할

204 유정(劉綎) : ?~1619. 명나라 장수이다. 자는 성오(省吾), 호는 초당(草堂)이며, 유대도(劉大刀)라는 별명이 있다. 1592년(선조25) 임진왜란 때 군대를 이끌고 조선에 파견되었고, 1598년 재차 와서 운봉(雲峯) 등지에서 싸웠다. 1618년(광해군10) 명나라가 요동 지역의 후금을 공격할 때 부차(富車)에서 패하여 전사하였다.

것이다. 그런데 지금에 와서는 안근유골의 나머지[207]가 비바람에 깎이고 먼지와 이끼에 침식되어 거의 알아볼 수 없는 지경이 되었다. 오직 이 고개에 이 돌이 있다는 얘기를 미리 들은 자만이 희미한 글자를 손으로 더듬어 가며 자획을 추정해 보고서야 어느 글자가 무슨 자인 줄을 알 수 있고, 그렇지 않은 사람은 코앞을 지나가더라도 보지를 않으니, 이 또한 애석해할 일이 아닌가. 아! 세상에 옛것을 좋아하고 의로움을 좋아하는 자가 본디 이렇게 드문 것인가. 어찌 이 돌이 묻힌 채로 세상에 드러나지 못한 것이 이 지경에까지 이르렀단 말인가. 개탄스러운 마음에 장구를 지어 연치현의 고사로 삼는 바이다

燕峙峴 介南原雲峯之界 而有二大石 立峴之路傍 其石面 有天將劉都督綎親書萬曆某月日都督劉綎提兵過此等數十字　蓋二年凡再過而皆刻石以記之也 竊念萬曆 於我東有昊天罔極之恩 維時若劉都督者 實聖旨是

205 남국(南國)이 감당(甘棠)을 애호하고 : 주(周)나라 소공 석(奭)이 남쪽 나라들을 순행하며 문왕(文王)의 정사를 펴던 중에 가끔 팥배나무 밑에서 휴식을 취하곤 하였는데, 그가 떠난 뒤에 백성들이 그의 은덕을 기려 그 팥배나무를 차마 손상하지 못하고 보호했다고 한다.《詩經 召南 甘棠》

206 현수(峴首)에……것 : 현수는 산명(山名)으로 현산(峴山)과 같은 말이다. 진(晉)나라 양호(羊祜)가 양양(襄陽)의 수령으로 있을 때 백성들에게 많은 은혜를 베풀었기에 그가 죽은 뒤 그 지방 백성들이 양호가 평소에 휴식하던 곳인 현산에 비석을 세워 그 공을 기렸는데, 사람들이 그 비석 앞을 오갈 때면 추모의 눈물을 흘렸으므로 그 비석을 '타루비(墮淚碑)'라고 불렀다.《晉書 卷34 羊祜列傳》

207 안근유골(顔筋柳骨)의 나머지 : 안근유골은 당(唐)나라 서예가인 안진경(顔眞卿)과 유공권(柳公權)의 필법이 힘줄과 뼈처럼 웅건하고 힘이 있는 것을 형용하는 말인데, 여기서는 유정의 글씨를 가리킨다.

承 翦掃凶狡 迅若風飆 奏凱天朝 揚名外國 其智勇 豈不誠卓犖矣乎 夫東人之於天朝 厮養之卒 猶當敬以禮之 況推轂而出者乎 況推轂而出而卓犖如劉都督者乎 以愛天朝之心 推以愛劉公 以愛劉公之心 推以愛劉公之心畫 誠宜若南國之護甘棠 峴首之傳墮淚者 而今乃使顔筋柳骨之餘 風勦雨淋 埃蘚交蝕 幾乎黕昧矣 惟人之先有以聞是峴之有是石者 摩挲彷像 諦推字畫 乃能得其某字之爲某字 不然者 雖當面過之 蓋無覩也 斯不亦可惜哉 噫 世之好古而好義者 固若是罕耶 何是石之湮沒無章至於此也 慨然賦長句 以備燕峙峴故事

그대 보지 못했는가　　君不見

남원과 운봉 땅의 경계가 맞닿은 곳　　南原雲峯地相錯

연치현 길옆으로 돌이 두 개 서 있는 걸　　燕峙之峴傍有石

돌 표면에 새겨진 손바닥만 한 글씨는　　石面有字如掌樣

다름 아닌 유 도독이 새겨 놓은 것이라네　　云是都督劉公之所刻

유 도독이 출정하여 동쪽으로 진군하매　　劉公提兵東出征

황제 군대 가는 족족 왜놈들이 항복하니　　天戈所指凶蠻伏

서릿발과 같은 칼 빛 대방[208]에 머물렀고　　劍氣霜屯帶方域

진격하는 북소리는 방장산을 흔들었네　　鼓聲雲搖方丈嶽

산천을 뒤흔들며 남쪽으로 내려오자　　南國山川蹴踏來

날뛰던 대마도의 왜구들이 꺾였는데　　馬島瑟縮鯨鯢摧

벽력같은 기세로 연치현을 달려가다　　雷躪電驅燕峙峴

말을 내려 창을 놓고 잠시 배회하였어라　　下馬橫槊一徘徊

208 대방(帶方) : 남원(南原)의 고호(古號)이다.

장난삼아 큰 붓 들어 자신의 성명 적어　　戲拈大筆書姓名
두 돌에 새겼는데 어찌 그리 헌걸찬지　　刻之雙石何崔嵬
산신령이 축하하고 장군이 크게 웃자　　山靈獻賀將軍笑
산속의 초목 모두 광채를 되찾았네　　山中草木皆昭回
기와 상과 정과 내가 없을 리 있으랴만[209]　　豈無旂常與鼎鼐
천년토록 장군 수택 남겨짐만 못하리라　　不如將軍手澤留千載
부차령(富車嶺)의 전투에서 모든 게 끝장나서　　嗚呼萬事富車戰
순식간에 형세 변해 황도가 멸망했네[210]　　金火倏忽黃圖廢
이백 년이 지나도록 돌이 그냥 남아 있어　　二百年間石不轉
나무꾼도 감당처럼 애호할 줄을 알고　　樵兒倘識甘棠愛
귀신이 물리쳐서 들불 근접 못 했건만　　鬼呵不使野火侵
비를 맞아 반 가까이 이끼에 묻혔어라　　雨淋强半苔紋晦
내가 와서 탄식하며 누차 쓰다듬노라니　　我來歔欷屢摩挲
산새가 사람 보고 놀라 마구 떠드는데　　山鳥怪人驚相譁
내 시가 너의 가치 높이기에 부족하니　　吾詩不足增重汝
돌이여 돌이여 어찌하면 좋겠는가　　石乎石乎可奈何

209 기(旂)와……있으랴만 : 기와 상(常)은 왕후(王侯)의 기치(旗幟)로서, 각각 교룡(交龍)과 일월(日月)을 그린 것이다. 정(鼎)과 내(鼐)는 고대 제기(祭器)의 일종으로, 옛날에 국가에 큰 공을 세운 사람들의 업적을 여기에 새겨 기렸다. 여기서는 조선에서 유정(劉綎)의 공훈을 기록하여 기리는 일이 없지는 않았다는 말이다.

210 부차령(富車嶺)의……멸망했네 : 부차령의 전투는 1618년(광해군10)에 건주(建州)의 누르하치〔奴兒哈赤〕가 명나라의 무순(撫順), 청하(淸河) 등의 보(堡)를 공격하였을 때 유정이 부차령에서 대패하였던 일을 두고 한 말이다.《燃藜室記述 卷21 廢主光海君故事本末》 이후 명나라는 멸망하고 청(淸)나라가 중원(中原)에 들어서게 되었다. 황도(黃圖)는 중국으로, 여기서는 명나라를 뜻한다.

또 오언 율시를 짓다

又成五律

만력 연간 임진년에 도독 유정이	萬曆劉都督
옛 대방에 와서 대군(大軍) 이끌었는데	千兵古帶方
이름 새긴 돌은 아직 우뚝 섰건만	雲根猶贔屭
새긴 글씨 알아볼 수 없게 되었네	金薤劇蒼茫
해와 달은 빈산을 비춰 주건만	日月空山白
상전벽해(桑田碧海) 되어 명(明)은 멸망했어라	滄桑赤縣荒
삼포의 돌[211]을 몹시 사랑했더니	偏憐三浦石
동국에 밝은 빛이 줄고 말았네[212]	東國損輝光

뒤에 전라 절도사가 석공을 시켜 개각(改刻)하게 했는데, 신중을 기하지 않아서 글자의 획과 모양이 본래 모습을 완전히 잃어버려 전에 보았던 것과는 판이한 필체가 되고 말았다. 참으로 이른바 점금작철(點金作鐵)[213]이라는 말에 해당하니, 개탄스러울 뿐이다.

211 삼포(三浦)의 돌 : 문리로 보면 연치현 정상의 돌을 가리키는 듯하나, 삼포가 정확히 어디를 지칭하는지는 미상이다. 혹 삼포로 일컬어지는 곳에 연치현과 유사한 글씨가 새겨져 있는 것인지 모르겠다.

212 동국(東國)에……말았네 : 연치현에 새긴 유정의 글씨가 제 모습을 잃음으로써 조선의 가치가 훼손되었다는 뜻이다.

213 점금작철(點金作鐵) : 좋은 금에 손을 대어 쓸모없는 쇠로 만든다는 뜻이다.

밤에 일기청에 직숙하였는데,[214] 아버님께서 영남 관아에서 〈앞 강에 배를 띄워 기분을 풀다〉라는 시를 보내 주셨기에 큰 소리로 외우고 공경히 차운하여 대략 정성을 표하다

정묘년(1747, 영조23)

夜直日記廳 家大人自嶺衙錄賜前江泛舟遣懷之什 莊誦敬次 略宣微忱 丁卯

뽀얗게 먼지 앉은 오모를 쓰고 烏帽風塵色
수척해진 얼굴로 풍가[215] 부르네 馮歌欲損顔
영남에는 꽃이 모두 졌으련마는 嶺南花盡落
봄날에 기러기만 돌아가누나 春日鴈空還
한양성 모퉁이에 조각달 뜬 밤 缺月秦城曲
일기청의 등불 아래 직숙을 하네 青燈漢署間
황향의 선석온침(扇席溫枕)[216] 하지 못하고 黃香曠扇枕

214 일기청에 직숙하였는데 : 번암은 1746년(영조22) 9월부터 1747년 11월까지 권지승문원부정자로서 몇 차례 일기청 낭청에 차임되었다. 당시 일기청에 정리해야 할 일기의 분량이 많아지자 임시방편으로 낭청의 수를 늘려 일기의 정리 작업에 투입했던 것으로 보인다.《承政院日記 英祖 22年 9月 25日, 10月 20日》 번암이 정식으로 익릉 별검(翼陵別檢) 직책에 임명된 것은 1747년 8월이었다.

215 풍가(馮歌) : 전국 시대 제(齊)나라 사람 풍환(馮驩)이 맹상군(孟嘗君)의 문객(門客)으로 있을 때 제대로 대접을 받지 못하자 자신의 불우한 처지를 토로한 노래이다. 이를 장협가(長鋏歌)라고도 한다.《戰國策 齊策4》 여기서는 객지살이의 고달픔을 말한 것이다.

216 황향(黃香)의 선석온침(扇席溫枕) : 부모님께 효도하는 것을 말한다. 후한(後

꿈에 멀리 부모님을 뵈러 가도다 歸夢度河關

공경히 아버님의 원운을 첨부하다 敬附家大人原韻

말 위에서 석 달 봄을 눈물 흘리고 馬上三春淚
견여에 올라 애써 얼굴을 펴네 肩輿强解顔
한 병 술을 일 때문에 물리쳤더니 一壺乘務屛
두 척 배가 고기 잡아 돌아왔어라 雙艇報漁還
강 굽이에 그대로 자리를 펴고 展席仍江曲
돌 사이에 솥단지를 옮겨 놓았네 移廚復石間
지는 봄날 그리움에 시름 깊으니 殘花更愁思
목릉관[217]은 도대체 어디이런가 何處穆陵關

이때 상사(喪事)가 있어서 먼 길을 다녀왔기 때문에[218] 기구(起句)에 언급하였다.

漢) 때 황향이 9세에 어머니를 여의고 지극한 효성으로 아버지를 섬겨, 여름에는 베개에 부채질을 해 드리고 겨울에는 자신의 몸으로 잠자리를 데워 드렸던 고사를 인용한 것이다. 《後漢書 卷80上 黃香列傳》

217 목릉관(穆陵關) : 중국 산동성(山東省) 임구현(臨朐縣) 남쪽에 있는 험한 요새인데, 여기서는 아들 번암이 있는 한양을 가리키는 말인 듯하다. 이백(李白)의 시 〈만분가(萬憤歌)〉에 "형제가 구강과 삼협으로 갈라지니, 슬프게도 날아가서 만날 수가 없구나. 목릉관 북쪽에는 아들 있어 걱정하고, 예장 하늘 남쪽에는 늙은 처가 머물도다.〔兄九江兮弟三峽, 悲羽化之難齊. 穆陵關北愁愛子, 豫章天南隔老妻.〕"라고 하였다.

218 상사(喪事)가……때문에 : 누구의 상인지는 분명하지 않으나, 번암 집안의 상사로 고향인 홍주(洪州)에 다녀온 것으로 추측된다.

도포에 오르다

登桃圃

도성이 가깝다고 말할 만한데	可說朱城近
붉고 푸른 산기운이 자욱하여라	於焉紫翠濃
자리 옆에 만 채의 가옥 보이고	席邊生萬屋
숲 틈으로 삼각산이 드러나도다	林隙出三峯
경치 맑아 새와 함께 살고 싶으니	淡欲隣棲鳥
돌아가면 금루(禁漏)가 울린 뒤리라	歸應後禁鍾
초가지붕 덮을 풀이 마땅찮다면	誅茅如不爽
계수나무 가지 잡고 따르고 싶네[219]	攀桂願相從

219 계수나무……싶네 : 《초사(楚辭)》 〈초은사(招隱士)〉에 "계수나무 가지를 부여잡고서 편히 오래 머무르네.〔攀援桂樹兮聊淹留〕"라고 한 데서 온 말로, 계수나무 가지로 지붕을 이고 산속에 은거하고자 한다는 뜻이다. 즉 누구인지는 모르지만, 도포(桃圃)에 같이 올라서 시를 짓는 사람과 산속에서 함께 은거하고자 한다는 말이다.

우거(寓居)하는 밤

寓夜

객수(客愁)로 적적하게 벽에 기대 앉았는데	羈愁寂歷倚簷楹
집집마다 다듬이질 소리 크게 나는구나	萬戶涼陰殷杵聲
열흘 동안 비접하며 약봉지를 안고 사니	避地一旬憐藥裹
집을 떠난 온갖 번민 새벽까지 이어지네	離家百慮到鷄鳴
돌아가는 구름이 보슬비를 뿌린 뒤에	歸雲拖送纖纖雨
조각달이 어두운 성 한쪽에서 생겨나네	缺月欹生黯黯城
금강산 유람 기회 저버리고 말았는데	辜負金剛風馭善
지금도 부끄럽게 세속 일에 묶여 있네	至今猶愧泥塵纓

지난번에 이숙(李叔)[220]이 금강산 유람을 떠날 적에 나더러 함께 가자고 하였는데, 내가 일기청의 일 때문에 가지 못하였다.

220 이숙(李叔) : 번암의 외종숙 이지회(李之晦, ?~1771)이다.

객지의 밤

客夜

전갈이 쏘아 대고 이가 뜯으니　　愁蠍兼愁蚤
남의 집에 붙어살기 쉽지 않구나　　人家爲客難
집들 위에 달빛은 고요하건만　　月臨千戶靜
새벽까지 벌레는 차갑게 우네　　蟲到五更寒
땅이 좁아 닭과 개가 이웃해 있고　　地迮隣鷄犬
호수 개어 물고기를 잡는 꿈 꾸니　　湖晴夢罩竿
아득한 고향 집은 어드메일까　　鄕山杳何許
새벽 구름 끝으로 눈길 돌리네　　流眺曙雲端

가은[221]의 집에서 더위를 피하다

街隱宅避暑

푸른 수풀 위에는 새가 있는데	青林上有鳥
나는 심군 집에서 술에 취하네	吾醉沈君家
도성 문엔 좋은 수레 넘치거니와	翠蓋東華滿
이 언덕엔 시원한 바람이 부네	流颸此岸多
매미 우니 산빛이 고요해지고	蟬鳴山色靜
바둑판을 거두자 해가 기우네	棋罷竹陰斜
세속의 공명 따윈 상관치 않고	脫略名場事
시를 지어 기개를 과시하노라	新詩意氣誇

221 가은(街隱) : 심야(沈埜, 1696～?)의 호로, 본관은 청송(青松), 자는 질보(質夫)이다. 1721년(경종1) 생원시에 합격하였고, 1730년(영조6) 정시(庭試)에서 병과(丙科)로 합격하였다. 《文科榜目》 병조 낭청을 지냈다는 기록이 《영조실록》에 보인다. 《英祖實錄 39年 12月 12日》 자세한 인적 사항은 알 수 없지만 번암이 그를 '심숙(沈叔)'으로 지칭한 것으로 보면 번암의 자형(姊兄)인 심지연(沈祉衍) 집안 쪽 사람인 듯하다. 《樊巖集 卷5 許晉卿宅小集歸次街隱沈叔韻却呈諸公案下》

6월 22일에 집을 세내어 아유현[222]으로 오다
六月二十二日 賃宅來鵝遊峴

가을이 가까워져 벌레가 우니	蟲語新秋近
아유현 옛 고개가 그윽도 하네	鵝遊古峴幽
가난해도 산을 사서 이르렀으니	貧猶買山到
하늘이 구름 쓸고 머물게 했네	天許掃雲留
처마는 먼 남산을 마주하였고	簷敞終南逈
들보는 뜬 적안[223]에 의지하였네	樑依赤岸浮
평생토록 청빈함을 지켜 온지라	百年淸自守
만사를 도모함이 졸렬하여라	萬事拙爲謀

222 아유현(鵝遊峴) : 어디를 가리키는지 알 수 없다. 시의 내용으로 보면 아현(阿峴)을 달리 부른 말일 수도 있다.

223 적안(赤岸) : 남대문 밖인 듯하나 어디를 가리키는지 알 수 없다.

6월 그믐날 생원 황선여[224]가 찾아오다

六月晦日 黃上舍善汝見訪

계절은 곧 가을이 되려 하는데	天欲生秋序
정오에 그대 나를 찾아왔어라	君來正午時
원헌처럼 생풀로 지붕을 덮고[225]	青蒿原憲室
자운의 서재에서 현경을 쓰네[226]	玄草子雲帷
매미 우는 나무 아래 바둑을 두고	棋局偎蟬進
회나무 숲 사이로 남기(嵐氣)를 보네	峯嵐闖檜知
시에 관한 이야기 끝이 없으니	論詩語不盡
다시 한 번 내 집으로 와 주려는지	重肯許相隨

224 황선여(黃善汝) : 황사술(黃思述, 1722～?)로, 본관은 상주(尙州), 호는 청휘자(淸暉子)이며, 선여는 그의 자이다. 1747년(영조23) 생원시에 합격했다는 기록이 보인다. 오광운(吳光運)의 제자이며, 시에 뛰어났다고 한다. 《樊巖集 卷50 淸暉子詩稿序》《澹人集 卷17 刑曹參判磻溪黃公行狀》

225 원헌(原憲)처럼……덮고 : 원헌은 공자의 제자이다. 원헌이 가난하여 생풀을 엮어 지붕을 덮고 쑥대로 문을 내고 뽕나무로 지도리를 삼았는데, 자공(子貢)이 집에 찾아와서 야윈 모습의 원헌을 보고는 왜 그렇게 병색이 있냐고 물었다. 이에 원헌이 "재물이 없는 것을 가난이라고 하고, 도를 배우고서 행하지 않는 것을 병이라고 들었네. 나는 가난할지언정 병이 들지는 않았네."라고 하니 자공이 부끄러운 기색을 지었다. 《莊子 讓王》 자신의 집을 원헌의 집에 빗댄 것이다.

226 자운(子雲)의……쓰네 : 자운은 한(漢)나라 양웅(揚雄)의 자이다. 양웅은 가난 속에서도 명리(名利)만을 추구하는 세태에 휩쓸리지 않고 칩거하며 저술에 몰두하여 10여 만 자나 되는 《태현경(太玄經)》을 저술하였다. 《漢書 卷87 揚雄傳》 여기서는 자신이 학문에 몰두하는 모습을 표현한 것으로 보인다.

선여가 화운하므로 밤에 앉아서 같은 운으로 3수[227]를 지어서 다시 주다

善汝見和 夜坐三疊却寄

나무꾼이 돌아간 저문 숲길을	樵歸蘿徑暮
식후에 홀로 한참 서성이는데	行飯獨移時
강 언덕엔 불빛이 반짝거리고	渚火來憑岸
걷어 놓은 휘장에는 별이 보이네	林星赴卷帷
이름은 외루 따라 버려졌지만[228]	名從畏壘廢
마음은 옛사람이 알아주리라	心許古人知
시 상자가 차가워서 깜짝 놀라니	驚怪詩函冷
칠월의 찬 바람 곧 불어오리라	霜飆七月隨

두 번째 其二

여름 강을 노래한 그대 오언시	江夏五言句

227 3수 : 제목과 달리 첩운(疊韻)한 시는 2수이다. '三' 자가 오자인지 문집을 편집할 때 1수가 삭제된 것인지 알 수 없다. 어쩌면 앞의 원시까지 포함해서 3수라고 한 것일 수도 있다.

228 이름은……버려졌지만 : 외루(畏壘)는 춘추 시대 노(魯)나라 지역의 산 이름이다. 경상초(庚桑楚)가 노담(老聃)의 도를 터득하고 북쪽 외루산으로 가서 은거하였던 데서 인용한 것으로, 흔히 풍속이 순박한 시골을 가리킨다. 《莊子 庚桑楚》 여기서는 자신이 산속에 은거하여 세상 사람들에게 잊힌 존재가 되었다는 뜻으로 한 말이다.

잎 하나가 떨어지는 가을[229]에 왔네	新秋一葉時
벌레 소리 푸른 풀에 퍼져 나가고	蟲聲延碧草
달빛은 먼 휘장에 흩어지누나	月色散遙帷
도성이건 산속이건 상관있으랴	喧靜誰非適
안개 노을 오랜 벗과 다름이 없네	煙霞如故知
그대 부디 그윽한 뜻을 발하여	須君用幽意
야외로 내게 자주 들러 주게나	野外數追隨

229 잎 하나가……가을 : 《회남자(淮南子)》 〈설산훈(說山訓)〉에 "잎새 하나가 떨어지는 것을 보고 한 해가 저물어 가는 것을 안다.〔見一葉落而知歲之將暮〕"라고 하였는데, 이는 나뭇잎 하나가 떨어지는 것을 보고 가을이 임박하였음을 안다는 뜻이다. 여기서는 6월 그믐날이기 때문에 가을이 임박했다는 의미로 인용한 것이다.

밤에 집 뒤의 망호대에 오르다

夜登屋後望湖臺

어두워서 강가 모래 보이지 않고	江沙暝不見
보이는 건 자욱한 연무뿐이네	所見只平煙
위로는 날아오는 달이 있어서	上有飛來月
아득히 넓은 하늘 열어 주도다	能開無限天
횃불을 든 나무꾼은 흥얼대며 사라지고	樵謳涉烽盡
종루(鐘漏) 소리 나기 전에 귀뚜리가 먼저 우네	蛩語在鍾先
삼복이 다 지나지 않았는데도	未盡三庚度
괴이하게 가을 기운 확연하구나	秋涼怪爾顚

벽에 쓰다

題壁

뱁새가 깃드는 데 동쪽 서쪽 가릴쏜가	鷦棲未必擇西東
연하가 세상 먼지 등진 것을 기뻐할 뿐	直喜煙霞背軟紅
한쪽으로 숲이 열려 새벽빛이 먼저 들고	一面林開先曙色
백 년토록 땅 궁벽해 가을바람 일찍 부네	百年地逈早秋風
촌마을에 매미 소리 들렸다가 끊어지고	數家喧寂蟬來往
칠월의 산과 내에 비가 줄곧 내리누나	七月溪山雨始終
금종 소리 난 뒤에도 솔문을 열어 두니	鍾後松門多不掩
친구들 한밤중에 자유롭게 찾아오네	故人笻屐夜能通

대에 올라

登臺

평평하게 산자락이 끊어진 곳에	平平山斷處
시냇물이 흘러가고 옆엔 모래밭	承以水兼沙
땅은 매인 데 없는 사람과 맞고	地合人疎放
담은 트여 달빛을 가리지 않네	墻無月蔽遮
가을 성에 촉촉이 이슬 내리고	秋城滴華露
저문 들에 아련히 남은 노을빛	暝野逗殘霞
여기에서 참된 정취 이루어지니	卽此成眞趣
초연하여 이런저런 말을 않노라	翛然不用誇

서늘한 밤에

涼夜

나뭇잎은 저 홀로 소리 내는데	葉聲非爲客
나그네의 귀가 먼저 감지하도다	客耳自能先
시서를 읽는 데는 게을러지고	疎闊詩書事
별이 뜬 밤하늘은 툭 트였어라	泬寥星斗天
가을 기운 하루하루 짙어져 가니	秋涼多昨日
흘러가는 세월이 아까울 따름	吾意惜流年
성안에서 다듬이질 소리 들려와	莫使城砧動
긴긴 밤 잠 못 들게 하지 말기를	超超易失眠

강자무와 희원이 삼각산으로 유람을 떠나니, 매우 멋진 정취이다. 내가 시를 짓지 않을 수 없기에 대략 이렇게 써서 주다

姜子茂與希遠 往遊三角 甚逸趣也 不可無吾詩 聊草此以贈

대지에 우뚝이 선 삼각산으로　　大地三峯立
가을날 두 사람이 유람 떠나니　　淸秋二子行
많은 잎들 속에서 시를 지은 뒤　　詩應萬葉裏
냇물 소리 들으며 잠을 자리라　　眠處百川聲
새는 멀리 온왕의 동산[230]에 날고　　鳥下溫王苑
북한산성 위로 하늘 맞닿았으리　　天垂漢北城
지난날 곡강[231]에서 흥에 취하여　　曲江前日興
이끼 벽에 이름 쓴 일 떠올려 보네　　苔壁憶題名

내가 일찍이 과거 급제자로서 가서 노닐었기 때문에 언급하였다.

230 온왕(溫王)의 동산 : 송파구 풍납동 일대를 가리킨다. 백제의 시조인 온조왕(溫祚王)이 이곳에 도읍을 정하고 위례성을 쌓았다.

231 곡강(曲江) : 중국 장안(長安) 근처의 물 이름이다. 당(唐)나라 때 진사 급제자를 방방(放榜)한 뒤 이들을 곡강 옆 정자에 모아 놓고 베풀었던 주연을 곡강연(曲江宴) 또는 문희연(聞喜宴)이라고 하였다. 여기서는 대과 급제자들에게 베풀었던 연회를 이른다.

가을밤에 즉흥적으로 읊다

秋夜卽事

앞서거니 뒤서거니 흐르는 구름	流雲互相越
그 사이로 간간이 별이 보이네	往往星在中
어두워진 풀밭에는 귀뚜리 울고	草暗蛩聲進
빈 처마엔 시냇물의 기운 통하네	簷虛澗氣通
비가 오지 않는데도 대자리 차고	簟涼非爲雨
선들선들 부는 바람 숲을 흔드네	林動自然風
남쪽 고을 서신은 아득도 하니	寥闊南州信
하늘 멀어 기러기 못 오는 건가	天長未早鴻

국포 강공[232]의 옛집을 지나다

過菊圃姜公舊第

천지는 날마다 황폐해지고　天地日以荒
인생은 덧없이 흘러가는데　人生日以浮
완연하게 보이는 국포 어른 댁　宛爾菊老宅
구석진 서엄[233] 아래 남아 있어라　在彼西崦幽
작고하신 때가 바로 어제 같건만　曾簀如昨日
어느새 몇 년이나 세월이 갔네　歲月已幾周
버들가지에서 매미 슬프게 우니　哀蟬鳴柳條
가을이 다가온 걸 탄식하노라　慨然天氣秋
문생들이 제각각 흩어진지라　組帶各星散
만나면 옛 생각에 눈물 흘리네　相逢淚輒流
저토록 아름다운 군자였으니　有斐彼君子
물어뜯는 탁세[234]에 살려 했으랴　濁世噬肯留
현포는 아득하여 만날 수 없고[235]　玄圃漭有無

232 국포(菊圃) 강공(姜公) : 강박(姜樸, 1690~1742)으로, 본관은 진주, 자는 자순(子淳)이며, 국포는 그의 호이다. 문장으로 이름이 높았고, 특히 오상렴(吳尙濂), 채팽윤(蔡彭胤) 등의 시맥(詩脈)을 계승한 것으로 알려져 있다. 번암의 부친 채응일(蔡膺一), 처삼촌인 오광운(吳光運)과 깊이 교유하였으며, 번암이 그를 스승으로 섬겼다.

233 서엄(西崦) : 경기도 고양과 양주(楊州) 경계 지역에 위치했던 서산(西山)을 가리키는 듯하다.

234 물어뜯는 탁세(濁世) : 당쟁이 극심하던 당시의 정국을 두고 한 말이다.

패옥 소리 아련하여 찾기 어렵네[236]	玉佩僾難求
깊숙이 간직해 둔 공의 시문들	幽幽彼篋笥
아름다운 광채를 절로 발하니	光氣爛不收
주완은 작은 흠도 볼 수 없었고[237]	周琬絶瑕纇
한정은 태산처럼 무거웠어라[238]	漢鼎重山丘
그 말에는 인의가 애연(藹然)했으니	其言藹仁義
형식적인 일에 어찌 마음 썼으랴	豈伊營雕鎪
오호라 천지간의 학설 가운데	嗚呼天壤間
허황되지 않은 것이 우리 도이니	吾道不謬悠
가만히 인간 세상 내려다보면	俯視人間世
새들이 조잘대는 형국이리라	衆鳥紛啁啾

235 현포(玄圃)는……없고 : 현포는 곤륜산(崑崙山) 정상에 있다는 신선의 거처이다. 멀리 신선 세계로 떠나 버린 강박을 만날 길이 없다는 뜻으로 한 말이다.

236 패옥……어렵네 : 역시 강박의 모습을 찾아볼 수 없다는 뜻이다.

237 주완(周琬)은……없었고 : 주완은 주나라 때 천자가 제후에게 내려 주던 둥근 홀(笏)이다. 여기서는 강박의 글이나 주장에 흠결이 없었다는 뜻을 담고 있다. 강박이 1715년(숙종41) 식년 문과에 을과로 급제한 뒤 홍문관 정자로서 척신(戚臣) 민진원(閔鎭遠), 어유귀(魚有龜) 등을 탄핵하다가 안주(安州)에 유배되었던 일을 두고 한 말로 보인다. 강박은 1727년(영조3)에도 홍문관 수찬으로서 경연 석상에서 윤지술(尹志述)을 탄핵하다가 파직된 적이 있다.

238 한정(漢鼎)은 태산처럼 무거웠어라 : 한정은 한(漢)나라의 국운으로, 곧 종묘사직을 뜻한다. 강박의 노력으로 종묘사직이 안정될 수 있었다는 말이다.

진 시황

秦始皇

우레가 내리치듯 분서갱유(焚書坑儒) 명하던 날	焚書詔下疾雷驅
하늘이 어리석다 비웃고 있었으리	暗裏天神笑爾愚
제멋대로 선비들을 형곡[239]으로 유인하니	浪敎章甫歸硎谷
구덩이에 묻던 때에 복자[240]가 없었던가	坑得當年伏子無

239 형곡(硎谷) : 여산(驪山)의 골짜기 이름이다. 진 시황(秦始皇)이 분서갱유하던 당시 형곡에 함정을 만들어 놓고, 한겨울에 과실이 달렸다면서 선비들을 유인하여 한꺼번에 죽여 그 골짜기에 묻었다 한다.《古文奇字 序》

240 복자(伏子) : 복생(伏生)이라는 이름으로 널리 알려진 복승(伏勝)이다. 진 시황이 분서(焚書)할 때 백 편의《상서(尙書)》를 벽 속에 감춰 두어 후세에 전하였다.

주 무왕
周武王

제후가 땅이라면 천자는 하늘이니	侯藩如地帝如天
〈태서〉에 대해서는 항상 유감스러웠네[241]	憾意常存泰誓編
기자가 〈홍범〉에서 이륜 서술 안 했다면	不緣箕子彝倫敍
무왕이 성인의 도 전했음을 누가 알랴[242]	誰識周王聖道傳

241 제후가……유감스러웠네 : 주나라 무왕(武王)이 제후의 신분으로 천자국인 은(殷)나라를 정벌한 것이 마뜩하지 않았다는 뜻이다. 〈태서(泰誓)〉는 《서경(書經)》 주서(周書)의 편명으로, 무왕이 은나라를 정벌할 때 군사들에게 맹세한 말을 기록한 것이다.

242 기자(箕子)가……알랴 : 〈홍범(洪範)〉 역시 주서의 편명이다. 무왕이 기자에게 천도(天道)를 물었을 때 기자가 이 〈홍범〉을 가지고 대답했다고 한다. 즉 무왕이 기자에게 천도를 물었기 때문에 성인의 도를 기술한 〈홍범〉이 세상에 전해지게 되었다는 뜻으로 한 말이다.

연 태자 단[243]

燕丹

많고 많은 책 속에서 영웅들을 세어 보면	斑斑簡策數英雄
여색 멀리하고서야 큰 공을 이뤘는데	遠色方成不世功
어찌하여 형경에게 중임을 맡기던 날	如何托重荊卿日
태자가 미녀들을 그에게로 보냈던가[244]	美女多從太子宮

243 연(燕) 태자 단(丹) : 전국 시대 연나라의 태자이다. 진(秦)나라에 볼모로 잡혀 가서 수모를 겪다가 간신히 연나라로 돌아온 뒤에 복수하기 위해 개백정인 형가(荊軻)를 보내서 진 시황(秦始皇)을 척살(刺殺)하려다가 실패하였다. 이에 진 시황이 노하여 연나라를 멸망시키자, 연왕이 태자의 목을 베어 진(秦)나라에 바쳤다. 《史記 卷34 燕召公世家, 卷86 刺客列傳 荊軻》

244 어찌하여……보냈던가 : 태자 단이 형가에게 진 시황의 시해를 부탁할 당시 그의 수락을 얻기 위해 수레와 미녀 등을 보내 주었던 것을 두고 한 말이다. 즉 여색으로 형가를 회유하려 한 태자 단의 행동이 그릇되었다는 뜻이다. 형경(荊卿)은 형가의 다른 칭호이다. 위(衛)나라 사람인 형가를 연나라 사람들은 '형경'이라고 불렀다.

한 무제

漢武帝

무단히 관료들을 백량대[245]에 불러 모아	簪佩無端會柏梁
국풍 시 외에 따로 사장을 만들었네[246]	國風詩外刱詞場
화려하게 조탁하는 당나라의 문풍은	李唐彫繢浮華習
폐단이 한나라의 무제에서 시작됐네	禍首當年漢武皇

245 백량대(柏梁臺) : 한 무제(漢武帝)가 장안(長安)에 세운 대(臺)이다. 무제가 그 위에서 신하들과 연음(宴飮)을 하며 구(句)마다 압운(押韻)을 하는 칠언시(七言詩)를 짓게 하고, 화답하는 노래를 잘 짓는 신하만 누대 위에 올라가도록 허락한 고사가 전하는데, 여기에서 유래하여 칠언시를 후대에 백량체(柏梁體)라고 부르게 되었다.《三輔黃圖 卷5 臺榭》

246 국풍(國風)……만들었네 : 국풍은《시경》의 국풍으로, 주(周)나라부터 춘추 시대까지 제후국에서 불렸던 민간의 시가(詩歌)이다. 한 무제가 민속의 교화를 위한 질박한 시가 이외에 문학으로 재주를 겨루는 장(場)을 만들었다는 뜻이다.

한 선제

漢宣帝

순량이 다 백성에게 은택을 베푸는데	循良箇箇澤黎元
처음으로 집정 대신 될 수 있게 허락하니[247]	始許官居鼎鼐尊
쇠퇴한 세상에서 허풍이나 뻥뻥 치며	勝似虛泡衰世界
본질 두고 말만 하는 것보다는 나으리라	治謨不務務空言

247 순량(循良)이……허락하니 : 순량은 공무를 중히 여기고 법을 지키는 선량한 지방관이다. 선제(宣帝)는 백성들의 질고를 잘 알고 있었으므로 지방관의 역할을 특별히 중시하여, 치적이 있는 지방관은 새서(璽書)로 권면하고 금을 하사하기도 하였으며, 그중에서도 두드러진 사람은 품계를 높여 주고 관내후(關內侯)나 공경 대신(公卿大臣)으로 임명하기도 하였다. 《漢書 卷89 循吏傳》

왕소군[248]
王昭君

공손하게 서자를 고소대에 바친 것[249]은	恭將西子獻姑蘇
오나라를 낚으려는 월려[250]의 큰 꾀였네	越蠡深謀爲參吳
고운 얼굴 용정 치는 도끼로 삼았다면	蛾眉若作龍庭斧
모생의 거짓 초상 원망하지 않았으리[251]	不怨毛生枉畫圖

248 왕소군(王昭君) : 한 원제(漢元帝) 때 흉노의 호한야(呼韓邪) 선우(單于)의 비가 된 비운의 여인으로, 명비(明妃)라고도 한다. 원제가 화공(畫工)에게 궁녀의 초상화를 그리게 하여 마음에 드는 궁녀를 침소로 불렀기 때문에 대부분의 궁녀들이 초상화를 예쁘게 그려 달라고 화공에게 뇌물을 주곤 하였다. 그러나 미색이 뛰어난 왕소군은 뇌물을 주지 않았으므로 화공이 왕소군의 얼굴을 밉게 그려 황제의 은총을 입지 못하였다. 그러다가 흉노의 선우가 미인을 요구하자 왕소군을 보내기로 하였는데, 출발할 때 왕소군의 아름다운 모습을 본 원제가 후회하며 농간을 부린 화공 모연수(毛延壽) 등을 처형하였으나, 왕소군은 어쩔 수 없이 삭막한 북방 지역으로 가서 선우의 비로 평생을 살아야 했다. 《漢書 卷94 匈奴傳下》《後漢書 卷89 南匈奴列傳》

249 서자(西子)를……것 : 서자는 춘추 시대 월(越)나라의 미인 서시(西施)이고, 고소대(姑蘇臺)는 오왕(吳王) 부차(夫差)가 고소산(姑蘇山) 위에 지은 대(臺)의 이름이다. 월나라 구천(句踐)이 부차에게 패한 뒤에, 구천의 모신(謀臣) 범려(范蠡)가 오나라를 망치려고 서시를 부차에게 바쳤다. 부차가 서시를 위해 고소대를 짓고 날마다 이곳에서 연회를 즐기고 미인계에 빠져 결국 월나라에 멸망당하였다. 《吳越春秋 卷9 句踐陰謀外傳》

250 월려(越蠡) : 월나라 범려(范蠡)를 이른다.

251 고운……않았으리 : 용정(龍庭)은 본래 흉노의 선우가 천지의 귀신에게 제사 지내는 장소인데, 여기서는 흉노의 조정을 가리킨다. 이 두 구는 왕소군의 입장에서 한 말로, 월나라가 서시를 보내 미인계로 오나라를 멸망시켰던 것처럼 한나라 조정에서 자신을 흉노를 치는 도구로 삼으려 했다면, 화공 모연수가 자신의 초상을 추하게 그렸던 것도 원망하지 않았을 것이라는 뜻이다.

조비연[252]

趙飛燕

화수가 하늘 삼켜 한화가 다했으니[253] 禍水滔天漢火窮

유보가 간하여도 아무 소용 없었네[254] 諫如劉輔亦無功

원황제는 무고한 모연수를 죽였지만 元皇枉殺毛延壽

252 조비연(趙飛燕) : 한(漢)나라 성제(成帝)의 황후인 조 황후(趙皇后)를 가리킨다. 원래는 양아공주(陽阿公主) 집안의 가녀(歌女)였는데, 몸이 가볍고 춤을 잘 추어 비연(飛燕)이라 불렸다. 성제가 공주의 집에 들렀다가 보고 반해서 궁궐로 불러들여 후궁으로 삼았고, 뒤에 황후로 책봉하기에 이르렀다. 또 성제는 조비연의 여동생 합덕(合德)도 후궁으로 들여 총애하였다. 조비연과 합덕 모두 슬하에 자식을 두지 못하였는데, 다른 후궁이 아들을 낳으면 곧바로 살해하는 등 갖은 악행을 저질렀다. 애제(哀帝) 때 황태후(皇太后)가 되었으나, 평제(平帝)가 즉위한 후 서민(庶民)으로 강등되어 내쳐지자 자결하고 말았다. 《漢書 卷97 外戚傳 孝成趙皇后》

253 화수(禍水)가……다했으니 : 화수는 사람을 미혹시키고 일을 그르치게 하는 여자로, 여기서는 조비연과 그 동생 합덕(合德)을 가리킨다. 한화(漢火)는 한나라의 국운으로, 오행설(五行說)에서 한나라가 화(火)로 흥기했다고 보는 데서 나온 말이다. 즉 미색에 현혹되어 한나라가 망하고 말았다는 뜻이다. 한나라 성제가 합덕을 침소로 들이게 하자, 선제(宣帝) 때의 피향박사(披香博士)인 탁방성(淖方成)이 성제의 등 뒤에서 침을 뱉으며 "이자는 화를 일으킬 물이니, 반드시 불을 끄고야 말 것이다.〔此禍水也, 滅火必矣.〕"라고 말하였다. 《趙飛燕外傳》 탁방성의 이 말은 합덕이 총애를 받을 경우에는 물이 불을 끄듯이 한나라를 멸망시킬 것이라는 뜻이었다 한다.

254 유보(劉輔)가……없었네 : 성제가 조비연을 황후로 세우고자 하여 먼저 조비연의 아버지를 열후(列侯)로 봉하는 조서를 내렸을 때 간대부(諫大夫) 유보(가 상소하여 극력 반대하였는데, 성제는 그 말을 듣지 않고 유보를 궁중의 비밀 감옥에 가두어 버렸다. 《漢書 卷77 劉輔傳》

왕소군을 한궁으로 오게 하진 않았지[255] 不使昭君近漢宮

255 원황제(元皇帝)는……않았지 : 모연수(毛延壽)는 한 원제(漢元帝) 때의 화공(畫工)이다. 자세한 내용은 338쪽 주248 참조. 한나라 원제와 성제는 모두 여색에 빠져 정사를 어지럽힘으로써 한나라를 멸망으로 치닫게 한 군주들이다. 원제는 왕소군(王昭君)의 일을 겪고도 여색에 빠진 자신을 반성하지 못하고 초상화를 왜곡되게 그린 화공을 죽였지만, 흉노에 대한 약속을 어기고 왕소군을 한나라 궁궐에 남겨 두거나 돌아오게 함으로써 더 큰 화란을 초래하지는 않았다는 점에서 성제보다는 낫다는 뜻이다.

궁중행락사[256]

宮中行樂詞

자른 구름 새긴 달로 아리땁게 배회하니[257]	裁雲鏤月妙徘徊
군왕께서 장시간을 기뻐하며 즐기시네	長得君王喜色開
궁중의 풍악 소리 궐 밖까지 들리는데	宮裏鼓鍾聲聞外
‘문(聞)’ 자는 거성(去聲)이다.[258]	
내일 아침 간언하는 글이 올라오려는지	明朝能有諫書來

256 궁중행락사(宮中行樂詞) : 악부(樂府) 근대곡사(近代曲辭) 가운데 하나이다. 이백(李白) 등의 작품이 있다.

257 자른……배회하니 : 아름다운 비단옷과 달 모양의 부채를 든 악공과 무녀(舞女)들이 가무(歌舞)를 펼친다는 뜻이다. 당(唐)나라 이의부(李義府)의 〈당당사(堂堂詞)〉에 “달을 아로새겨서 가선 만들고, 구름을 재단하여 무의 만드네.〔鏤月成歌扇, 裁雲作舞衣.〕”라고 한 데서 나온 말이다.

258 문(聞) 자는 거성(去聲)이다 : ‘聞’이 ‘들리다’라는 피동사(被動詞)로 쓰였다는 것이다.

이윤[259]

伊尹

삼 년의 양암 중에 왕이 어찌 말을 하랴[260]	三年諒闇帝何言
동궁에서 바로 모셔 지존으로 받들었네[261]	暫起桐宮奉至尊
《추서(鄒書)》에 방이라는 글자 쓰고 난 뒤로는[262]	一自鄒編書放字

259 이윤(伊尹) : 은(殷)나라 탕(湯)을 도와 하(夏)나라를 정벌한 대신(大臣)이다. 이름은 이(伊)이고 또 다른 이름은 지(摯)이다. 윤(尹)은 관명(官名)이다. 탕이 죽은 뒤 아들 외병(外丙), 중임(中壬) 두 왕을 계속해서 보좌하였다. 중임에 이어 탕의 손자인 태갑(太甲)이 왕위를 계승하였으나, 탕이 이루어 놓은 법을 준행하지 않고 국정을 돌보지 않았다. 이에 이윤이 탕의 무덤이 있는 동(桐)에 궁궐을 짓고 태갑을 그곳으로 보내어 덕을 닦게 했다가, 태갑이 동궁에서 착실하게 집상(執喪)을 마치자 이윤이 면복(冕服) 차림으로 수도로 모셔 갔다고 한다.《書經 太甲》 그러나 《사기(史記)》 권3 〈은본기(殷本紀)〉 등 여러 책에는 이윤이 태갑을 내친〔放〕 것으로 기록되어 있다. 이 시에서 번암은 이윤이 태갑을 동궁으로 보낸 것은 신하로서 왕을 내친 게 아니라, 선왕의 묘소 옆에서 거상하며 스스로의 행실을 반성하게 하기 위함이었다는 견해를 보이고 있다.

260 삼 년의……하랴 : 양암(諒闇)은 고대에 상주(喪主)가 거처하던 방으로, 황제의 거상(居喪)을 의미하는 말로 쓰인다. 왕이 상을 당하면 3년 동안 정사를 직접 돌보지 않고 거상에만 힘을 다하는 것이 예법이었다. 즉 태갑이 동궁에 머무른 것은 선왕의 묘소 근처에서 거상하기 위함이었다는 뜻이다.

261 동궁(桐宮)에서……받들었네 : 삼년상이 끝나자마자 동궁에서 태갑을 맞이하여 보위에 오르게 했다는 뜻이다.

262 추서(鄒書)에……뒤로는 : 《추서》는 《맹자(孟子)》를 지칭한다. 《맹자》 〈만장 상(萬章上)〉에 "태갑이 탕의 떳떳한 법을 뒤엎어 버리므로 이윤이 그를 3년 동안 동읍으로 내쳤다.〔太甲顚覆湯之典刑, 伊尹放之於桐三年.〕"라고 한 것을 말한다.

아형의 억울함을 설파하는 이 없었네[263] 無人說破阿衡冤

'아(阿)' 자는 입성(入聲)이다.[264]

263 아형(阿衡)의……없었네 : 아형은 은나라의 관명(官名)으로, 이윤이 담당했던 사보(師保)의 직책이다. 후대에는 보필하는 재상을 가리키는 말로 쓰였다. 《맹자》에 방(放) 자를 쓴 것 때문에 이윤이 왕을 내친 사람으로 몰렸는데도 아무도 이를 바로잡지 않았다는 뜻이다.

264 아(阿) 자는 입성(入聲)이다 : 아(阿)가 입성일 경우에는 발음이 '옥'인데, 남을 부를 때 친근함을 나타내기 위해서 앞에 붙이는 글자이다. '阿衡'에 대해서는 여러 학설이 있기 때문에 번암의 원주와 상관없이 일반적으로 불리는 '아형'으로 표기하였다.

한 문제
漢文帝

노씨의 책 속에서 스승을 얻었는데[265]	老氏書中能得師
천년토록 한 문제의 치적 높이 꼽았어라	千年獨數漢文治
궐리[266]가 뜻이 깊은 가르침을 남겼건만	非無闕里微言揭
괴이하게 성왕의 도 시행되지 않았도다[267]	怪事皇王不見施

265 노씨(老氏)의……얻었는데 : 한 문제(漢文帝)가 노자(老子)의 《도덕경(道德經)》을 좋아하여 이를 스승으로 삼았다는 말이다. 문제는 《도덕경》을 좋아하여 신하들에게도 읽도록 하고, 해석이 잘 되지 않는 구절을 하상공(河上公)에게 직접 가서 물었다고 한다. 하상공은 하수 가에 은거하던 노인으로, 그의 《도덕경해(道德經解)》 1편이 세상에 전해지고 있다 한다. 《列仙傳》

266 궐리(闕里) : 공자(孔子)가 살았던 마을 이름으로, 공자를 지칭한다.

267 괴이하게……않았도다 : 한 문제가 노자의 사상을 받아들인 것만으로도 선정(善政)을 베풀어 훌륭한 치적을 남겼으니, 공자의 가르침을 따라 정치를 했다면 옛 성인들의 훌륭한 정치를 회복할 수 있었을 것이라는 말이다.

초 양왕[268]

楚襄王

비와 구름 그 자태를 알아볼 수 없으니 　雨態雲容不可詳
꿈속에서 오고 간들 해로울 게 무엇이랴[269] 　夢中來去也何妨
절세미인 나라를 망친다는 걸 알건만 　傾城眞解亡人國
당제는 초 양왕을 배우지 못했어라[270] 　唐帝無由學楚襄

268 초 양왕(楚襄王) : 전국 시대 초(楚)나라 왕이다. 양왕이 운몽(雲夢)에 있는 누대 고당(高唐)에서 놀다가 꿈속에서 무산(巫山)의 선녀를 만나 잠자리를 함께하였는데, 선녀가 이별하는 즈음에 말하기를 "저는 무산의 양지쪽 언덕에 사는데, 아침이면 떠가는 구름이 되고 저녁이면 내리는 비가 되어 매일 아침과 저녁으로 양대(陽臺)의 아래로 내려옵니다."라고 하였다 한다. 여기에서 남녀 간의 사랑을 뜻하는 운우지몽(雲雨之夢)이라는 고사가 생겼는데, 이 시에서는 국왕이 양왕처럼 꿈속에서만 남녀 간의 사랑을 즐긴다면 여색으로 인해 나라를 망치는 일은 없을 것이라는 뜻을 드러내었다.

269 비와……무엇이랴 : 초 양왕은 꿈속에서 무산의 선녀와 사랑을 나누었으니 미인에게 현혹되어 나라를 어지럽힌 것은 아니라는 말이다.

270 당제(唐帝)는……못했어라 : 당제는 당(唐)나라 현종(玄宗)을 가리킨다. 현종이 양 귀비(楊貴妃)에게 빠져 나라를 혼란에 빠뜨렸던 일을 두고, 초 양왕이 꿈속에서 남녀 간의 사랑을 즐겼던 것처럼 하지 못해서 생긴 일이라고 말한 것이다.

우희[271]

虞姬

박명했던 우희와 영화 누린 척희[272]는　虞姬命薄戚姬榮
떨어진 곳 달랐지만 똑같은 꽃이었네[273]　落溷飄筵等是英
필경에는 한궁에서 사람돼지 되었으니[274]　畢竟漢宮人彘辱
초막에서 단숨에 목숨 버린 것 같으랴[275]　爭如楚幕死分明

271 우희(虞姬) : 항우(項羽)의 애첩 우 미인(虞美人)이다. 항우가 유방(劉邦)에게 패하여 오강(烏江)에서 죽던 당시 사태가 돌이킬 수 없다는 것을 알고 하루 먼저 스스로 목숨을 끊었던 비운의 여인이다.

272 척희(戚姬) : 한(漢)나라 고조(高祖)의 사랑을 받았던 후궁 척 부인(戚夫人)이다.

273 떨어진……꽃이었네 : 한 가지에서 핀 아름다운 꽃이 바람에 날려 호화로운 방석에 떨어지기도 하고 더러운 변소에 떨어지기도 하는 것처럼, 우 미인과 척 부인이 운명은 달랐지만 모두 빼어난 미인이었다는 뜻이다.

274 필경에는……되었으니 : 척 부인이 조왕(趙王) 여의(如意)를 낳았는데, 고조가 만년에 여후(呂后)의 소생인 태자(太子)를 폐하고 여의를 태자로 삼으려 하였지만 뜻을 이루지 못하고 세상을 떠났다. 그러자 고조의 사후에 여후가 척 부인의 손발을 자르고 눈을 빼고 귀머거리와 벙어리로 만들어 궁중의 변소에서 살게 하며 '사람돼지〔人彘〕'라고 불렀다.《史記 卷9 呂太后本紀》

275 초막(楚幕)에서……같으랴 : 항우의 군막에서 자결한 우 미인이 치욕을 당하며 산 척 부인보다 훨씬 나았다는 말이다.

동작기[276]

銅雀妓

황폐해진 대 위에서 봄가을로 가무하니	歌舞荒臺春復秋
정 머금은 아녀들도 부끄러운 줄 알았네	含情兒女倘知羞
듣기로 한제께서 붕어하던 날에는	傳聞漢帝崩殂日
유조의 광명함에 무후가 울었다지[277]	遺詔光明泣武侯

276 동작기(銅雀妓) : 동작대(銅雀臺)의 기녀를 읊은 것이다. 동작대는 한(漢)나라를 멸망시키고 위(魏)나라를 건국한 조조(曹操)가 업도(鄴都)에 세웠던 높고 화려한 대이고, 동작대의 기녀는 조조를 생전에 모셨던 궁녀와 기녀들이다. 조조가 죽으면서 유언하기를 "궁녀와 기녀들은 모두 동작대에 소속시켜 두고, 무덤 앞에 6척의 상과 휘장을 설치하고 아침저녁으로 제물을 올리게 하며, 매달 15일에는 휘장을 향해서 음악을 연주하고 춤을 추게 하라."라고 했다고 한다. 《文選 卷30 弔魏武帝文》

277 한제(漢帝)께서……울었다지 : 한제는 촉한(蜀漢)의 선주(先主) 유비(劉備)이고, 무후(武侯)는 제갈량(諸葛亮)이다. 선주가 운명할 때 제갈량에게 뒷일을 부탁하며 유언을 남기기를 "그대는 재주가 조비(曹丕)보다 열 배는 뛰어나니, 반드시 나라를 안정시키고 대업을 이룰 수 있을 것이다. 만약 내 아들이 보필할 만하면 보필하고, 만약 재주가 모자라거든 그대가 나라를 취하도록 하라."라고 하였다. 이에 제갈량이 눈물을 쏟으며 후주에게 충성을 다할 것을 다짐하였다. 《三國志 卷35 蜀書 諸葛亮傳》 촉한의 선주는 국가의 대계(大計)를 위해서 유언을 남겼는데, 위나라 조조가 남긴 유조(遺詔)는 너무도 형편없는 것이었다는 뜻이다.

관산월[278]

關山月

관산에 달이 뜨니 모래벌판 아득한데　　月上關山磧氣嚬

맑은 달빛 비춰 주니 눈물 흔적 새롭구나　　淸光流照淚痕新

군주께선 한밤중에 평양의 가무 보니[279]　　君主夜對平陽舞

관산에서 달을 보는 사람 생각하실는지　　能念關山見月人

278 관산월(關山月) : 한(漢)나라 악부(樂府) 횡취곡사(橫吹曲辭)의 곡 이름에서 따온 제목이다. 북방의 변경 지역을 지키러 간 남편과 그 아내의 이별을 노래하는 내용이 대부분이다.

279 군주께선……보니 : 평양(平陽)의 가무(歌舞)는 한 무제(漢武帝)의 누나 평양공주(平陽公主)의 집에서 벌인 가무이다. 평양공주의 집에 위자부(衛子夫)라는 가녀(歌女)가 있었는데, 무제가 평양공주 집의 연회 석상에서 보고 총애하여 궁중으로 들여 황후로 삼았던 고사가 있다. 《漢書 卷97上 外戚傳上 孝武衛皇后傳》 여기서는 군주가 일신상의 쾌락에 빠져 있다는 뜻으로 쓴 것이다.

채련곡[280]

采蓮曲

웃음 띤 채 화장한 얼굴 물에 비춰 보며	笑把新粧照水中
목란 배가 바람 따라 떠가도록 맡겨 두네	蘭舟容裔任西東
연실이니 공체니 하는 것[281]들 상관 않고	連絲共蔕渾閒事
예쁜 꽃이 붉은빛을 띤 것만을 사랑하네	祇愛嬌花解守紅

280 채련곡(采蓮曲) : 악부 청상곡사(淸商曲辭)의 곡 이름에서 따온 제목이다. 본래는 양 무제(梁武帝)의 〈강남롱(江南弄)〉에서 비롯되었다고 하는데, 연밥 따는 것을 주제로 하여 남녀 간의 사랑을 다룬 내용이 많다.

281 연실이니……것 : 연실은 연뿌리를 잘라서 잡아당기면 나오는 가느다란 실로, 남녀 간의 끈끈한 정을 상징한다. 공체(共蔕)는 한 줄기에 나란히 핀 한 쌍의 연꽃이다. 두 가지 모두 남녀 간의 애틋한 사랑을 표현하는 말이다.

자류마[282]

紫騮馬

편자를 새로 대어 번개처럼 달려가는	新鑿輕蹄赤電馳
자류마의 명성이 온 천하를 흔들었네	紫騮聲價動華夷
군주의 은혜 입어 황금날[283]로 호강하니	主恩已被黃金埒
늙어서 버려져도 어찌 원망하겠는가	老去何須怨棄之

282 자류마(紫騮馬) : 악부 횡취곡사(橫吹曲辭)의 곡 이름에서 따온 제목이다. 자류마는 몸이 붉고 갈기가 검은 명마(名馬)이다.

283 황금날(黃金埒) : 진 무제(晉武帝) 때 왕제(王濟)가 무제의 딸 상산공주(尙山公主)에게 장가들어 극도의 호사를 누렸는데, 땅을 사들여 도랑을 만들고 바닥에는 동전을 깔아 놓고서 말을 타고 달리며 활쏘기를 즐겼다 한다.《晉書 卷42 王濟列傳》 여기서는 말이 젊은 시절 사랑을 듬뿍 받고 온갖 호사를 누렸다는 뜻으로 한 말이다.

번암집

제5권

詩시

익릉 별검에 제수되어 재실로 가다[1]

除翼陵別檢赴齋

고양은 서쪽으로 하룻길도 안 되는데	高陽西出未三飧
팔월의 교산[2]에는 흰 이슬이 차가워라	八月喬山白露寒
작은 다리 앞에서 혼자 웃음 지으니	行到小橋先自笑
몇몇 사람 엎드려서 새 관원을 기다리네	數人低伏候新官

1 익릉 별검(翼陵別檢)에……가다 : 익릉은 숙종의 원비(元妃) 인경왕후(仁敬王后) 김씨(金氏)의 능으로, 경기도 고양시 신도동 소재 서오릉(西五陵)에 있다. 번암이 익릉 별검에 제수된 것은 28세이던 1747년(영조23) 8월이며, 별검은 8품에 해당하는 벼슬이다.

2 교산(喬山) : 옛날 황제(黃帝)를 장사 지냈던 산 이름으로, 여기서는 왕릉(王陵)을 지칭한다.

익릉에 참배하다

謁陵

공손히 선왕후의 능에 절하니	恭拜先王后
별검에 임명되어 내려온 신하	維時別檢臣
달 뜬 밤에 보렴[3]은 처량도 하고	寶奩悽月夜
가을날 새벽에는 석마가 차네	石馬冷秋晨
철이 늦어 골짜기에 꾀꼬리 없고	谷晩無黃鳥
내가 비어 개구리밥 떠 있지 않네	溪虛少綠蘋
푸른빛의 구의산(九疑山)[4]이 멀지 않아서	九疑靑不遠
자욱한 구름 기운 잇닿았어라	雲氣接鱗鱗

3 보렴(寶奩) : 여성들이 단장할 때 사용하는 경대(鏡臺)로, 여기서는 왕비의 혼령을 지칭한다.

4 구의산(九疑山) : 순(舜) 임금을 장사 지낸 곳으로, 여기서는 숙종(肅宗)의 능묘인 명릉(明陵)을 가리킨다. 숙종과 계비 인현왕후 민씨(閔氏)의 능이 쌍릉(雙陵)으로, 인원왕후 김씨(金氏)의 능이 오른편 언덕에 단릉(單陵)으로 조성된 동원이강(同原異岡)의 형식이다.

산을 돌아보다

巡山

높이 솟은 나무들이 빽빽이 두른 산을	蒼蒼雲木晝縈紆
노복의 도움 받아 도보로 둘러보네	步下籃輿倩僕扶
멀리서 잡목 떨기 흔들려 놀랐더니	驚怪榛叢遙颯颯
나무꾼과 다람쥐가 달아나 숨는구나	樵夫走伏與林鼯

재실에서 비 오는 밤에

齋居雨夜

재실에는 즐거운 정취가 적어	齋居寡歡趣
혼자서 노래하고 화답을 하네	獨謠以自和
날 개어도 적막하고 시름겨운데	非雨自愁寂
밤새도록 비가 오니 어떻겠는가	終宵雨奈何
가을바람 온 골짝을 흔들어 대어	西風搖衆壑
윙윙대는 바람 소리 숲을 울리고	林響起交加
귀뚜리는 차가운 빗방울 피해	促織被寒滴
가까이 와서 더욱 울어 대도다	近人鳴復多
방구석엔 깜빡이는 차가운 등불	涼鐙翳室隅
펼쳐 놓은 책들을 비추고 있네	素帙欹以斜
자다 깨어 자주 감회 일으키는 건	寤言屢興感
이해도 어느새 다 지나가서니	玆歲欻蹉跎
장년 시절 오래도록 머물지 않고	盛年難久駐
세월은 물보다도 빨리 흐르네	曜靈劇迅波
위의(威儀)를 네가 닦지 않았으므로	令儀爾弗修
임금님 가까이에 있지 못하니	那怪美人遐
군자는 자신에게 돌이키는 법	君子貴反求
노력하여 아름다움 보전할지니	努力葆瓊華

김천 찰방으로 부임하는 이몽서[5]를 전송하다

送李夢瑞之任金泉郵

늦가을에 김천으로 떠나는 그대　　秋晩金泉道
풍류 있고 용모는 옥과 같도다　　風流玉面郎
땅이 산과 바다에 닿았을 테니　　地應連海嶽
하늘이 준 문장을 시험할 기회　　天與試文章
수레는 기러기를 따라서 가고　　征蓋承飛鴈
말발굽은 찬 서리를 밟을 터인데　　華蹄傲肅霜
연운이 걷힌 날의 경치 읊은 시　　煙雲晴滿篋
하나같이 기이한 기운 넘치리　　異氣一蒼蒼

두 번째 其二

땅은 옛 신라국에 속해 있었고　　壤割新羅國
하늘이 조령 옆에 성을 두었지　　天黏鳥嶺城
짙은 연무 헤치고 역마가 가니　　瘴煙開馹騎
치솟은 나무 위에 문성이 뜨네　　雲木出文星
늙은 용이 사는 못은 물이 검은데　　龍老湫紋黑

5 이몽서(李夢瑞) : 이헌경(李獻慶, 1719~1791)으로, 본관은 전주(全州), 초명은 성경(星慶), 호는 간옹(艮翁)이며, 몽서는 그의 자이다. 1743년(영조19) 번암과 함께 정시 문과에 병과로 급제하였다.

단풍이 물든 산 빛 찬란하리라 楓酣岳氣明
모쪼록 생각하라 소릉의 붓이 須知少陵筆
경치 따라 기이하게 변했던 것을[6] 奇變各隨形

세 번째 其三

동방에 뒤늦게야 태어난 내가 嗟晩生東國
퇴계 선생 계셨다는 말을 들었네 恭聞有退溪
풍진세상 하찮은 관직 지냈고 風塵一官小
기로에서 십 년을 헤매셨다지 歧路十年迷
맑은 냇물 선생의 성품과 같고 川性澄空合
물고기도 그 기상을 닮았으리라 魚情積氣棲
함께 가도 부끄러워 않을 거라면 同車或不愧
나도 따라 그곳으로 가고 싶다오 此地願相携

네 번째 其四

허둥대며 장협가[7]를 부르는 신세 長鋏棲棲者

6 모쪼록……것을 : 소릉(少陵)은 당(唐)나라 시인 두보(杜甫)이다. 이헌경에게 두보처럼 곳곳의 경치를 보며 시를 지어 보낼 것을 당부한 말이다.

7 장협가(長鋏歌) : 벼슬을 그만두고 돌아가고 싶어 한다는 말이다. 전국 시대 제(齊)나라 맹상군(孟嘗君)의 식객 중에 풍훤(馮諼)이라는 자가 있었는데, 그는 본래 별다른 존재감을 보이지 못했기 때문에 맹상군의 부하들이 그를 천대하였다. 그러자 풍훤이 기둥에 기대어 장검(長劍)을 두드리며 자신의 불우한 처지를 토로했는데 이때 부른 노래를 장협가라고 한다. 《戰國策 齊策4》

세월 가니 마음을 가눌 길 없네	難爲歲晩心
서리 내린 대자리를 달이 엿보고	月窺霜簟冷
깊은 능을 하늘이 둘러쌌는데	天繞柏城深
밤새도록 어지러이 나뭇잎 날고	亂葉侵燈語
새벽까지 샘물 소리 들려오누나	遙泉到曉吟
내일 아침 그대를 또 전송한 뒤엔	明朝又送別
적막하게 푸른 산만 바라보리라	寥落對青岑

달밤에 마음을 달래다

月夜遣懷

기러기 아득하게 은하수를 건너가고	歸鴈蒼茫度白河
슬픈 노래 쓸쓸하게 나뭇가지 흔드누나	商歌蕭瑟動庭柯
가을비가 내렸으니 서늘함이 어떠하랴	秋經一雨涼如許
어젯밤보다 달은 얼마나 더 커졌는가	月較前宵長幾何
먼 하늘에 뚜렷하게 구름 기운 사라지고	歷歷遙空遊氣歇
골짜기엔 쏴아 하는 바람 소리 많아졌네	蕭蕭群壑異聲多
풍진세상 떠나려는 처음 뜻을 못 이룬 채	風塵未賦尋初服
부끄럽게 청삼 입고 연잎 옷을 찢는구나[8]	慙愧青衫學破荷

8 부끄럽게……찢는구나 : 청삼(青衫)은 푸른 적삼이라는 뜻으로, 품계가 낮은 관원의 복장을 가리킨다. 연잎 옷은 연잎으로 만든 은자(隱者)의 옷이다. 즉 자신이 낮은 벼슬에 연연하여 은자로서 살아가지 못한다는 뜻이다.

비가 그치고 날이 개었기에 이형 상보[9]를 기다렸으나 오지 않다

雨晴 待李兄尙輔不至

안개 서리 덮인 골에 어지러이 낙엽 날 때　　煙霜谿谷葉爭飛
군사들과 짝지어서 푸른 산을 지키노라　　來伴熊羆守翠微
고양 날씨 맑게 개어 손님 맞을 만하건만　　邀客高陽乘霽景
저녁 내내 기다려도 바람이 문 흔들 뿐　　待人終夕訝風扉
편백(扁柏)에 구름 덮여 어두운 빛 짙어지고　　雲垂老檜離離暝
겹겹산에 새 지나니 듬성듬성 검은 점들　　鳥度重峯黯黯稀
다음 달에 배를 타고 호서로 가려 하니　　來月欲尋湖海棹
고기 잡던 물가에서 술병 들고 맞아 줄지　　一樽能待舊漁磯

9 이형 상보(李兄尙輔) : 이재망(李載望)으로, 번암의 종조부인 채명윤(蔡明胤)의 외손이며, 부친은 이미년(李眉年)이다. 진사시에는 합격하였으나 벼슬길에 오르지 못한 것으로 보인다. 《樊巖集 卷40 伯從祖祖父五視齋先生行狀》

이형이 방문했다가 곧바로 돌아가다

李兄乍訪旋歸

은당에는 나무가 무성하여서	藹藹銀塘樹
마을의 연기 겨우 구분되는데	墟煙稍可分
소가 우는 곳에서 그댈 보내니	牛鳴送君罷
까마귀 나는 하늘 저물려 하네	烏尾欲天曛
왕릉 서쪽 봉우리에 달은 숨었고	月隱陵西嶂
구름 걸린 편백에는 하얀 서리꽃	霜屯檜頂雲
오늘 밤 등불 옆의 꿈에선 그대	却愁燈影畔
바람 속에 낙엽 밟고 돌아오리라	風葉夢回聞

은당으로 이형 상보를 찾아가는 도중에 읊다
銀塘 訪李兄尙輔 路中有吟

은당의 느릅나무 또렷하게 보이는데	銀塘歷歷見楡枌
이삼 리 밖 선장으로 그대를 찾아가네	數里仙庄此訪君
차가운 북한산성 하늘에는 눈이 올 듯	華嶽城寒天欲雪
추수한 물가 논엔 물이 그득 차 있구나	渚田秋斂水連雲
서리 내린 언덕에는 국화가 남아 있고	淸霜野岸逢殘菊
낙엽 덮인 시골길은 무덤가로 나 있네	落葉村蹊傍古墳
내일 밤 주구[10]에는 달빛이 밝을 테니	來夜珠丘明月色
어찌 함께 글 논하지 않을 수가 있겠는가	那能不許與論文

10 주구(珠丘) : 왕릉을 지칭하는 말로, 여기서는 자신이 근무하는 익릉을 가리킨다. 옛날 순(舜) 임금을 창오(蒼梧)의 들에 장사 지내자 새들이 청사주(靑砂珠)를 물어다 무덤의 봉분을 이루었다는 고사에서 생긴 이름이다. 《拾遺記》

권죽오[11]가 시를 요구하므로 밤에 앉아서 읊다

權竹塢索詩什 夜坐有吟

저녁 무렵 성 앞에서 잠깐 얘기 나누고서	昏鍾數語白門前
이별한 뒤 가을 소리 들려와 잠 못 드네	別後秋聲夢未圓
오래도록 안정하면 절로 기쁨 느낄 텐데[12]	定久自能成悟悅
무엇하러 편지 보내 시편을 묻는 건가	書來安用問詩篇
나뭇잎 다 쓸려 나간 하늘에는 달빛 밝고	掃空萬葉天多月
갖은 형상 어리비친 물엔 안개 걷혔어라	涵盡千形水斂煙
일관일집(一官一集)[13] 못 한다고 괴이하게 생각 말라	莫怪一官無一集
옛사람의 걱정거리 내 마음과 똑같으니	古人憂患獲心先

11 권죽오(權竹塢) : 권기언(權基彦)으로, 자는 사회(士恢)이며, 생몰년과 본관 등은 미상이다. 1741년(영조17)부터 사간원과 사헌부 등에서 재직하였다. 번암과 동향(同鄕)일 가능성도 있다.

12 오래도록……텐데 : 권기언이 1747년 8월 27일 신병으로 이조 정랑에서 체차된 기사가 《승정원일기》에 보인다. 따라서 이 구절은 권기언에게 얼마 동안 신경을 써서 몸조리를 하면 건강이 절로 회복될 것이라는 뜻으로 한 말인 듯하다.

13 일관일집(一官一集) : 많은 시를 짓는다는 뜻이다. 남조(南朝) 때 왕균(王筠)이 관직을 옮길 때마다 시문집 한 권씩을 내놓았다는 고사에서 나온 말이다. 《梁史 卷27 王筠列傳》

정 생원[14]을 노래하다
鄭生員歌

정 생원은 상서[15]의 증손이라 말하는데	鄭生員自稱尙書之曾孫
해진 옷이 짧고 얇아 정강이도 못 가렸네	敝衣單薄不掩骭
북풍에 눈이 날려 어두워진 산골짝을	北風飛雪山谷昏
호환(虎患)을 각오하고 멀리 찾아왔지마는	衝虎遠來來叩門
호소하는 것은 겨우 한 끼 밥에 불과하네	所訴維何一壺飧
그대들은 정 상서에 관한 얘기 들어 보라	汝門請從尙書說
대가(大駕)가 남한성에 파천하던 그 당시에	南漢之城龍駕遷
여진 병사 쳐들어와 크게 기세 떨치면서	女眞兵來大作勢
밤낮없이 새카맣게 포위한 채 진(陣)을 치고	黑鵝團結無朝曛
낙타에다 집채만 한 포를 실어 운송하여	橐駝載砲砲似屋

14 정 생원(鄭生員) : 인적 정보는 미상이다. 시의 내용으로 보아 그의 증조부가 정세규(鄭世規, 1583~1661)라는 것을 알 수 있을 뿐이다.

15 상서(尙書) : 판서(判書)인데, 여기서는 이조 판서를 지낸 정세규(鄭世規)를 이른다. 정세규의 본관은 동래(東萊), 자는 군칙(君則), 호는 동리(東里)이다. 1613년(광해군5) 사마시에 합격하고 문음(門蔭)으로 벼슬길에 들어섰다. 1636년(인조14)에 조신(朝臣)들의 추천을 받아 충청도 관찰사로 특진하였다. 병자호란으로 인조가 남한산성에서 포위되자 근왕병을 이끌고 남한산성으로 진격하다가 용인(龍仁)의 험천(險川)에서 적의 기습을 받고 대패하였다. 충성심을 인정받아 패군의 죄를 면죄받고 전라도 관찰사와 개성 유수를 거쳐 공조 판서에 임명되었으며, 이후 여러 직임을 역임한 뒤 이조 판서에까지 이르렀다. 1654년(효종5) 강화 유수가 되어 여러 곳에 진(鎭)을 설치하기도 하였다. 영조 때 경헌(景憲)이라는 시호가 내려졌다. 《歸鹿集 卷27 吏曹判書鄭公諡狀》《燃藜室記述 卷25 仁祖朝故事本末》《英祖實錄 22年 10月 7日》

포학하게 곧장 땅을 뒤집으려 하였었지	炰烋直欲翻坤軸
태조께서 세운 사직 작은 성에 옮겨지매	太祖社稷七里郭
딱따기 소리 나는 밤에 왕이 흐느꼈네	君王淚灑中宵柝
왕에게는 삼한 땅의 삼백 고을 있었지만	王有三韓三百州
군대 이끈 절도사들 호의호식하면서도	擁兵節度徒飽肉
누구 하나 달려와서 구원하려 하지 않고	無有一人規左足
군막에서 자다 깨어 술잔치로 소일했지	帳裏睡起笙簫作
정 상서가 격분하여 눈물 닦고 일어나서	尙書雪涕投袂起
죽기로 작정하고 왕에게로 달려가니	吾勤吾王敢愛死
선두에 찬란하게 펄럭이는 대장기엔	軍前七曜上將旗
충청도 관찰사란 큰 글씨가 보였다네	大書忠淸觀察使
충청도의 병마는 모두 신의 소관이니	忠淸兵馬臣所制
칼날과 화살처럼 속히 달려가리이다[16]	鼓行而進如鋒矢
신에게 술과 안주 있다고 아뢰고는	臣有酒臣有殽
포위 뚫고 한밤중에 성안으로 바쳤는데[17]	衝獻圍城夜色裏

16 칼날과……달려가리이다 : 정세규가 왕에게 올린 장계(狀啓)를 두고 한 말이다. 정세규가 어떤 중을 통해서 남한산성에 있는 인조에게 장계를 올렸다고 한다.《燃藜室記述 卷25 仁祖朝故事本末》

17 신에게……바쳤는데 : 이때 남한산성 안에 닭이 한 마리도 없을 정도로 형편이 어려워서 임금에게 맛있는 음식을 올리지 못하였는데, 이 말을 들은 정세규가 닭 세 마리를 잡아서 충청도 병마절도사 이의배(李義培)에게 주며 어떤 일이 있더라도 꼭 왕에게 바칠 것을 부탁했다고 한다. 그러나 이의배가 곧바로 닭을 구워 술을 데워 마시면서 "성중의 위급한 사정은 묻지 않아도 짐작할 수 있으나, 나 또한 어찌할 수가 없다."라고 했다는 기록을 보면 닭고기가 남한산성에 전달되지는 못했던 듯하다.《燃藜室記述 卷25 仁祖朝故事本末》

이를 듣고 왕께서 충성되다 내 신하여	王曰忠哉嗟我臣
대의가 온 천지에 빛나기에 충분하니	大義固足燿乾坤
성패는 논할 바가 아니라고 하셨어라	畢竟成敗非所論
지금 공이 죽은 지 백 년도 안 됐건만	祗今公死未百年
자손이 곤궁하여 굶주리는 자가 많고	子孫窮餓多顚連
가련한 정 생원은	可憐鄭生員
들어앉을 집도 없고 농사지을 땅도 없어	家無一瓦農無田
구걸하며 다니지만 먹여 주는 사람 없고	十乞村閭不一食
게다가 올가을엔 흉년까지 들었어라	況是今秋又無年
그를 위해 청렴했던 정 상서를 노래하니	我爲鄭生歌廉吏
충성되고 개결했던 정 상서의 후손이	安可爲鄭尙書忠且廉
어찌하여 한 뙈기의 땅조차 없는 건가	其孫無立錐
그대 보지 못했는가	君不見
세도(世道)가 추락하매 탐욕스런 관리 많아	世路日卑貪吏多
살진 말에 비싼 갖옷 대대로 부 누림을	肥馬輕裘世世爲富家
우맹이 이미 죽어 뼈가 썩어 버렸으니[18]	優孟死去骨已朽
가련한 정 생원을 어찌하면 좋을는지	鄭生員奈若何

18 우맹(優孟)이……버렸으니 : 우맹은 전국 시대 초(楚)나라의 유명한 배우(俳優)로 해학과 풍자에 뛰어났다. 당시에 청렴했던 정승 손숙오(孫叔敖)가 죽은 뒤 그의 아들이 가난에 시달리는 것을 알고는, 손숙오의 행동거지와 목소리 등을 익힌 뒤에 손숙오의 의관을 착용하고 장왕(莊王)을 설득하여 손숙오의 자손에게 땅을 봉해 주게 하였다고 한다.《史記 卷126 滑稽列傳 優孟》여기서는 정세규 자손을 위해서 그 곤궁함을 알리고 가난을 구제해 주기를 조정에 청하는 사람이 없다는 뜻으로 한 말이다.

동지에 익릉 제사에 참여하다

冬至參陵祀

축문(祝文)에 금왕의 어휘(御諱) 있기에	祝有今王諱
하늘이 동짓날을 개게 했어라	天爲至日晴
선왕(先王)께서 사전을 엄히 했으니	聖朝嚴祀典
영령의 마음 더욱 숙연하시리	靈意肅寒更
편백나무 위의 달은 능을 비추고	檜月籠仙寢
먹 향기는 기둥을 감돌고 있네	龍香匝繡楹
구의산[19]이 선침의 왼편에 있어	九疑山在左
바람결에 노창 소리 서로 들리네	風處答臚聲

19 구의산(九疑山) : 숙종(肅宗)의 능묘인 명릉(明陵)를 가리킨다. 354쪽 주4 참조.

이형 상보가 홍양으로 간다고 하면서 이별의 말을 꽤나 간곡하게 청하므로 붓을 휘둘러 써서 주다

李兄尙輔書告洪陽之行 要別語頗懇 走筆奉贐

왕릉에 안개 짙어 나무들이 어둑한데　喬陵煙樹暝含嚬
장협가[20] 소리 속에 객지 생각 새로워라　長鋏聲中客思新
뜬세상의 백년 인생 이별하는 날 많지만　浮世百年多別日
천 리 밖 고향으로 돌아가는 이 부럽네　故鄕千里羨歸人
필마로 먼 길 가니 옷에는 서리 앉고　河山匹馬霜欺袂
외로운 배가 가는 나루에는 눈 날리네　江漢孤舟雪擁津
가슴속엔 가련하게 책이 만 권 들었지만　胸裏可憐書萬卷
도착하면 가난한 살림 어찌 구제할까　到時那得救家貧

두 번째 其二

편지 보내 남쪽으로 내려간다 알려 오니　飛書又是告南行
동짓달 고양 땅엔 눈이 개려 할 때이네　至月高陽雪意晴
시름 속에 보낸 해도 얼마 남지 않았는데　愁裏無多今歲色
병을 앓고 난 뒤로는 시상(詩想)이 적어졌네　病來元少舊詩情
먼지 세상 낮은 벼슬 청삼은 다 해지고　塵埃薄宦靑衫敝

20 장협가(長鋏歌) : 358쪽 주7 참조. 여기서는 이재망(李載望)이 고향으로 돌아가는 것을 두고 한 말이다.

두견이 우는 찬 들 푸른 혜초 시들었네	鶗鴂寒畦碧蕙零
그대 가면 고기 잡던 시골집에 들러 보소	君去試從漁墅過
대숲에 가랑비가 그쳐 가고 있으리니	竹林殘雨不成聲

추위

寒事

동짓달에 비록 눈은 오지 않지만 仲冬雖不雪
겨울다운 추위가 몰아치누나 寒事自能冬
내 나이도 이제 곧 서른 살인데 三十吾年近
매일 밤을 지새우며 책을 읽노라 詩書每夜終
두견새 소리 더러 잠을 빼앗고 睡因鵑或失
호랑이는 나무꾼을 위협하도다 樵與虎相逢
궁중의 바느질 실 늘어나리니[21] 宮裏猶添線
학문에 더 힘쓰기를 다짐하노라 深思進進工

21 궁중의……늘어나리니 : 동지가 지나 낮이 점차 길어진다는 뜻이다. 옛날 궁중에서는 여공(女工)들이 바느질한 실의 분량으로 밤낮의 길이를 헤아렸는데, 동지가 지나면 낮이 조금씩 길어져 여공들이 바느질한 실의 분량이 늘어났다고 한다.《歲時記》

즉흥적으로 짓다
卽事

일당백의 용사인 삼군영(三軍營)의 포수들이　　三營砲手一當百
범 잡느라 도성 서쪽 산에 횃불 밝혔는데　　獵虎城西烽火岑
범이 총을 맞고서도 펄펄 날듯 달아나서　　虎被流丸猶健走
밤이 되자 오릉의 숲속에서 울부짖네　　夜來咆哮五陵陰

두 번째 其二

밤이 점점 깊어져서 하늘은 캄캄한데　　二更三更天正黑
범이 숨은 솔숲에서 섬뜩한 바람 부네　　虎着松陰風颯然
아침에 복례들이 겁에 질려 벌벌 떠니　　朝來僕隷無人色
찢어 죽인 고양이를 문 위에 걸어 뒀네　　磔殺烏圓門上懸

경신일 밤[22]에 용시[23]가 이르다

庚申夜龍施到

한 해가 저무는 줄 알았지마는	固知歲當暮
이렇게도 빠를 줄은 생각 못 했네	豈謂迅如許
산이 높아 모진 바람 살을 찢으니	峯高風破肉
벌고개[24]에 지나가는 사람 드무네	蜂峴少行旅
안장 없는 말을 타고 용시가 오니	龍施策驏騎
나뭇잎 져 멀리서도 알아보고서	木薄遙辨汝
반가워하며 얼른 맞아들이니	敷腴延入室
수레 빗장 빠뜨려도[25] 막을 이 없네	投轄無我拒

22 경신일(庚申日) 밤 : 과거에 60일에 한 번씩 돌아오는 경신일에 밤을 지새우는 풍속이 있었는데, 이는 도가(道家)에서 사람의 몸에 있는 삼시충(三屍蟲)이 잠을 자는 사이에 몸 밖으로 빠져나가 상제(上帝)에게 그동안의 죄과를 낱낱이 고해바쳐 수명을 단축시킨다고 여긴 데서 나온 것이라고 한다.

23 용시(龍施) : 번암의 외사촌 동생 이보연(李普延)이다. 번암의 외숙 이지억(李之億)의 아들인데 요절했다는 기록이 보이며, 번암이 어려서부터 그와 같이 지내며 공부했다고 한다. 《樊巖集 卷38 祭外從妹尹氏婦文, 卷50 外祖考贈吏曹判書行刑曹正郎李公墓碣銘》

24 벌고개 : 은평구 서오릉로를 따라 서오릉으로 넘어가는 길에 있는 고개이다. 벌현(罰峴)이라고도 불렀다고 한다.

25 수레 빗장 빠뜨려도 : 한(漢)나라 진준(陳遵)은 술을 좋아하여 매번 성대한 술잔치를 열고, 빈객이 집에 가득 차면 대문을 잠그고 빈객들의 수레 빗장을 뽑아 우물에 빠뜨림으로써 돌아가지 못하게 했다고 한다. 《漢書 卷92 游俠傳 陳遵》 여기서는 이보연이 오래 머물다 가기를 바라는 마음을 표현한 것이다.

우거진 나무들이 둘러서 있고　扶疎衆木立
밝은 달빛 빙호(氷壺)에 담을 만하네[26]　月華浩堪貯
경신일이 어찌 꼭 좋기만 하랴　庚申豈必好
좋은 것은 아름다운 밤의 대화지　所好良夜語
군자는 본래 하늘 두려워하니　君子本畏天
삼팽이 나가는 것 때문 아니네[27]　非爲三彭去
경서(經書)의 의문점을 토론하다가　疑旨討聖經
변방 지역 사태까지 근심 미치네　嫠憂及邊圉
그대에게 뛰어난 시상(詩想) 있기에　子有好詩腸
꾸물대며 시간을 보낼 수 없어　玩愒歲不與
의기양양 재촉하여 등잔을 켜니　軒眉促上鐙
환한 불빛 차가운 방 비추어 주네　華焰燭寒墅
읊는 소리 사방으로 퍼져 나가고　希聲發四座
두서없이 붓을 들어 써 내려가니　墨灑無次序
산 밖에서 이 즐거움 어찌 알쏜가　山外那辨此
안개 속에 코고는 소리만 나리　霧蓋多鼾息
내일 문득 오늘을 회상해 보면　明日便回頭

26 밝은……만하네 : 빙호(氷壺)는 얼음을 담은 옥병으로, 달이 너무도 맑고 깨끗하여 얼음이 든 옥병에 담아 둘 만하다는 뜻으로 한 말이다. 소식(蘇軾)의 시 〈증반곡(贈潘谷)〉에 "베옷은 새까맣고 손은 갈라 터졌어도, 빙호에 가을 달을 담는 것은 문제가 안 되네.〔布衫漆黑手如龜, 未害氷壺貯秋月.〕"라고 하였다.

27 삼팽(三彭)이……아니네 : 삼팽은 삼시충(三屍蟲)의 별칭이다. 373쪽 주22 참조. 경신일 밤에 잠을 자지 않는 것은 하늘을 공경하는 뜻이지 삼시충과 관련된 도가적인 풍속을 믿어서가 아니라는 말이다.

이 일 또한 지난 일이 되어 있을 터　茲事又成昔
그대 바로 누워서 잠들지 말라　君勿遽頹臥
술은 내가 얼마든지 제공할 테니　酒盡我當續

또 '명' 자를 뽑아 익경, 용시와 시를 짓다

又拈明字 與翼卿龍施賦

이용시가 연서(延曙)[28]에서 말을 타고 나와서	李弟延郊騎馬出
멀리까지 오니 그대 깊은 정을 알겠어라	遠來眞自見君情
오늘 저녁 술자리는 도리어 기이하니	一樽今夕還奇事
고운 달이 평생에 몇 번이나 맑을쏜가	佳月百年能幾晴
땅이 환해 등잔불이 밝은 줄을 모르겠고	地白華燈欺短焰
찬 숲에는 남은 눈이 외롭게 반사되네	林寒殘雪逗孤明
지은 시가 거칠어도 괴이하게 생각 말라	相逢莫怪奚囊澁
근래에 낭잠[29]으로 시를 짓지 못했으니	近日郎潛不用名

28 연서(延曙) : 연서역(延曙驛)으로, 한양에서 의주(義州)로 가는 길목에 있었던 첫 번째 역참이다.

29 낭잠(郎潛) : 오래도록 승진하지 못한 채 낭서(郎署)의 관원으로 늙어 가는 것으로, 한(漢)나라 안사(顔駟)가 문제(文帝) 때 낭관이 된 뒤 경제(景帝)를 거쳐 무제(武帝) 때에 이르기까지 낭관에 머물렀던 고사에서 유래하였다. 《漢武故事》 여기서는 8품직의 하위 관료로 봉직하고 있는 번암 자신을 두고 한 말이다.

익릉 재실에서 달밤에 익경이 '루' 자를 뽑아서 함께 시를 짓다

翼齋月夜 翼卿拈樓字 仍共賦

골짜기로 내달리는 뱀[30]을 모두 시름해도	脩鱗赴壑古今愁
잠시라도 붙잡아 둘 방법 어디 있겠는가	分外何曾尺寸留
눈구름이 걷힌 뒤에 달이 모습 드러내어	雲雪初收都月色
숲을 밝게 비추더니 별똥별이 떨어지네	杉松遞照忽星流
밤새 등불 켜 두어도 남은 글 빚 못다 갚고	山燈未了殘書債
약한 나라 변방 정세 근심만 깊어 가네	遼柵翻深弱國憂
남쪽을 바라보니 단성(丹城) 하늘 더욱 멀어[31]	南望丹丘天更遠
소쩍새 소리 속에 〈등루부(登樓賦)〉를 읊어 보네[32]	子規聲裏此登樓

30 골짜기로 내달리는 뱀 : 한 해가 저물어가는 것을 비유한 말이다. 소식(蘇軾)의 시 〈수세(守歲)〉에 "다해 가는 한 해를 비유하자면, 골짜기로 내달리는 뱀과도 같네. 긴 비늘의 반이 이미 사라졌으니, 가는 뜻을 그 누가 막아 낼쏜가.〔欲知垂盡歲, 有似赴壑蛇. 脩鱗半已沒, 去意誰能遮.〕"라고 하였다.

31 단성(丹城)……멀어 : 번암의 부친 채응일(蔡膺一)이 이때 단성 현감으로 재직 중이었기 때문에 한 말이다.

32 등루부(登樓賦)를 읊어 보네 : 〈등루부〉는 후한(後漢) 말 위(魏)나라 왕찬(王粲)이 동탁(董卓)의 난리를 피하여 형주(荊州)의 유표(劉表)에게 가서 몸을 의탁하고 있을 적에 강릉(江陵)의 성루(城樓)에 올라가서 고향 쪽을 바라보며 지은 글이다.《三國志 卷21 魏書 王粲傳》 여기서는 남쪽 단성에 계신 부모님을 그린다는 뜻이다.

익릉 재실에서, 선산에 성묘하고 동쪽 골짜기로 돌아가려 하는 이질(姨姪) 심수해[33]를 전송하다

翼齋 送沈姪壽海省渠親山仍歸東峽

서쪽으로 날 찾아와 열흘 남짓 지낼 동안　西來旬日好相將
겨울날의 등불 하나 책상 위를 비췄어라　風露書燈耿一床
오늘 밤엔 가련하게 함께해 줄 이 없는데　今夜可憐無伴侶
와 있을 땐 도리어 심상하게 여겼었네　在時還似只尋常
어수선한 골짝의 잔설을 말이 밟고　浮驂亂峽衝殘雪
거친 산의 측백에는 새벽 서리 내렸으리　秋柏荒岡泣曙霜
다리 옆에 선 채로 멀리 바라보노라니　橋畔杖藜仍極目
잎이 진 산 적막하여 혼이 쉬이 슬퍼지네　葉稀山寂易魂傷

두 번째 其二

창백한 얼굴에다 머리에는 갓을 쓰고　眉骨蒼然冠在頂
구월에 원주(原州)에서 배를 타고 이르렀지　乘舟九月自原城
열흘 남짓 왕릉에 찾아오는 사람 없어　經旬象設無來客
새벽까지 나와 함께 등잔 밑을 지켰었네　同我鷄鳴不離檠
'이(離)' 자는 거성(去聲)이다.[34]

33 심수해(沈壽海) : 번암의 이질(姨姪)로, 본관은 청송(青松)이고 부친은 심지연(沈祉衍)이다.

눈이 그친 빈 뜨락엔 호랑이 흔적 있고	雪罷虛庭生虎跡
밤이 깊은 슬픈 골엔 솔에 부는 바람 소리	夜闌哀壑有松聲
겹겹의 산속에서 쓸쓸하게 송별한 뒤	蕭蕭送別千峯裏
찬 재실에 앉았으니 온갖 감회 밀려오네	對影寒齋百感幷

34 이(離) 자는 거성(去聲)이다 : '離' 자가 거성일 경우에는 '떠나다', '떨어지다'라는 뜻을 갖는다.

호남의 군막(軍幕)으로 내려가는 가은 심 기조[35] 야 를 전송하다

送街隱沈騎曹 埜 赴湖南幕

하늘에 사람 운명 물어보고 싶어지니	天高一擬問窮通
흰머리와 청삼 위로 불어오는 가을바람	華髮青衫颯晚風
서서[36]에서 향 피우고 밤새도록 숙직하다	西署鷄香參列宿
남쪽으로 말을 타고 기러기를 따라가네	南州駬騎後征鴻
견훤의 성루[37]에는 먹구름이 덮여 있고	荒雲暝壓甄萱壘
성조의 궁궐[38]에는 서기 밝게 비치리라	瑞氣晴浮聖祖宮
듣건대 한양으로 파발 자주 띄운다니	聞道長安頻驛使
그리움을 담은 시를 부쳐 줄 수 있을는지	相思能許遞詩筒

35 가은(街隱) 심 기조(沈騎曹) : 심야(沈埜, 1696~?)이다. 본관은 청송(青松), 자는 질보(質夫)이며, 가은은 호이다. 1730년(영조6) 정시(庭試)에 합격하였다. 기조(騎曹)는 병조의 별칭인데, 심야가 병조 좌랑을 지냈기 때문에 이렇게 지칭한 것이다. 그가 전라도 도사(全羅道都事)로서 하직(下直)한 것은 1747년(영조23) 12월이다. 자세한 인적 사항은 알 수 없지만 번암이 그를 '심숙(沈叔)'으로 지칭한 것으로 보면 번암의 자형(姊兄)인 심지연(沈祉衍) 집안 쪽 사람인 듯하다.《樊巖集 卷5 許晉卿宅小集歸次街隱沈叔韻却呈諸公案下》

36 서서(西署) : 병조(兵曹)를 가리킨다.

37 견훤(甄萱)의 성루(城壘) : 전주시 완산구 교동에 있는 견훤 왕궁터를 가리키는 듯하다. 견훤이 전주에 도읍하고 승암산 동편 동고산성에 왕궁터를 잡았는데, 그 흔적이 지금도 남아 있다. 심야가 호남으로 내려가기 때문에 한 말이다.

38 성조(聖祖)의 궁궐 : 태조 이성계의 어진(御眞)을 봉안한 경기전(慶基殿)을 가리킨다. 전주시 완산구 풍남동에 있다.

두 번째 其二

노년에 미관말직 맡았다고 한을 말라	莫把微官恨暮年
대방[39]은 예로부터 산천 장대하였으니	帶方千古壯山川
큰 호수[40]는 툭 트여서 서남 땅을 갈랐는데	太湖晴割西南壤
말 달리면 군악 소리 찬 하늘에 퍼지리라	飛騎寒生鼓角天
바닷가 누대에는 귤과 유자 향기 나고	濱海樓臺薰橘柚
잔치 석상 여인들은 신선 같은 자태일 터	開筵羅綺簇神仙
무엇보다 가련한 건 대궐 꿈을 자주 꾸어	最憐北極他宵夢
〈수조사〉[41]를 여러 권 지을 듯한 것이라네	水調詞成也幾編

39 대방(帶方) : 전라남도 남원(南原)의 고호(古號)인데, 여기서는 전라도 지역을 두고 한 말이다.

40 큰 호수 : 전라북도 김제(金堤)의 벽골제(碧骨堤)를 두고 한 말이다.

41 수조사(水調詞) : 곡조 이름으로, 임금을 그리는 시를 가리킨다. 송나라 신종(神宗) 때에 소식(蘇軾)이 귀양 가 있으면서 지은 〈수조가두(水調歌頭)〉에 "내가 바람을 타고 돌아가고 싶으니, 구슬로 된 높은 전각에서, 추위를 못 견딜까 염려되도다.〔我欲乘風歸去, 只恐瓊樓玉宇, 高處不勝寒.〕"라고 하였다. 신종이 이 노래를 듣고는 "소식이 끝까지 임금을 사랑하는구나."라고 하면서 죄를 감하여 귀양지를 옮겨 주었다고 한다. 《歷代詞話 卷5》

익릉 재실에서 익경과 함께 '전' 자를 뽑다

翼齋 同翼卿拈傳字

도연명의 시를 읽고 조용하게 앉았으니	陶詩看罷坐蕭然
발 언저리 군불 연기 처음으로 걷히누나	簾額初收榾柮煙
지사는 좋은 밤의 경치를 좋아하고	志士每憐良夜色
고인은 은거하며 흰 구름과 함께 자네	故人能共白雲眠
별이 온통 흩뿌려진 하늘은 드넓은데	群星迸勢天容活
편백은 살랑살랑 맑은 달빛 전해 주네	萬檜搖晴月彩傳
특별히 산중에는 한 기운이 신령하나	別是山中神一氣
자지 않고 있어야만 독차지할 수가 있네	懸知不寐始堪專

정월 대보름달 무진년(1748, 영조24)

上元月 戊辰

정월이라 대보름엔 달이 차올라	上元月團
둥근 달이 한양성 하늘에 뜨니	團出長安
도성에 흩날리던 하얀 눈이 그친 뒤에	長安新罷豆稭屑
이윽고 구름 가에 흰 옥쟁반 둥실 뜨네	雲際俄升白玉盤
받들고 온 자극의 활시위가 팽팽하고[42]	擎來紫極弓初滿
하늘 위를 굴러가는 수레바퀴 동그란데	碾到青冥輪正完
쌓인 빛이 단봉성[43]을 감싸는가 싶더니만	積暈才涵丹鳳城
어느새 맑은 광휘 주작항[44]을 쏘는구나	清光已射朱雀桁
주작항 머리에는 통금(通禁) 북이 울리지만	朱雀桁頭禁鼓發
태평성대 풍속이라 사람들 다 나와 걷네	昇平古俗萬人行
밝은 달은 세월 가도 해마다 같거니와	月色年年又歲歲
몰려나온 사람들은 어찌 이리 많은 건지	足聲殷殷何訇訇
만 가구 천 대문이 눈빛처럼 맑아지고	萬戶千門澄似雪
복잡한 도성 길은 물속처럼 깨끗하네	三條五劇淨如泓

42 자극(紫極)의 활시위가 팽팽하고 : 둥근 보름달을 한껏 당긴 활시위에 비유한 것이다. 자극은 도교(道敎)에서 일컫는 천상의 선인(仙人)이 머무는 궁전을 가리키기도 하고, 자미성(紫微星)을 이르기도 한다.

43 단봉성(丹鳳城) : 도성을 지칭하는 말이다.

44 주작항(朱雀桁) : 주작교(朱雀橋)와 같은 말로, 육조(六朝) 시대에 건강(建康)의 주작문(朱雀門) 밖에 만들어 놓았던 부교(浮橋)를 이른다. 여기서는 대궐 앞 도로를 지칭하는 듯하다.

조씨 이씨 술병 들고 방자하게 지나가고　趙李携樽恣經過
김씨 장씨 자리 잡고 서로서로 맞이하니　金張選地互逢迎
김씨 장씨 조씨 이씨 호기로운 뜻이 많아　金張趙李多意氣
생가에다 천금을 안 아끼고 쓰는구나　笙歌不惜千金費
왕손 댁의 연못 정자 의춘궁(宜春宮)과 인접하고　王孫池館接宜春
도위 집의 누대는 대궐 문과 나란한데　都尉樓臺連象魏
굴슬 병풍[45] 걷으니 달빛 환히 비쳐 들고　屈膝屛開桂影發
비취 주렴 붉어지니 향로 연기 피는구나　翡翠簾烘香篆爇
그 밖에도 진천의 젊은 사내[46] 있으니　別有秦川少年子
금위군(禁衛軍)도 위축되어 나무라지 못하도다　金吾瑟縮那敢叱
곽해[47]가 나는 듯이 오릉에 도착하자　郭解飛騰五陵至

45 굴슬 병풍(屈膝屛風) : 병풍 이름으로, 후조(後趙)의 태조 무황제(太祖武皇帝) 석호(石虎)가 금은(金銀)으로 굴슬 병풍을 만들고 흰 비단을 입혀서 의사(義士), 선인(仙人), 금수(禽獸) 등을 그려 넣었다고 한다.《鄴中記》 성호(星湖) 이익(李瀷)은 이에 대해서 금은 고리를 달고 높이를 조절할 수 있는 병풍으로 추정한 바 있다.《星湖僿說 卷28 屈膝屛》

46 진천(秦川)의 젊은 사내 : 진천은 섬서성(陝西省)과 감숙성(甘肅省)의 진령(秦嶺) 이북에 있는 평원 지대로, 옛날에 진나라가 있던 곳이다. 여기서는 한양의 젊은 사내라는 뜻으로 쓴 말이다.

47 곽해(郭解) : 한 무제(漢武帝) 때의 협객(俠客)이다. 신체가 왜소하였으나 호협(豪俠)을 좋아하여 미워하는 인물이 있으면 반드시 살해하였다. 그러다가 뒤에 행실을 고쳐 공손한 사람이 되었으므로 많은 사람들의 존경을 받았다. 그의 문객(門客)이 유생(儒生)을 살해한 사건이 발생하였는데, 이것은 곽해와는 무관한 일이었으나 국법을 확립해야 한다는 조정의 의논으로 대역무도죄(大逆無道罪)로 처형되었다.《漢書 卷92 游俠傳 郭解》 여기서는 정월 대보름날 밤 자신을 찾아온 기개 높은 친구를 일컫는 말인 듯하다.

계심[48]이 잡아끌고 장대[49]로 나가는데　季心結束章臺出
부용검[50]의 칼날이 번쩍번쩍 광채 내고　芙蓉劍躍光淩亂
앵무배가 드높은 기상을 전하도다　鸚鵡杯傳氣崤崒
길가에서 서로 만나 길가에서 인사하고　路傍相逢揖路傍
술집에 말을 매니 그대 말은 누런색[51]　繫馬娼樓君馬黃
술집에선 용뇌향(龍腦香)이 온갖 소리 압도하니　娼樓龍氣奪鞮狄
북쪽 지역 위태롭게 할 만한 미인 있네　絶代佳人傾北方
미인이 진주 비취 이 밤중에 자랑하며　佳人珠翠矜是夜
비단옷에 패옥 차고 향기로운 방에 앉아　羅襦寶帶坐蘭房
〈춘면곡〉[52]을 노래하니 전두는 비단이고　春眠曲裏纏頭錦

48 계심(季心) : 한(漢)나라 사람으로 계포(季布)의 동생이다. 기개가 관중(關中)을 뒤덮을 정도로 높았다. 용맹스럽고 기개가 있으면서도 사람을 대하는 데는 공손하고 삼갔으므로 사방의 선비들이 죽음을 두려워하지 않고 따랐다. 계포와 계심 형제는 둘 다 신의가 있다고 양국(梁國)과 초국(楚國) 사이에서 칭찬이 자자하였다. 《漢書 卷37 季布傳》 여기서는 달빛 아래서 벗들과 만나 호기롭게 노니는 광경을 묘사하기 위해 차용한 것으로 보인다.

49 장대(章臺) : 한(漢)나라 장안(長安)의 거리 이름인데, 그곳에 술집들이 늘어선 화류가(花柳街)가 형성되어 있었다고 한다.

50 부용검(芙蓉劍) : 춘추 시대 월왕(越王) 구천(句踐)이 가지고 있던 순균검(純鈞劍)의 별칭이다. 검(劍)을 잘 감정하는 설촉(薛燭)이라는 사람이 순균을 가리켜 "뽑으면 마치 부용꽃이 처음 피어나는 모양과 같다."라고 한 데서 나온 말이다. 《越絶書 外傳記 寶劍》 여기서는 보검을 의미하는 말로 쓰였다.

51 그대 말은 누런색 : 악부(樂府) 고취곡사(鼓吹曲辭) 중에 〈군마황(君馬黃)〉이라는 곡조가 있으므로 끌어다 쓴 것이다. 〈군마황〉은 도입부에 '그대 말은 누런색'이라는 뜻의 '군마황' 세 글자가 들어 있는 것이 특징이다.

52 춘면곡(春眠曲) : 조선 시대 가사(歌辭)의 하나인데, 작자와 제작 연대는 미상이

〈어부사〉를 부르는데 큰 머리로 장식했네　　漁父辭中高髻粧
밝은 달이 지기 전엔 취하여도 안 돌아가　　明月不墜醉不歸
인생의 즐거움이 끝이 없이 이어지네　　人生歡樂未渠央
유독 양친 생각으로 객지살이 싫증 난 몸　　獨有思親倦遊客
좋은 밤에 달을 보며 밤늦도록 방황하니　　佳辰望月夜彷徨
얼음처럼 맑은 달에 이 몸을 의탁하여　　將身願托氷蟾裏
하늘가에 빛을 흘려 모친 방을 비추고파　　流影天涯照北堂

다. 사랑하는 여인을 여의고 괴로워하는 사내가 기생집에 들러 춘홍에 탐닉함으로써 괴로움을 잊고자 하는 심리를 표현한 작품으로, 자극적이고 퇴폐적인 내용을 담고 있다.

영해 부사로 부임하는 정장[53] 언유 을 전송하다
送鄭丈 彦儒 宰寧海

포의 입은 필선이 절도 있는 걸음으로	蹌蹌弼善布衣來
엄숙하고 경건한 새벽 서연(書筵) 참석하니	肅穆离筵拂曙開
동궁께선 강학할 때 자주 물어 도움 받고	少海慣資開卷益
대신들은 능력 있는 재목인 줄 알아봤네	大臣先識剸煩才
백발노인 고을 수령 부임토록 윤허하니	鬢衰尙許遨頭勝
엉킨 실을 푸는 데는 능숙한 손 필요한 법	絲亂元須熟手裁
수레가 가는 곳에 무한한 단비 내려[54]	無限隨車甘雨色
당도하면 황폐했던 땅에 봄이 가득하리	到時春滿舊汙萊

공이 필선으로 시강(侍講)하여 자주 하문(下問)을 받았다. 얼마 뒤에 상이 동궁에게 "근래 강관(講官) 중에서 누가 우수하더냐?"라고 묻자, 동궁이 "필선이 글 뜻을 잘 아는데, 매번 포의(布衣) 차림으로 입시하니 가상합니다."라고 하였다. 상이 일찍이 동궁의 말을 연석(筵席)에서 언급하시자 대신이 공을 이재(吏才)로 천거하였다. 이 일을 시구에 언급하였다.

53 정장(鄭丈) : 정언유(鄭彦儒, 1687～1764)로, 본관은 동래(東萊), 자는 임종(林宗), 호는 오헌(迂軒)이다. 1721년(경종1) 증광 문과에 병과로 급제하였고, 1726년(영조2) 예조 좌랑이 되었다. 1740년 세자시강원 필선에 제수되었다. 1744년에 헌납으로 있으면서 왕이 부당하게 삼사의 여러 신하를 처벌하는 일을 규탄하다가 노여움을 사 삭직당하고, 1748년에 영해 부사로 부임하였다.

54 수레가……내려 : 정언유가 부임하여 백성들에게 덕정을 베풀 것이라는 뜻이다. 후한(後漢)의 정홍(鄭弘)이 회음 태수(淮陰太守)로 나갔을 때 그의 수레가 이르는 곳마다 단비가 내려 가뭄이 해소되었다는 '수거감우(隨車甘雨)'의 고사가 전한다. 《後漢書 卷33 鄭弘列傳》

경성 통판[55]으로 부임하는 족숙[56] 경승 을 받들어 전송하다
奉送族叔 慶承 通判鏡城

변방 성의 풀빛 향해 작은 수레 떠나가니 關城草色動行輈
출새가[57]가 만 리 길의 시름을 전해 주네 出塞歌傳萬里愁
하늘 북쪽 끝이라서 서신 왕래 힘들 테고 鴻鴈書稀天北極
옛날 유주 지역에는 첩첩 산이 막혔으리 華夷山積古幽州
붕새 나는 슬해에는 봄날에도 눈 날리고 鵬邊瑟海春飛雪
호가(胡笳) 소리 나는 사막 누대에 달 밝으리 磧裏金笳月滿樓
임금님의 은혜 본래 안과 밖이 없으니 自是主恩無外內
어디인들 은혜 갚지 못할 곳이 있겠는가 之官何處不堪酬

두 번째 其二

본관은 흔치 않은 평강 채씨(平康蔡氏)요 親族平康鮮

55 경성 통판(鏡城通判) : 통판은 고려 시대에 지방의 주(州)와 대도호부(大都護府), 목(牧)에 두었던 벼슬로, 문종(文宗) 때 설치하였고 예종(睿宗) 때 판관(判官)으로 고쳤다. 조선 시대의 정식 명칭은 경성 판관(鏡城判官)이다.

56 족숙(族叔) : 채경승(蔡慶承, 1689~1759)으로, 본관은 평강(平康), 자는 윤경(胤卿)이며, 부친은 채응하(蔡應夏)이다. 1732년(영조8) 정시에 급제하였다. 경성 판관, 정언(正言), 지평(持平), 장령(掌令) 등을 역임하였다.

57 출새가(出塞歌) : 옛날에 종군(從軍)하여 국경으로 나갈 적에 부르던 노래이다. 여기서는 먼 국경 지대인 경성(鏡城)으로 나가게 되었기 때문에 쓴 말이다.

공명은 지방관에 소속된 통판　　功名半刺卑
태연자약 먼 변방을 향해 떠나니　　怡然赴絶塞
밝은 시절 못 만난 때문 아니네　　非不遇明時
봄 누대엔 사막의 눈발이 날고　　磧雪春樓見
밤마다 파도 소리 누워 들으리　　溟濤夜枕知
마천령에 떠오른 한 조각 달이　　磨天一片月
임금님을 생각하는 시 비춰 주리라　　應照戀君詩

한식날 경건하게 익릉 재실로 달려가는데 도중에 비를 만나다

寒食祇赴翼齋 路中遇雨

앵봉산[58]에 아름다운 운기(雲氣) 멀리 뻗었는데	鸎岑佳氣逈滄滄
제관(祭官)은 말을 타고 새벽길을 바삐 가네	驢背祠官拂曙忙
사평도[59]에 비가 내려 밭 가는 이 뵐 듯 말 듯	隱約人耕沙渡雨
정씨 집 전원에는 꽃이 가득 피었어라	淸明花覆鄭家庄
봄을 맞은 벌과 제비 모두 날고 싶어 하고	蜂情燕意俱飛動
어린 보리 부들 싹은 삐죽삐죽 돋았어라	麥縷蒲芽或短長
큰 나무가 빽빽이 선 서쪽 촌길 익숙하여	喬木西邊村路熟
강 안개가 자욱하게 밀려와도 걱정 않네	不愁汀靄接蒼茫

58 앵봉산(鸎峯山) : 서울시 은평구와 경기도 고양시의 경계에 있는 산으로, 현재 서오릉 관리사무소와 마주 보는 쪽에 있다.

59 사평도(沙平渡) : 한강(漢江)의 다른 이름으로, 고려 시대 때의 명칭이다.

향동[60]

香洞

만 그루의 편백나무 한 골짝이 빼어난데	萬檜團成一壑奇
절름발이 말 천천히 어귀 향해 올라가네	蹇驢迤上洞門遲
흐린 봄날 숲 건너편 촌집에선 개가 짖고	春陰犬吠隔林屋
밤비 맞은 꽃가지는 수면까지 드리웠네	夜雨花低臨水枝
오릉이 가까워서 산기운은 신비롭고	山近五陵多異氣
서엄[61]으로 돌아가는 새들이 다 그윽하네	鳥歸西崦摠幽姿
반생의 관직 서열 적체됨이 심하건만[62]	潘生官序棲遑甚
올해도 밭 갈고 누에 칠 때 놓쳤어라	今歲耕桑又失期

60 향동(香洞) : 경기도 고양시 향동동(香洞洞) 일대를 가리킨다.

61 서엄(西崦) : 경기도 고양과 양주(楊州) 경계 지역에 있던 서산(西山)을 가리키는 듯하다.

62 반생(潘生)의……심하건만 : 반생은 진(晉)나라의 문장가 반악(潘岳)이다. 20세에 처음 벼슬하여 낭관(郎官)이 된 뒤로 50세가 되기까지 여덟 번 벼슬을 옮겼지만 품계는 한 번밖에 오르지 않았으므로 〈한거부(閑居賦)〉를 지어 졸렬한 관직 생활을 탄식하면서 영록(榮祿)에 담담한 심경을 피력한 바 있다. 《晉書 卷55 潘岳列傳》 두보(杜甫)의 〈추일기제정감호상정(秋日寄題鄭監湖上亭)〉에 "반생처럼 품계는 졸렬하건만, 가부처럼 재명은 알려졌어라.〔官序潘生拙, 才名賈傳多.〕"라는 구절이 있다. 여기서는 자신이 낮은 품계에 머물러 있는 것을 두고 한 말이다.

유천[63] 점사(店舍)에서

柳川店

이때 단성(丹城)의 임소로 근친(覲親)하러 갔다.

비가 내려 점사에 앉았노라니	雨坐柳川店
두 할멈이 부엌에서 얘기하는데	廚下兩媼語
객지에서 온 할멈이 주모를 보고	客媼問主媼
곡소리가 어디에서 나느냐 묻자	哭聲起何所
주모 할멈 갑자기 흐느끼더니	主媼遽哽咽
한참 있다 곡절을 대략 말하네	良久略相敍
이웃집에 아무개의 어미가 있어	東隣有某母
일찍이 네 아들을 키워 왔는데	母嘗四男擧
아들 셋이 한정[64]으로 조사되어서	三男入閑丁
어영군(御營軍)의 보인(保人)[65]으로 편입됐다오	作保御營旅
솥단지와 수저까지 죄다 팔아서	賣鼎兼賣匙
겨우겨우 보포(保布)를 마련했건만	纔備價布去
어젯밤 관아에서 차인(差人)이 와서	府差昨夜至

63 유천(柳川) : 경기도 수원의 남쪽으로, 지금의 수원천(水原川) 일대이다.

64 한정(閑丁) : 15세부터 60세까지 양민 남자가 져야 할 국역(國役)을 담당하지 않고 기피하는 장정(壯丁)을 이른다. 《大典會通 兵典 免役》

65 보인(保人) : 병역에 복무하지 않고 보포(保布)를 바쳐 현역 군인의 재정적 뒷바라지를 하도록 정한 장정이다.

막내를 또 보인으로 삼고 말았소	末男又被捉
어찌할까 막내는 아직 어려서	吁嗟末男小
나무하는 것조차도 못 배웠는데	學樵樵不克
관아에서 오히려 놔두지 않고	官家猶不恕
보정으로 편입시켜 버린 거라오	簽隸納布籍
어미가 이 말 듣곤 가슴을 치며	母聞大搥胸
네 아들의 군역(軍役) 누가 감당할쏜가	孰堪四男役
사는 게 죽는 것만 못하다 하고	吾生不若死
한밤중에 스스로 목숨 끊으니	夜中甘自殺
죽는 자야 죽고 나면 그만이지만	死者長已矣
산 사람은 어떻게 살아갈는지	生者詎存活
두 할멈의 대화를 다 듣기도 전에	問答聽未卒
마음 실로 놀랍고 안쓰러웠네	我心實驚惻
죽기를 싫어함은 누구나 같고	惡死人所同
아들 많이 두기를 다 바랄 터인데	多男人所欲
아들의 군역으로 어미가 죽어	男役母隕生
원통함이 쌓여서 하늘을 찢네	冤積穹蒼裂
성상께선 구중궁궐 깊이 계시니	聖后居九重
슬픈 이 곡소리를 어찌 들을까	此哭何由徹
쓸모없는 서생이 옛글을 읽어	腐儒讀古書
하루 종일 탄식하고 또 탄식하네	歎息欲彌日

구십구우[66]에 머물렀다가 서울 사람을 만나다

路次九十九隅 逢京人

종 하나에 말 한 필로 탈 없이 가는 길에	一僮一馬行無恙
꼬불꼬불 구십구우 서려 있는 뱀 같구나	九十九隅盤似蛇
바람 불어 머리에는 뽀얀 모래 덮였지만	風轉沙氛欺鬢色
길에서 꽃을 보며 도성을 생각하네	道逢花事念京華
비 그친 푸른 산은 먼 은진에 비치고	青山雨映恩津逈
석양 아래 많은 배가 초포에 정박했네	返照帆留草浦多
파곡[67]으로 돌아가는 사람과 해후하여	坡曲歸人成邂逅
우리 집에 소식을 전해 달라 부탁하네	憑傳消息聞吾家

66 구십구우(九十九隅) : 아흔아홉 번을 굽이도는 산길로, 지명은 아니고 길이 워낙 꼬불꼬불하여 붙은 이름인 듯하다. 충청도 이산현(尼山縣) 앞에 있었다고 한다. 《白洲集 卷1 早發尼山》

67 파곡(坡曲) : 번암의 집이 있던 지금의 용산구 청파동(青坡洞) 일대를 가리킨다.

점사에서 밤에 짓다
店夜

눈이 온 듯 하얗게 서리 내리니	地白霜如雪
갖옷 두고 봄길 떠나 후회스럽네	春行悔不裘
급한 여울 갠 날에도 비가 뿌리듯	鳴灘晴亦雨
찬 달빛은 가을보다 싸늘하여라	苦月冷於秋
별빛 아래 쓸쓸히 누워 잠자고	星臥蕭蕭夢
한데서 시름겹게 밥을 먹노라	風餐頓頓愁
양친을 찾아뵐 수 있기 때문에	雙親覲爲可
떠도는 걸 한스럽게 생각 않노라	未敢恨浮遊

팔량치[68]에 머물며 느낌을 읊다. 이곳은 예전에 태조대왕께서 왜구를 섬멸한 곳이다

次八良峙感吟 是太祖大王鏖倭古地

말을 멈춘 푸른 산은 오랜 옛날 전장인데	駐馬靑山古戰場
바람 숲에 해가 지자 물소리만 들려올 뿐	風林日落水聲長
아득한 돌 잔교(棧橋)는 삼악[69]임을 알겠거니	蒼茫石棧徵三惡
고요한 굴뚝 연기 팔량치를 넘어가네	蕭瑟人煙度八良
편백나무 빽빽이 선 찬 비전은 컴컴하고	萬檜立寒碑殿黑
까마귀 울며 나는 먼 성첩(城堞)엔 짙은 구름	數鴉啼逈堞雲荒
조정에선 통신사를 보내기만 할 뿐이요	朝廷但送蠻邦使
행인들은 부질없이 태조대왕 일 말하네	行旅空傳太祖王

속담에 "영남에는 세 가지가 악명 높다."라고 하는데 도로가 그중에 하나이다. 이해(1748, 영조24)에 일본에 통신사를 보냈다. 이 두 가지를 시에서 언급하였다.

68 팔량치(八良峙) : 경상남도 함양군과 전라북도 남원시 사이에 있는 높이 513미터의 고개이다. 고려 말 이성계(李成桂)가 왜구와 전투를 벌였던 곳으로, 대첩비(大捷碑)가 세워진 황산(荒山)과 5리 정도 떨어져 있다.

69 삼악(三惡) : 영남의 악명 높은 세 가지는 길이 험하고, 기녀(妓女)가 형편없고, 말〔馬〕이 좋지 못한 것이라고 한다. 《晦隱集 卷5 雜說 風土》

익릉 재실에서 새벽에 읊다

翼齋曉吟

재실에서 꿈을 깨니 새벽 구름 짙은데	室齋夢罷曉雲深
솔숲에는 샘물 소리 지는 달은 싸늘하네	松裏泉華落月森
고향으로 돌아가려 한 계획은 미뤄지고	南國耕桑歸計晩
팥배나무 숲에 온통 짙은 향기 날리네	暗香飛盡野棠林

김 동자 중진[70]의 순효사를 노래하다

金童子重鎭殉孝祠歌

마악은 어찌 그리 높이 솟았나	馬嶽何崷崒
청담에는 잔잔한 물결이 이네	淸潭亦淪漪
그 위쪽에 외로운 효자의 봉분 있고	上有孝子之孤墳
그 아래에 새로 지은 효자의 사당 있네	下有孝子之新祠
예천(醴泉) 지초(芝草) 나는 곳은 정해진 바 없으니[71]	醴泉無源芝不根
효자는 누구인가 여염집의 아이로다	孝子伊誰閭左兒
아이가 열두 살 때 모친이 역질 앓자	兒年十二母中癘
탕약을 시중들며 모친 곁을 지키거늘	母湯兒嘗兒不離
부친이 너는 어려 조심해야 한다면서	父曰兒藐尙愼旃

70 김 동자 중진(金童子重鎭) : ?~1731. 본관은 죽주(竹州)이고, 부친은 첨지중추부사 김학만(金學萬)이며, 서울 필운봉(筆雲峯) 아래에 살았다. 5세에 글을 읽었는데 한 번 보면 곧바로 외울 정도로 총명하였으며, 7, 8세부터 시를 지었다고 한다. 《소학》을 읽고는 반드시 책의 내용대로 실천하려 하였다고 한다. 12세 때 모친이 역질(疫疾)에 걸리자 잠시도 떨어지지 않고 간호하였고, 모친이 사망하자 어른처럼 시묘살이를 하다가 병에 걸려 죽었다. 고양군(高陽郡) 하도면(下道面) 청담리(淸潭里)에 장사 지냈다. 《西堂私載 卷11 金童子墓表》 뒤에 그 부친이 그의 행적과 시를 행록(行錄)으로 엮었는데, 기원(杞園) 어유봉(魚有鳳)이 발문을 쓰고 약산(藥山) 오광운(吳光運)이 서문을 썼다. 《杞園集 卷21 題孝子金重鎭行錄後》《藥山漫稿 卷15 金童子重鎭壹行錄序》

71 예천(醴泉)……없으니 : 뛰어난 인물은 가문이나 출신과 상관없이 나온다는 뜻이다. 삼국 시대 오(吳)나라 우번(虞翻)이 아우에게 준 편지에서 며느리를 들이는 데 문벌을 볼 필요가 없다고 하면서 "지초는 뿌리가 없고, 맛이 좋은 샘물은 근원이 없다.〔芝草無根, 醴泉無源.〕"라고 하였다.

임시로 다른 곳에 보내려고 하였지만	扶兒欲令兒避之
어머니가 아프신데 제가 어딜 가겠냐며	兒曰母病兒安往
부친을 바라보며 눈물 뚝뚝 떨궜어라	對父欷欷零淚垂
모친이 별세해도 차마 두고 가지 못해	母棄兒兒不忍棄母歸
청담리 자락에서 시묘살이하였는데	淸潭一曲廬於斯
봄이 가고 측백도 시들해진 가을까지	春暉已遒秋柏枯
조석으로 어머니를 부르면서 통곡했네	朝曛叫母山之陲
황천이 깊고 멀어 어머니가 못 듣기에	冥漠重扃母不聞
따라 죽어 영원토록 슬퍼하지 않으려고	不如下從地下維以不永悲
무덤에 난 풀이 아직 묵지도 않았는데	草荄猶未夜臺宿
난초 촉이 새벽 서리 맞고 지레 시들었네[72]	蘭芽徑被晨霜萎
가련하다 흙벽돌에 둘러싸인[73] 작은 몸이	可憐塈周三尺軀
한 줌의 흙이 되어 모친에게 돌아가니	一抔全歸母所遺
혼령이 아침저녁 어머니를 모시고서	魂朝母侍兮暮侍母
평소처럼 도란도란 화락하게 지내리라	融融洩洩如平時
효자가 효도하다 죽는 일 혹 있었지만	孝子殉孝古或有
아이 나이 열셋이니 기특하기 그지없네	兒齡十三兒最奇
청담에는 물결 길이 잔잔히 일고	淸潭永淪漪
마악은 영원토록 우뚝하리라	馬嶽長嶒崒

72 난초……시들었네 : 동자 김중진의 죽음을 뜻한다.

73 흙벽돌에 둘러싸인 : 흙을 구워 만든 벽돌로 시신을 넣는 구덩이 주위를 쌓는 것으로, 어려서 죽은 사람을 장사 지내는 데 썼던 제도이다. 주(周)나라 때 어려서 죽은 사람을 장사 지낼 경우 성인을 장사 지낼 때처럼 묘를 만들지 못하므로 이렇게 장사 지냈던 데서 나온 것이다. 토주(土周)라고도 한다.

사계절에 사당에는 무얼 올리나 四時何物薦孝子
푸른 죽순 흰 물고기 너무나도 정갈하니 青笋白魚何蠲潔
효자가 감히 혼자 먹지 못하고 孝子不敢享
가져가서 모친더러 드시라 할 터 持玆緊遺母
인류는 불멸하고 이륜(彝倫)은 영원하니 嗚呼生人不殄倫不斁
순효사는 천년만년 사라지지 않으리라 殉孝之祠其始自今兮無替千萬古

임실 현감으로 부임하는 죽오 권형[74]을 전송하다
送竹塢權兄出宰任實

오원[75]에는 이내 맑고 누대는 가을인데	鼇院晴嵐雲榭秋
사또의 증조께서 이곳 수령 지내셨지[76]	使君曾祖此遨頭
오늘 다시 증손이 수령으로 부임하니	漢符今日歸三葉
일 년이 모자라는 육십 년이 흘렀도다	周甲流光少一籌
상로 내린 관아 뜰엔 매화나무 늙어 가고	霜露公庭梅樹老
예악의 교화 펴는 연침에는 달 밝으리	絃歌宴寢月輪留
이 어찌 기이하고 드문 일이 아닐쏜가	此行何事非奇罕
반여를 다 모시고 가[77] 아무 걱정 없었으니	前後潘輿百不憂

공의 증조부가 이 고을 현감이 되었을 때 노친을 모시고 부임했던 것이 지금으로부터 60년 전의 일이다. 그런데 지금 공이 또 마침 그렇게 하므로 시구에 언급하였다.

74 죽오(竹塢) 권형(權兄) : 권기언(權基彦)이다. 364쪽 주11 참조.

75 오원(鼇院) : 전라도 임실을 지칭하지만 구체적으로 무엇을 가리키는 것인지는 미상이다. 임실에는 이와 발음이 비슷한 오원역(烏原驛), 오원천(烏原川) 등이 있었지만 '鼇院'은 보이지 않는다. '烏原'은 '烏院', '梧院' 등으로 표기되기도 하였다.

76 사또의……지내셨지 : 권기언의 증조부 권현(權鉉)이 1689년(숙종15) 임실 현감에 제수되었다. 《承政院日記 肅宗 15年 4月 25日》

77 반여(潘輿)를……가 : 권기언의 증조부와 권기언이 임실 현감으로 부임할 때 모두 모친을 모시고 내려갔다는 말이다. 반여는 진(晉)나라 반악(潘岳)의 판여(板輿)이다. 반악이 지은 〈한거부(閑居賦)〉에 "어머님을 판여에 모시고서 가벼운 수레를 타고 멀리로는 왕도(王都)를 유람하고 가까이로는 집 주변의 동산을 두루 노닌다.〔太夫人乃御板輿, 升輕軒, 遠覽王畿, 近周家園.〕"라고 한 데서 온 말이다.

두 번째 其二

안개비가 부슬부슬 새벽 성을 지나가니	煙雨蕭蕭度曉城
백문[78]의 버들에는 이미 가을 소리로세	白門疎柳已秋聲
교지(教旨) 받고 기뻐하는 모생 마음[79] 잘 알지만	極知捧檄毛生喜
산에 올라 바라보는 초객[80]의 슬픈 심정	猶自登山楚客情
이별하며 다듬이질 소리 듣고 놀라는데	砧杵新涼驚祖席
산하에는 석양빛이 가는 깃발 비추리라	關河斜照傍行旌
벽운루[81] 위에 올라 정운 시[82]를 읊거들랑	碧雲樓上停雲詠
편지 속에 함께 넣어 한양으로 보내 주오	憑寄雙魚達漢京

78 백문(白門) : 선양문(宣陽門)의 별칭이다. 선양문은 육조(六朝) 때의 도읍인 건강(建康), 즉 남경(南京)의 남문(南門)이다. 여기서는 도성을 지칭한다.

79 교지(教旨)……마음 : 부모님을 봉양하기 위해 벼슬한다는 뜻이다. 동한(東漢)의 효자 모의(毛義)가 집안이 빈한하여 모친을 제대로 봉양하지 못하다가 수령의 임명장을 받게 되자 한없이 기뻐하는 모습을 보였다. 그러나 모친이 세상을 떠난 이후로는 관직을 그만두고서 다시는 벼슬길에 나가지 않았던 고사가 전한다.《東觀漢記 毛義》

80 초객(楚客) : 고향을 떠나와 객지살이하는 사람을 이른다.

81 벽운루(碧雲樓) : 임실현 관내에 있었던 누대이다.

82 정운(停雲) 시 : 벗을 그리워하는 시이다. 도잠(陶潛)의 시 〈정운〉 서(序)에 "정운은 친구를 그리워하는 시이다.〔停雲, 思親友也.〕"라고 하였다.

달밤에 익릉 재실로 조 인랑[83] 성규 이 찾아오다
翼齋月夜 趙隣郎 聖逵 見訪

빈 뜰의 나뭇잎에 달빛이 흐르는 밤	虛庭葉下月痕流
바라보니 서북쪽엔 뜬구름이 아득한데	西北浮雲眺望悠
저문 숲에 들려오는 발소리에 새 놀라고	飯後林跫棲鳥怪
마주 앉은 재실에는 객지 등불 그윽하네	坐來山閣旅燈幽
하늘 맑아 별들이 봉우리를 비춰 주고	天澄列宿垂千嶂
서리 일러 중양절이 되기 전에 핀 국화들	霜早黃花先九秋
‘선(先)’ 자는 거성(去聲)이다.[84]	
좋은 날의 다른 자리[85] 머지않아 있을 테니	他席佳辰行漸近
오늘 밤은 술 없어도 맑은 놀이 할 만하네	可堪無酒揀清遊

83 조 인랑(趙隣郎) : 익릉(翼陵) 옆에 있는 명릉(明陵)을 관리하는 참봉 조성규(趙聖逵)를 지칭한다. 본관은 양주(楊州), 자는 자유(子由)이다. 1702년(숙종28)에 태어났고, 1725년(영조1) 증광 진사시에 합격하였으며, 1748년 3월 3일 명릉 참봉에 제수되었다. 명릉에는 숙종과 계비 인현왕후(仁顯王后) 민씨(閔氏)의 능이 쌍릉(雙陵)을 이루고, 그 옆으로 조금 떨어진 오른쪽 언덕에 제2 계비 인원왕후(仁元王后) 김씨(金氏)의 능이 자리하고 있다.

84 선(先) 자는 거성(去聲)이다 : ‘先’ 자가 거성일 경우에는 ‘앞서다’라는 뜻을 갖는다.

85 좋은……자리 : 좋은 날은 중양절을 가리키고, 다른 자리는 고향이 아닌 곳에서 갖는 술자리이다. 당(唐)나라 왕발(王勃)의 시 〈촉중에서 9월 9일 현무산에 올라 여러 사람과 함께 바라보다〔蜀中九日登玄武山旅眺〕〉에 “9월 9일에 망향대에 올라서, 다른 자리 다른 고을에서 전별하는 술 마시네.〔九月九日望鄕臺, 他席他鄕送客杯.〕”라고 하였다. 여기서는 머지않아 중양절에 조성규 등과 만나 술을 마실 것이라는 뜻으로 한 말이다.

심 진사[86] 득삼 만사

沈進士 得三 挽

비통하게 청송의 부음 받은 게　悲絶青松訃
쓸쓸하게 국화가 핀 가을날이네　蕭條黃菊天
이 노인이 진사로 생을 마치니　斯翁泥上舍
한동네에 살던 때가 생각나누나　同閈憶當年
좋은 기질 명문에서 물려받았고　秀骨名門得
참된 마음 간직하여 복록 누리니　眞襟茀祿全
소씨(蘇氏) 형제 비 오는 밤 함께 잠자고[87]　蘇家眠對雨
사씨(謝氏) 집엔 옥수(玉樹)가 냇물 같았지[88]　謝樹至如川

86 심 진사(沈進士) : 심득삼(沈得三, 1677～1748)으로, 본관은 청송(青松), 자는 성오(省吾)이다. 1711년(숙종37) 생원시에 합격하였다. 본래 거주지는 번암의 고향인 홍주(洪州)와 인접한 충청도 남포(藍浦)였으나, 죽을 무렵에는 객지에서 살고 있었던 듯하다.

87 소씨(蘇氏)……잠자고 : 당(唐)나라 위응물(韋應物)의 시 〈시전진원상(示全眞元常)〉에 "어찌 알았겠는가 비바람 치는 밤에, 이렇게 한방에서 다시 잘 줄을.〔寧知風雨夜, 復此對牀眠.〕"이라는 구절이 있는데, 이는 형제들이 만나 한방에서 담화를 나누며 즐거워한다는 것이다. 소식(蘇軾)이 동생 소철(蘇轍)과 헤어지고 나서 부친 시 〈신축십일월십구일……마상부시일편기지(辛丑十一月十九日……馬上賦詩一篇寄之)〉에 "찬 등불을 마주하고 옛날 일을 떠올리니, 언제나 밤비 소리 함께 누워 들어 볼까.〔寒燈相對記疇昔, 夜雨何時聽蕭瑟?〕"라는 말이 나오기 때문에 소씨를 언급한 것이다. 여기서는 심득삼의 형제들이 우애가 좋았다는 뜻으로 한 말이다.

88 사씨(謝氏)……같았지 : 진(晉)나라 때 태부(太傅)를 지낸 사안(謝安)의 집안에 자질이 우수한 자제가 많았다고 하여 사가보수(謝家寶樹), 보수생정(寶樹生庭) 등의

뵙던 날에 넓은 도량 알게 되었고 坦蕩瞻床下
주석(酒席)에서 온화한 성품 믿었네 冲和信酒邊
연세는 백부님과 동갑이신데 庚同吾伯父
식사 뒤엔 날마다 빈객 맞으니 飯罷日賓筵
갈바람에 다듬이질 소리 들리고 砧杵秋聲接
바둑판엔 낮 공기가 싱그러웠네 棋枰晝氣鮮
술래잡기 놀이[89] 모두 염두에 없고 迷藏皆枕外
발 앞에는 푸른 산이 펼쳐졌었지 嵐翠自簾前
어렸을 적 내가 이를 갈 무렵부터 小子方成齔
손자와 어울려서 뛰놀았는데 癡孫與竝肩
송아지가 겅중대듯 담장을 넘고 驀墻奔似犢
매처럼 노리다가 낚아챘었지 繞屋攫疑鸇
좁쌀 쏟아 길들이는 새끼 새 주고 倒粟供馴鷇
실을 훔쳐 종이 연을 만드느라고 偸絲弄紙鳶
즐거움에 지치는 줄 몰랐었지만 歡娛疲歲月
이별 만남 바람결의 연기 같았네 離合莽風煙
집이 멀리 서울과 떨어져 있고 第宅京華隔
넓은 바다 근처에 사셨으므로 輿居海色連

성어(成語)가 생겼다. 사안이 여러 자제에게 "왜 사람들은 모두 자기의 자제가 출중하기를 바라는가?" 하고 묻자, 조카 사현(謝玄)이 "이것은 마치 지란(芝蘭)과 옥수(玉樹)가 자기 집 정원에서 자라나기를 바라는 것과 같습니다."라고 한 것에서 유래하였다. 《晉書 卷79 謝玄列傳》 여기서는 심득삼의 집안에 훌륭한 자제가 매우 많다는 뜻으로 한 말이다.

89 술래잡기 놀이 : 세상 사람들이 서로 속고 속이는 것을 비유한 말인 듯하다.

찾아뵈려 하여도 구만리나 돼 風翮違九萬

흰머리가 삼천 길로 자라났었네[90] 霜鏡長三千

전답에는 출렁이는 곡식이 있어 穲稏遺疇在

노년에 풍요로운 삶을 누렸고 桑榆晩計便

일찍이 허부[91]에게 징험했기에 竊嘗徵許負

팽전[92]만큼 장수할 걸 의심 않았네 疇不倚彭籛

일찍이 들으니, 관상 보는 사람들이 모두 공은 반드시 대단히 장수할 것이라고 말했다 한다.

흘러가는 세월을 돌리지 못해 東逝無廻水

남쪽 땅의 영혼 홀연 자취 감췄네 南精欻掩躔

묻힌 곳은 고향의 산천 아닌데 江湖非故土

비바람이 새 묘소에 불어닥치네 風雨卽新阡

눈물 줄줄 흘린다고 의아해 말라 莫怪千行淚

끝내 한 번 조문하지 못해서이니 終孤一漬綿

반궁(泮宮)에서 잠깐 동안 나눴던 얘기 芹宮片時話

어느새 먼 옛날의 일이 됐어라 今古遂茫然

90 흰머리가……자라났었네 : 심득삼을 찾아가 만나지 못해 시름이 깊었다는 뜻이다. 이백(李白)의 시 〈추포음(秋浦吟)〉에 "흰머리가 자그마치 삼천 길이니, 시름으로 이처럼 자란 거라오.〔白髮三千丈, 緣愁似箇長.〕"라는 구절이 나온다.

91 허부(許負) : 한(漢)나라 때의 뛰어난 상술가(相術家)로, 주아부(周亞夫)의 관상을 보고 그의 앞날을 정확하게 예측했던 사람이다.《史記 卷57 絳侯周勃世家》 여기서는 관상쟁이를 이른다.

92 팽전(彭籛) : 800세까지 살았다는 전설 속의 인물 팽조(彭祖)이다. 성(姓)이 전(籛)이고 팽(彭)이라는 곳에 봉해졌기 때문에 이렇게 일컫는다.

삼릉 낭[93]과 함께 앞 못에서 천렵을 하였는데, 이때가 9월 14일이었다

同三陵郎獵魚前潭 時九月小望

능 어귀에 도랑 막아 못을 만들고	鑿池障陵口
고기 길러 물속에서 고기가 노니	養魚魚潛伏
해마다 모조리 다 잡아 버려도	魚見每年勦
금세 다시 전처럼 득실거리네	還復牣如昔
늦가을에 건장한 졸개 데리고	杪秋領健卒
둑 한쪽을 터놓아 물을 빼 내니	割隄漉一曲
고기가 막아 놓은 통발에 걸려	魚至被笱捍
낭패하여 도망가려 버둥거리네	狼狽輒前却
물이 점점 빠져서 바닥 보이자	水勢漸看縮
고기들이 더 급해져 부산스럽게	頭頭益騷繹
떼를 지어 앞으로 돌진하다가	群聚氣翁臣
허둥지둥 뒤쪽으로 몰려가누나	倉卒但回復
그렇지만 금빛 비늘 감출 수 없어	金背脫莫掩
햇빛에 모습 환히 드러나는데	雲日照的皪
잉어는 그중에서 제일 드세어	鯉魚最不羈
펄떡펄떡 두어 자나 뛰어오르고	奮躍動數尺

93 삼릉 낭(三陵郎) : 삼릉은 경기도 고양시 덕양구 원당동에 있는 서삼릉(西三陵)이고, 낭은 이곳 왕릉을 관리하는 능관(陵官)을 지칭하는 말이다.

약한 놈은 간사하고 교활하여서 弱者稍奸黠
진흙 속에 머리 묻고 숨으려 하네 垂首竄泥隙
잠깐 사이 물이 거의 빠져나가자 斯須水膚寸
사방에서 달려들어 잡으려 하니 驍手紛四集
놀란 놈들 개구리밥 더미로 뛰고 驚藏蓁萍塊
궁해져서 연잎 속에 숨기도 하네 窘投依荇葉
못 바닥에 여기저기 흩어진 모습 平地一以散
흰 서리가 내린 듯 눈이 내린 듯 炯如霜雪白
지느러미 펴고서 달아나는 놈 鬐張逸逭叉
비늘이 떨어진 채 작살 맞은 놈 鱗敗癡中擉
지푸라기 줍듯이 쓸어 담으니 俯取如芥拾
광주리가 작아서 다 못 담겠구나 筐筥不勝窄
큰 놈을 잡았을 땐 환호성 치며 獲雋時大叫
크고 작은 놈들 잔뜩 쌓아 놓는데 差差邃成積
불쌍하게 풀밭에 내던져져서 蹭蹬委岸草
거품 물고 여전히 노기 품었네 噴沫怒猶蓄
비린내가 먼 하늘로 풍겨 나가자 腥發滿遠空
솔개가 낚아채려 몰려오는데 接翅鴟擻席

이때 솔개가 사방에서 내려왔다.

돌아보며 장관에 놀라워하며 相顧駭壯觀
용이 집을 옮기는 건 아랑곳 않네 遮莫龍改宅
익릉으로 내가 온 지 오래됐지만 我來喬山久
온종일 문을 닫고 지내 왔는데 閉戶度晨夕
이번에 여러 어른 만난 덕분에 賴遇諸丈人

단번에 적막감을 떨쳐 버렸네	一擧豁岑寂
돌아올 땐 전쟁에서 이긴 것처럼	歸時似凱捷
뜻과 기개 높아져 으스대지만	意氣頗赫赫
새로 물을 넣어 주라 분부하는 건	分付覓新流
모조리 다 죽이는 게 불쌍해서라네	暴殄吾所惜

익릉 재실에서 가을날 생각에 젖어

翼齋秋思

빈 뜰에 귀뚜리가 울어 해가 쉬 지는데	空庭蟋蟀易黃昏
쓸쓸한 교산에서 홀로 문을 닫고 있네	寥落喬山獨掩門
먼 골에선 범을 만난 사람 소리 들려오고	峽逈人聲逢虎處
풍년이라 숲 너머엔 새사(賽社)[94]의 북이 둥둥	年登賽鼓隔林村
휘날리는 편백 위로 별빛은 총총하고	飛騰暝檜星芒集
가까이 가을 내엔 기러기 날아가네	倚薄秋河鴈影翻
치솟은 나무들이 호해의 꿈 막지 않아	雲木不遮湖海夢
밤이 오면 어느새 옛 전원에 가 있구나	夜來還到舊田園

94 새사(賽社) : 추수가 끝난 뒤에 술과 음식을 장만해서 농신(農神)에게 감사의 제사를 지낸 뒤 서로 어울려 즐기던 풍속을 이른다. 《事物紀原 歲時風俗》

심가은[95]이 나더러 북한산성에 함께 가자고 하였는데, 마침 입직하는 날이어서 가지 못하였다. 빈 재실에서 병든 몸으로 적막함을 달래며 회포를 적어 보다

沈街隱要余共賞北漢 適鎖直未赴 空齋病寂 聊爾書懷

이곳에서 남성[96]은 길이 멀지 않건마는	南城此去路非賒
집이 너무 생각나서 나지막이 읊조리네	猶自沈吟苦憶家
일이 없어 자연히 한낮에도 잠을 자나	無事自然眠白晝
시가 있어 국화를 다 저버리진 않는구나	有詩差不負黃花
봉우리에 차례차례 안개 서리 걷혀 가자	千岑遞迸煙霜斂
만 나무가 일제히 햇빛 달빛 받는구나	萬樹齊酣日月華
초청해 준 휴문[97]의 편지 거절하였으니	辜負休文招折簡
꿈에 보는 서암사의 새 폭포가 어떠하랴[98]	西巖新瀑夢如何

95 심가은(沈街隱) : 심야(沈埜, 1696~?)이다. 380쪽 주35 참조.

96 남성(南城) : 번암의 집이 있던 남대문 근처를 가리키는 듯하다.

97 휴문(休文) : 남조(南朝) 양(梁)나라의 저명한 시인 심약(沈約)의 자(字)인데, 여기서는 심야를 지칭한다. 심야의 성이 심약과 같은 것에 착안하여 이렇게 말한 것이다.

98 꿈에……어떠하랴 : 비 내린 뒤에 쏟아지는 서암사(西巖寺)의 폭포를 보고픈 생각이 간절하다는 뜻이다. 서암사는 1711년(숙종37) 북한산성을 쌓은 뒤 산성의 수비를 위해 창건한 13개 사찰들 중 하나로, 수구문(水口門) 안에 있었다고 한다. 승려 광헌(廣軒)이 창건하였다고 하며, 처음에는 고려 문인 민지(閔漬)가 살았던 유지가 그 옆에 있다 하여 민지사(閔漬寺)로 불렸다. 수구문 일대의 산성을 수비하는 역할을 담당하다가 19세기 말에 폐사된 것으로 추정된다. 경기도 고양시 덕양구에 절터가 남아 있다.

가을날 재실에서

秋齋

맑은 가을 달 뜬 산엔 공기가 서늘하고	淸秋月峀氣凄凄
멀리 보니 찬 들판엔 기러기 그림자들	極目寒郊鴈影低
병을 앓고 난 사람은 시든 국화 형국이요	病罷人同黃菊瘦
한가로운 재실에는 발이 구름 쓸어 내네	官閒簾掃白雲棲
바람결에 나뭇잎은 새처럼 날리는데	天風送葉翔如鳥
책 읽느라 등불 켜고 새벽까지 앉아 있네	夜字親燈坐犯鷄
이웃 능의 능참봉[99]이 빈번히 왕래하니	賴有隣郎來往熟
좁은 길에 이끼가 끼게 버려두겠는가	肯教苔蘚澁幽蹊

99 이웃 능의 능참봉 : 익릉(翼陵)과 인접한 명릉(明陵)을 관리하는 참봉 조성규(趙聖逵)를 가리킨다. 403쪽 주83 참조.

회포를 쓰다
書懷

사방 숲에 정적만이 감도는 밤에　四林都寂寂
책상 앞에 앉아 두 분[100] 그리워하네　書几二人深
다람쥐 깃든 잎에 눈이 쌓이고　雪滞鼯棲葉
달이 기운 산에는 두견새 우네　鵑愁月墜岑
지금까지 게으르게 지내 온 날들　至今成懶惰
가는 세월 붙잡아 둘 방도가 없네　無計挽光陰
시냇가 등불 심지 다 떨어지니　落盡溪燈焰
밤새 잠 못 드는 마음 누가 알거나　誰知永夜心

두 번째 其二

오늘을 어제와 비교해 보면　今日比昨日
남은 해가 하루만큼 줄어든 거니　寸寸歲華深
조각달이 편백나무 위에 뜬 뒤엔　缺月纔昇檜
구름 따라 동쪽으로 갈 수 없다네　同雲不返岑
온갖 바람 소리는 빈숲에 일고　林空訝衆響
짙은 구름 사이로는 다듬질 소리　砧迥度重陰

100 두 분 : 부모를 지칭하는 말이다. 《시경》 〈소완(小宛)〉에 "날이 밝도록 잠을 못 이루고, 나의 두 분 부모님 생각하노라.〔明發不寐, 思我二人.〕"라고 하였다.

고요한 밤이 되면 뉘우치노니　　靜夜方知悔
이 마음이 잡풀 자란 산길 같구나[101]　　蹊茅尙此心

세 번째 其三

훈업은 우리들의 일이 아니요　　勳業非吾輩
학문에 힘쓰는 게 평소 뜻인데　　藏修素計深
동지를 넘기도록 책 다 못 읽고　　殘書經至日
등불 하나 깊은 산을 지키고 있네　　孤燭守穹岑
물을 긷는 새벽까지 눈이 오더니　　谷雪通晨汲
구름 새로 드문드문 별이 보이네　　林星刷暝陰
천시만이 아니라 인사까지도　　天時又人事
쓸쓸하여 즐거운 마음 없어라　　蕭瑟少歡心

101 이 마음이……같구나 : 학문이나 수양을 지속하지 못하고 중단하여 마음이 거칠어지고 막혀 버렸다는 것이다. 맹자(孟子)가 고자(高子)에게 "산골짜기의 좁은 길이 사람들이 잠시만 사용하면 길을 이루지만, 잠깐 동안 사용하지 않으면 잡풀이 자라서 길을 막는다. 지금 잡풀이 그대의 마음을 꽉 막고 있구나.〔山徑之蹊間, 介然用之而成路, 爲間不用, 則茅塞之矣. 今茅塞子之心矣.〕"라고 한 데서 나온 말이다. 《孟子 盡心下》

은대에서 정 판서 자휘 우량, 오 승지 사수 수채, 홍 승지 석여 중징, 유 승지 양보 최기, 이 주서 유문 현조, 허 원외 진경 휘 과 연구를 짓다.[102] 이 참판 성방 창의 은 참석하지 않았다

銀臺 同鄭尙書子揮 羽良 吳承宣士受 遂采 洪承宣錫予 重徵 兪承宣良甫 㝡基 李注書幼文 顯祚 許員外晉卿 彙 聯句 李參判聖方 昌誼 未至與焉

아침 해가 은대의 지붕 위로 떴지마는 銀臺初日上罘罳

자휘가 지었다.

지작루[103]로 돌아가는 구름은 아직 차네 鳷鵲歸雲暖尙遲

선달 눈이 남았으나 버들 빛은 달라지고 宮柳微舒餘臘雪

사수가 지었다.

남쪽 가지 뒤이어서 뜰의 매화 피려 하네 院梅將綻亞南枝

예원에서 이름 높아 문장 기세 드높거니 名高藝苑波瀾闊

석여가 지었다.

모두 시종 직책 맡아 큰 은총을 입었어라 官竝承明雨露私

폭죽 소리 들으면서 해가 다한 줄을 알고 爆竹聲中知歲逼

양보가 지었다.

102 은대(銀臺)에서……짓다 : 번암은 1748년(영조24) 11월 22일 승정원 가주서에, 12월 2일 예문관 검열에 제수되었다. 이 시는 그해 연말에 새해를 앞두고 입직한 승정원과 예문관 관원들이 왕이 하사한 술을 마시고 지은 것으로 보인다.

103 지작루(鳷鵲樓) : 한 무제(漢武帝)가 금원(禁苑) 안에 지은 누관(樓觀)의 이름이다.

초백주[104]로 축수하며 봄이 온 걸 기뻐하네　　頌椒盤上喜春滋

백량의 모임[105] 끝나 패옥에는 향기 남고　　柏梁會罷香留佩

유문이 지었다.

난성[106]으로 사람 가니 술잔 속에 달이 있네　　蘭省人過月在巵

한양성의 맑은 안개 싱그러운 기색이요　　雙闕晴煙新氣色

백규가 지었다.

만가의 봄 나무는 잎이 처음 돋아나네　　萬家春樹正參差

물시계가 시간 알려 시인들이 입직하니　　銅壺漏引詞人至

진경이 지었다.

비단 이불 덮은 학사 추울 줄을 알겠구나　　綾被寒侵學士知

금중(禁中)에서 시 읊는 건 참으로 성대한 일　　禁裏歌謠眞勝事

성방이 지었다.

하사한 술 들이켜서 얼큰하게 취하리라　　共將宮醞醉淋漓

자휘가 지었다.

104 초백주(椒柏酒) : 초주(椒酒)와 백주(柏酒)로, 새해 아침에 조상에게 제사를 올리고 집안 어른에게 바쳐 축수(祝壽)하며 하례(賀禮)하는 술 이름이다.

105 백량(柏梁)의 모임 : 한 무제(漢武帝)가 백량대(柏梁臺)에서 여러 신하와 가졌던 시회(詩會)이다. 각자 돌아가면서 한 구절씩 읊게 해서 백량체(柏梁體)라는 하나의 독특한 시체(詩體)를 남긴 데서 칠언시가 시작되었다고 한다. 여기서는 대궐에서 갖는 시회를 뜻한다.

106 난성(蘭省) : 한(漢)나라 때 궐내에 전적을 수장(收藏)하던 곳으로, 후대의 비서성(秘書省)에 해당한다. 여기서는 예문관을 지칭하는 듯하다.

기사년(1749, 영조25) 봄 춘당대시에 입시하다[107]

己巳春 侍從春塘臺

능침에서 이틀 묵고 대가(大駕)가 환궁한 후　　園陵二宿六龍廻
꽃 만발한 춘당대에 성상께서 친림하니　　花滿春塘御座開
수행한 오군영의 군사들을 위로하려　　要慰五營隨駕士
화랑에서 상을 걸고 무사들을 시험하네　　畫廊金帛試群才

두 번째 其二

훤칠한 팔 척 장신 우두머리 선전관이　　行首宣傳八尺脩
백삼 입고 화룡포를 안고 나와 진헌하네　　白衫包出畫龍袍
어전에서 개장하는 북을 둥둥 울리자　　御前擊得開場鼓
활을 쏠 무관들이 왕 가까이 도열했네　　決拾材官近冕旒

세 번째 其三

바람 없는 공중에는 용 깃발이 고요하고　　天半龍旗靜不風

107 기사년……입시하다 : 1749년(영조25) 2월 10일에서 12일까지 영조가 장릉(長陵)에 행행(行幸)하고 돌아온 후 창덕궁 후원의 영화당(暎花堂) 앞 춘당대에서 별시재(別試才)를 행하였다. 이때 번암은 춘추관 기사관으로 춘당대의 문무 시재(文武試才)에 입시하였다.

군신은 하루 종일 꽃 가운데 앉았도다	君臣永日萬花中
춘당대는 한 폭의 태평성대 그림이니	春臺一幅昇平畫
향로의 맑은 연기 만 나무에 번져 가네	淑氣香煙滿樹濃

네 번째 其四

빈궁이 효성스레 팔진미를 차려 내자	嬪宮孝養八珍來
지척의 용안에는 희색이 넘치누나	咫尺堯眉喜色開
전교하여 시종에게 귀한 음식 하사하니	傳敎班心宣異味
옥쟁반을 높이 들고 영화대[108]로 내오누나	玉盤擎出暎花臺

다섯 번째 其五

꽃 속에 과녁 펴니 상서로운 해 빛나고	花裏張帿瑞旭明
무겸들이 활 쏠 사람 이름을 제창하네	武兼齊唱射班名
나이 어린 도위가 쏘는 족족 명중시켜	弱齡都尉無虛發
어탑에 보고하는 활 점수가 제일 높네	榻下偏高告箭聲

여섯 번째 其六

어수당 가까이에 비단 과녁 설치하니	魚水堂邊錦帳橫

108 영화대(暎花臺) : 춘당대를 지칭한다. 춘당대가 창경궁(昌慶宮) 후원의 영화당(暎花堂) 앞터이기 때문에 이렇게 말한 것이다.

나인들의 패옥 소리 은은하게 울리도다　　內人環珮暗琤琤
성상께서 시끌벅적 떠드는 걸 경계하여　　宸心爲軫紛華戒
동궁의 강독 소리 들리는지 자주 묻네　　數問春宮講讀聲

일곱 번째 其七

액례가 전언(傳言)하고 태복이 재촉하니　　掖隷傳聲太僕催
준마가 꽃을 밟고 저물녘에 이르렀네　　龍駒驕踏晚花來
삼군영의 대장에게 은혜롭게 하사하니　　三營大將蒙恩賜
대궐에서 사은(謝恩)한 뒤 고삐 끌고 돌아가네　　牽轡瑤墀拜舞廻

여덟 번째 其八

수많은 관원에게 큰 은총을 베푸시어　　蹌蹌簪笏爛光榮
내려 주신 어제(御製)를 두 손으로 받들었네　　雲漢宸章拜手擎
축원하는 정성이 과도한 칭찬받아　　華祝微誠霑袞奬
도성 안에 한림의 시구 가득 퍼졌어라　　翰林詩句滿神京

상이 칠언시 한 구를 지어 내리시며 여러 신하에게 차례로 연구(聯句)를 짓도록 명하셨는데, 내 차례가 되었을 때는 이미 날이 어두워진 뒤였다. 시구를 써 올리기를 "환궁길에 횃불 따로 밝힐 필요 없으리라, 노인성(老人星)이 대궐 위에 본래 밝게 떠 있으니.〔輦路未須排晝燭, 壽星元自耀重宸.〕"라고 하였는데, 상이 이르기를 "한림(翰林)의 시에서 임금을 축원하는 정성을 볼 수 있다."라고 하였다.

대보단 제사[109]에 배종한 사실을 기록하다

陪祭大報壇記實

창덕궁의 열천문 안 신종대왕 제단은	洌泉門內神宗壇
천고토록 지사 인인 눈물 흘릴 곳이니	千古志士仁人淚
숙종께서 세우시고 금왕이 계승하여	寧王作之今王述
변함없이 폐백 갖춰 제향을 올렸어라	依然玉帛趨走地
《명사》를 반포하매 은혜 더욱 드러나	正史東來恩益彰
감격하여 흘린 눈물 용포를 다 적셨는데	感涕濕盡山龍服
함인정 아래에서 밤새도록 토론해도	涵仁亭下五更燭
조정 논의 일치 안 돼 왕께서 근심타가	群議不一王心慽
결단하여 의(義)에 맞게 의절(儀節)을 제정하여	義起儀文斷宸衷
명 태조와 의종 함께 제향하게 되었어라	太祖毅宗祭祀同
왕께서 재계한 뒤 친히 희생 살피시고	王乃齋祓親視牲
앉은 채로 경건하게 새벽까지 기다렸다	坐數更鼓心憧憧

109 대보단(大報壇) 제사 : 대보단은 임진왜란 때 지원 군대를 파견해 준 명나라 신종(神宗)의 은혜를 기리기 위해서 1704년(숙종30) 옛 내빙고 터에 쌓은 제단(祭壇)이다. 그 후 1749년(영조25) 중국에서 《명사(明史)》를 간행하여 조선에 반포하였는데, 병자호란 때 의종(毅宗)이 원숭환(袁崇煥)을 파견하여 구원하려 하던 중 조선이 이미 청나라에 항복했다는 소식을 듣고 실행에 옮기지 못했다는 내용이 들어 있었다. 이에 감격한 영조는 대보단에서 의종과 명 태조를 함께 제향하고자 조정 신하들과 논의를 거친 끝에 제향 의절(儀節)을 정하였고, 그해 4월 11일 그에 따라 제향을 올렸다. 《英祖實錄 25年 3月 14日・23日, 4月 11日》《樊巖集 卷34 大報壇陪祭記》 다만 번암의 〈대보단배제기(大報壇陪祭記)〉에는 제향을 올린 날짜가 3월로 되어 있어 차이를 보인다.

시간 되자 홀을 잡고 단아하게 추창하니　時至執圭趨翼如
세 신위를 모신 제단 화창하게 개었어라　一壇三幄連晴空
피리와 생황 이어 경쇠 쇠북 연주되어　簫磬和鳴笙鏞遞
계단을 내려와서 울창주로 강신할 때　鬱鬯灌地降自陛
홀연히 한 줄기의 거센 바람 불어닥쳐　忽有一風空外叫
나무들이 부딪치며 슬프게 울 듯하고　苑木磨軋如悲嘯
무단히 빗방울이 수십 방울 떨어져서　雨點無端落數十
뜰 앞의 화톳불이 기세가 꺾이더니　赤焰欲損庭前燎
초헌이 이뤄지자 홀연 다시 맑아져서　初獻纔成忽復霽
하늘 가득 무수히 많은 별들 반짝이네　滿空磊落星河照
순식간에 광경이 어지러이 뒤바뀌며　片時光景紛變態
운거와 풍마[110] 이미 강림한 것 같으니　雲車風馬有無內
백관들이 서로 보며 모발이 송연하여　百僚相顧凜毛髮
슬퍼져서 어렴풋한 모습 기술 못 하누나　凄愴恍惚難具述
세 황제가 여길 두고 달리 어딜 가시리오　嗚呼三皇捨此更何之
주나라의 문물에다 한관 위의(漢官威儀)[111] 갖췄으니　周家文物漢官儀

110 운거(雲車)와 풍마(風馬) : 세 황제의 신령을 상징하는 말이다. 한(漢)나라 무제(武帝) 때 만든 〈교사가(郊祀歌)〉에 "천지 신령의 수레는 검은 구름을 묶는다.〔靈之車, 結玄雲.〕"라고 하고, "천지 신령이 내려오실 때는 바람같이 빠른 말을 탄다.〔靈之下, 若風馬.〕"라고 하였다. 《漢書 卷22 禮樂志》

111 한관 위의(漢官威儀) : 전한 말엽 왕망(王莽)이 나라를 찬탈했는데, 이때 훗날 후한 광무제(後漢光武帝)가 되는 유수(劉秀)가 사례교위(司隷校尉)에 발탁되어 그동안 왕망에 의해 폐기된 한나라의 복식(服飾) 등 옛 제도를 모두 복구하였다. 그러자 늙은 관리들이 눈물을 흘리며 "오늘에 다시 한관의 위의를 보게 될 줄은 생각하지 못하였다."라고 탄식한 고사가 전한다. 《後漢書 卷1上 光武帝紀》 사라진 옛 제도와 문물을

소신은 춘추관에 몸을 담은 사관으로	小臣秉筆直史閣
이 일을 기록하여 영원토록 남기노라	書庸識哉垂千億

지칭하는데, 여기서는 명나라 옛 황제들을 옛날 명나라의 의절(儀節)에 따라 제향하게 된 일을 두고 한 말이다.

사각에서 포쇄하다[112]

史閣曝曬

선산에는 신령스런 기운 깊은데 仙山蘊靈異
한가운데 석실이 우뚝 섰으니 石室占其腹
귀신이 문을 걸어 출입을 막고 鬼神閟扃鐍
서적이 구름처럼 쌓여 있다네 竹簡如雲積
관원들의 수레가 동으로 가니 華蓋照天東
왕께서 포쇄하라 명해서인데 曝曬王有命
귀한 서적 차례로 열람하는 날 瑤函閱次第
붉은 해가 종일 숲을 비추어 주네 赫日中林永
왕통 계승 요순에 견줄 만하고 授受堯舜媲
큰 정책은 문무와 가지런하니 謨烈文武竝
위대할사 소중화인 우리 조선을 韙哉小中華
왕자가 반드시 와 법 삼으리라 王者必來則
명성 높은 신하들이 줄줄이 나와 名臣紛踵武
큰 공적을 이룬 것을 볼 수 있으니 磊落見事蹟
장부가 그와 같이 되지 못하면 丈夫苟不若

112 사각(史閣)에서 포쇄(曝曬)하다 : 《영조실록》, 《승정원일기》, 번암의 묘도 문자(墓道文字) 등에 정확한 기록은 없으나, 뒤에 나오는 〈북풍행(北風行)〉 등을 참조하면 번암은 1749년(영조25) 5월 중순 무렵 포쇄를 위해 오대산 사고에 파견된 것으로 보인다. 당시 포쇄를 마친 뒤 오대산과 동해안 일대, 금강산 등을 유람하고 돌아왔다.

동방예의지국에 나서 뭐하랴 虛生秉禮國
그런데 한스럽게 백 년 이래로 所嗟百年來
붕당끼리 피 흘리며 싸움 벌이고 朋黨玄其血
개인적인 호오(好惡)로써 일을 기록해 憎愛以奪與
동호의 붓을 믿기 어려워지니[113] 董狐無信筆
강한 자는 모두가 고요와 기[114]요 强者盡皐夔
약한 자는 궁기와 도올[115]이 됐네 弱者便奇杌
시비를 징험하기 어려운 터라 是非有難徵
한 번 보고 반복해서 탄식을 하니 一覽三歎息
공정하게 판가름을 할 수 있어야 虛心辨其訟
안목이 뛰어나다 할 수 있으리 方是大眼目

113 동호(董狐)의……어려워지니 : 동호는 춘추 시대 진(晉)나라의 사관(史官)으로, 어떤 위세(威勢)에도 두려워하지 않고 사실대로 기록하여 훌륭한 사관으로 유명하였다. 여기서는 붕당이 갈림에 따라 사관의 역사 기록도 편파적이 되고 말았다는 뜻으로 한 말이다.

114 고요(皐陶)와 기(夔) : 모두 순(舜) 임금을 보필한 현신(賢臣)들이다.

115 궁기(窮奇)와 도올(檮杌) : 궁기는 소호제(少皞帝)의 아들이고 도올은 우(禹) 임금의 아버지 곤(鯤)인데, 모두 요(堯) 임금 때의 사흉(四凶) 속에 들었던 악인(惡人)이다. 《春秋左氏傳 文公18年》《尙書 舜典》

포쇄를 끝내고 오대산 중대에 오르다

曬訖陟中臺

만 겹으로 휘늘어진 등걸 뚫고 지나는데	穿去懸藤萬萬重
바윗길이 맑게 개어 구름 한 점 볼 수 없네	巖蹊不許白雲封
꽃이 나를 기다리니 늦게 온들 어떠하랴	花能待我何妨晚
산에 신선 머문다면 이곳에서 만나리라	山若留仙此可逢
솔이 누운 골짝마다 냇물 소리 들려오고	松偃川聲通曲曲
여라 덮인 봉우리에 빗줄기가 지나가네	蘿冥雨氣遞峯峯
노승이 사람 맞는 예절을 알지 못해	老僧未解迎人禮
수풀 끝에 앉은 채로 종소리를 보내오네	坐送林端縹緲鍾

비가 와서 월정사로 돌아오다
雨還月精寺

쏟아지는 저녁 비에 산 정상이 깜깜하니　淋漓暮雨暗山椒
안개 속의 절집이 멀다는 걸 깨닫겠네　霧裏巖扉更覺遙
어둑해진 시내에 물이 엄청 불어나서　幽澗水生知幾尺
건너갔던 다리를 올 땐 찾지 못했어라　來時不辨去時橋

우통수[116]

于筒水

군자에게 마음의 근원이 있어	君子有心源
이것으로 사해까지 미뤄 가나니	以是推四海
그대 보라 졸졸대는 우통의 물이	君看于筒涓
흘러가서 드넓은 강이 되는 걸	去爲江漢大

116 우통수(于筒水) : 오대산의 장령봉(長嶺峯) 밑에서 솟아나는 샘물로, 태백시 금대봉에 있는 검룡소(儉龍沼)와 함께 한강의 발원지로 알려진 곳이다. 장령봉은 서대(西臺)라고도 불린다.

강릉의 아름다움

江陵好

강릉의 즐거움은 들어 봤지만	昔聞江陵樂
강릉의 아름다움 이제야 보네	今見江陵好
강릉은 땅이 넓고 고을이 크며	江陵大其城
높은 산과 큰 바다로 둘러싸인 곳	山海鬱相抱
우뚝하고 당당한 임영관[117]에는	磊落臨瀛館
밤낮으로 원기가 가득 차 있고	元氣日夕灝
태양이 그 사이로 떠오르므로	太陽生其間
한밤중에 황도[118]가 열린다는데	半夜闢黃道
한림에게 과분한 연회를 내려	翰林侈賜宴
음악 소리 갠 하늘에 울려 퍼지네	衆樂殷晴昊
동쪽으로 십 리쯤 떨어진 곳엔	東出可十里
경포(鏡浦) 물이 밝기가 명주와 같고	鏡水明如縞
모래언덕 위에는 정자가 있어	紅亭倚沙岸
헤엄치는 고기들을 셀 수가 있네	遊魚細可考
복사꽃은 피었다가 다 떨어지고	瑤桃開且落
네 신선도 이미 늙어 볼 수 없지만[119]	四仙無亦老

117 임영관(臨瀛館) : 강릉부 동헌의 이름이다. 임영은 강릉의 고호이다.

118 황도(黃道) : 태양이 지나가는 궤도이다.

119 네 신선도……없지만 : 신라 때 고성(高城) 삼일포(三日浦)의 사선봉(四仙峯)에

소나무와 대나무가 촌락을 덮어 松竹罨籬落
곶곶의 마을들이 봉래산(蓬萊山) 같네 村村似蓬島
집집마다 항아리에 심는 인삼은 有甕皆種蔘
전설 속의 금광초[120] 못지않으니 無謝金光草
진적에 이름 넣을 수만 있다면[121] 眞籍如可添
일찌감치 사직하고 내려오련만 乞身當及早

술랑(述郎), 영랑(永郎), 남석랑(南石郎), 안상랑(安祥郎) 네 신선이 노닐었다는 전설이 있다. 여기서는 전설만 남아 있고 네 신선의 자취를 찾아볼 수 없다는 뜻으로 한 말이다.

120 금광초(金光草) : 먹으면 장수한다는 고대 전설 속의 선초(仙草)이다.

121 진적(眞籍)에……있다면 : 진적은 신선의 명부(名簿)로, 곧 신선이 되는 것을 뜻한다.

보진당은 강릉부의 성 밖에 있는데, 내 증조모이신 권 부인의 본가이다. 당이 지금까지 높다랗게 서 있고, 권씨 일족이 모두 모여 산다. 나를 맞이하여 술을 대접하므로 당에 올라 바라보고 서성이다가 감격스러운 마음을 시에 드러내다

葆眞堂在江陵府城外 卽我曾祖妣權夫人本宅也 堂至今巋然 諸權氏咸集 邀我觴之 登覽徘徊 感見于詩

증조모님 얘기가 나올 때마다	尙說曾王母
증조모님 고향을 생각했는데	常懷某水丘
백 년이 된 지금까지 당이 보존돼	百年堂自在
오늘 내가 여기에 와 노니는구나	今日我來遊
집 주변의 나무조차 우러르거니	桑梓猶堪敬
샘물은 지금까지 흐르고 있네	泉淇不盡流
계절 변화 알게 하는 봄철의 우로[122]	感時春雨露
내일이면 선산에 또 흠뻑 내리리	明發又松楸

122 계절……우로(雨露) : 《예기(禮記)》 〈제의(祭義)〉에 "봄에 비와 이슬이 내려 축축한 땅을 군자가 밟게 되면, 반드시 돌아가신 분을 뵙는 듯한 느낌이 들 것이다."라고 하였는데, 이는 봄철에 비와 이슬에 촉촉하게 젖은 묘소를 보면 선조(先祖)를 뵌 듯한 감회에 젖게 된다는 뜻이다.

경포를 찾아가다

訪鏡浦

관포를 오봉산의 노을빛에 물들이며　　宮袍染盡五峯霞
느릿느릿 바닷가의 봉래산을 찾아가네　　蓬島歸程竝海賖
삼청[123]에서 포쇄하는 공무를 수행한 뒤　　王事三淸繙竹簡
종일토록 신선처럼 복사꽃에 기댔어라　　仙期終日倚桃花
성근 솔밭 앞쪽으로 맑은 호수 펼쳐지고　　踈松馬首溶溶鏡
가랑비에 갈매기들 하얀 모래 위를 나네　　細雨鷗邊淡淡沙
벼슬을 그만두면 여기 와서 결사[124] 맺어　　待到抽簪來結社
도기가 온 집안에 충만하게 만들리라　　應令道氣屬全家

123 삼청(三淸) : 도교에서 말하는 최고의 선경(仙境)으로, 옥청(玉淸)·상청(上淸)·태청(太淸)을 지칭한다. 여기서는 사고(史庫)가 있는 오대산을 비유하는 말이다.

124 결사(結社) : 자연 속에서 마음이 맞는 사람들과 단체를 결성하여 어울리는 것을 이른다. 동진(東晉) 때 여산(廬山) 동림사(東林寺)의 고승 혜원 법사(慧遠法師)가 당대의 명유(名儒)인 도잠(陶潛), 육수정(陸修靜) 등을 초청하여 승속(僧俗)이 함께 염불 수행을 할 목적으로 백련사(白蓮社)를 결성하였고, 당(唐)나라 때 시인 백거이(白居易)가 만년에 벼슬을 그만두고 물러나 향산(香山)의 승려 여만(如滿)과 함께 향화사(香火社)를 결성했던 일화가 있다. 즉 은퇴한 뒤에 이곳에서 은거하며 마음이 맞는 사람들과 어울리고 싶다는 뜻이다.

낙산사에서 자며 감회를 읊다

宿洛山寺感吟

황혼 무렵 절에 오니 만감이 서리는데 黃昏百感倚禪樓

규성은 아득하고 바다에는 달이 떴네 奎宿茫茫海月留

당시의 미녀들 다 머리 허연 할멈 되어 當日靑蛾皆白首

〈대제곡〉을 노래했던 사람 알지 못하리라[125] 不知誰唱大堤謳

우리 조부와 희암 공(希菴公)[126]이 모두 양양 부사(襄陽府使)를 지냈는데, 희암 공이 〈대제사(大堤辭)〉를 지어 기녀에게 노래 부르게 했다 한다.

125 대제곡(大堤曲)을……못하리라 : 대제(大堤)는 백동제(白銅堤)로, 중국 양양(襄陽)의 경내를 흐르는 한수(漢水)에 있는 방죽의 이름이다. 남조 송(南朝宋)의 수왕(隋王) 유탄(劉誕)이 양양에서 밤에 기녀들의 노래를 듣고 지은 악부 〈양양악(襄陽樂)〉과 남조 양(南朝梁)의 간문제(簡文帝) 소강(蕭綱)이 대제의 기녀를 읊은 〈대제곡〉이 유명하다. 강원도 양양의 지명이 중국의 양양과 같기 때문에 채팽윤(蔡彭胤, 1669～1731)이 술자리에서 〈대제곡〉을 지어 기녀에게 노래 부르게 한 것으로 추측되지만, 채팽윤의 문집인 《희암집》에는 이와 관련된 작품이 보이지 않는다.

126 조부와 희암 공(希菴公) : 번암의 조부는 채성윤(蔡成胤, 1659～1733)이고, 희암은 채성윤의 동생이자 번암의 종조부인 채팽윤이다. 채팽윤이 양양 부사로 제수된 것은 1722년(경종2) 1월이다. 채성윤이 양양 부사로 재직한 때가 언제인지는 기록이 보이지 않는다.

명사십리로 가는 길에서 감흥을 읊다

鳴沙路中遣興

그림인지 진경인지 구분할 수 없는 절경	如畫如眞更絶奇
비가 오다 갰다 하니 한층 더 빼어나네	乍晴乍雨巧相宜
모래 가의 여린 풀엔 안개가 가없는데	縈沙弱草煙無際
땅에 가득 나는 꽃을 말은 의심 않는구나	滿地飛花馬不疑
봉도에 보낼 편지 푸른 새가 가져가고	蓬島書憑靑鳥去
경포에서 지은 시는 흰 갈매기 보게 하네	鏡湖詩許白鷗知
단약 굽는 아궁이에 채색 구름 여전하니	彩雲猶護燒丹竈
양자가 놀던 곳에 가고픈 맘 간절하네[127]	楊子遺墟有所思

127 양자(楊子)가……간절하네 : 금강산에 가고 싶은 마음이 간절하다는 뜻이다. 양자는 조선 중기의 뛰어난 시인이자 서예가인 양사언(楊士彦, 1517~1584)이다. 회양부사(淮陽府使)로 재직할 때 금강산에 자주 가서 많은 시를 남겼고, 만폭동(萬瀑洞)의 바위에 '봉래풍악원화동천(蓬萊楓岳元化洞天)'이라는 글씨를 새긴 것으로 유명하다.

선유담[128]

仙遊潭

종일 말을 달려도 끝이 없는 바다더니	飛驂盡日海無邊
눈앞에 초삽[129] 하늘 불현듯이 나타났네	咫尺還生苕霅天
눈썹같이 생긴 둑의 꽃 그림자 속에서	窈窕眉堤花影裏
홀연 엳게 화장한 서시(西施)를 만났구나	忽逢西子淡粧姸

128 선유담(仙遊潭) : 강원도 고성군 죽왕면 공현진리, 오음산(五音山) 자락에 있는 못이다.

129 초삽(苕霅) : 중국 절강성(浙江省) 호주시(湖州市) 경내에 있는 초수(苕水)와 삽수(霅水)로, 당나라의 장지화(張志和)가 은거했던 곳이다. 안진경(顔眞卿)이 호주 자사(湖州刺史)가 되었을 때 장지화의 배가 낡은 것을 보고 새것으로 바꿔 주겠다고 하자, 장지화가 "나는 이 배를 물 위에 뜬 집으로 삼아 초수와 삽수 사이를 오가며 지내기를 바랄 뿐입니다."라며 사양하였다는 일화가 있다. 《新唐書 卷196 隱逸列傳 張志和》 여기서는 선유담을 가리킨다.

영랑호[130]

永郎湖

바다 덮은 구름 병풍 굽이굽이 기이하니　　泣海雲屛曲曲奇
석양에 하얀 명주 나부끼는 것만 같네　　練痕翻動夕陽時
아득해진 신선 수레 언제 다시 오려는가　　仙軿漠漠來何日
안개비와 봄 물결에 곳곳마다 나타날 듯　　煙雨春波到處疑

130 영랑호(永郎湖) : 속초시 서북쪽 장사동 일대의 둘레 8킬로미터, 넓이 36만 평 남짓한 천연 호수이다. 신라 때 영랑(永郎) 등이 노닐었다는 전설이 있는 곳이다. 영랑을 비롯한 네 신선에 대해서는 428쪽 주119 참조.

고성 도중에 비를 만나다

高城道中遇雨

짙게 구름 낀 하늘이 쌓인 물을 쏟아부어	積水冥濛天倒垂
빗줄기가 해당화 핀 모래언덕 내리치네	海棠沙岸雨淋旗
갈매기는 가는 사람 붙잡으려 하지 말라	汀鷗莫挽行人騎
남석랑이 편지 보내 더딘 나를 채근하니[131]	南石書來怪我遲

131 남석랑(南石郎)이……채근하니 : 남석랑은 신라 때 삼일포 일대에서 노닐었다는 네 신선 중의 하나이다. 428쪽 주119 참조. 여기서는 삼일포에서 노닐었던 신선이 자신을 기다리고 있다는 뜻으로 한 말이다.

해산정[132]에서 자다

宿海山亭

황혼 무렵 해당화에 기대 배를 부르는데	暮倚棠花喚小舲
두어 집의 느릅나무 버들에는 짙은 구름	數家楡柳海雲冥
붕새 나는 하늘은 오와 초를 머금었고[133]	鵬邊天去含吳楚
자라 등의 누대[134]는 달과 별을 건드릴 듯	鰲頂樓飛抗月星
봉도로 갈 기일 되어 겨드랑에 바람 일자	蓬島靈期風在腋
관아에는 안개 짙고 물가에는 비 내리네	縣城空翠雨連汀
삼주수가 지척이라 생황 소리 지나가니[135]	三珠咫尺鸞笙過
풍악을 한밤중에 들을 필요 없으리라	不用絃歌五夜聽

132 해산정(海山亭) : 강원도 고성군 관아 뒤편에 있었던 객관(客官)이다.

133 오(吳)와 초(楚)를 머금었고 : 해산정 남쪽으로 긴 강이 빙 두르고 있다는 표현인 듯하다. 중국의 오나라와 초나라 지역으로 장강(長江)이 흘렀기 때문에 이렇게 쓴 것으로 보인다.

134 자라 등의 누대 : 삼신산(三神山)에 세워진 누대라는 뜻으로, 해산정을 두고 한 말로 보인다. 동해 바다에 있는 삼신산이 뿌리가 없어서 어디로 흘러갈지 알 수 없자, 천제(天帝)가 거대한 황금 자라 여섯 마리로 하여금 그 산을 머리로 떠받치게 했다는 우화가 《열자(列子)》 〈탕문(湯問)〉에 실려 있다.

135 삼주수(三珠樹)가……지나가니 : 신선이 사는 곳이 바로 옆이라는 말이다. 삼주수는 고대 전설 속의 진기한 나무로, 잎이 모두 진주로 되어 있다고 한다.

해산정에서 이백(李白)의 시 〈등고구망원해〉[136]에 차운하다

海山亭 次李謫仙登高丘望遠海韻

백 척의 누대 앞에	百尺樓
넓은 바다 펼쳐지니	前臨海
칠성봉[137]은 만고토록 흰빛을 띠고	星峯萬古白
하나하나 물결 위에 떠 있으면서	箇箇波上在
금색 은색 기운이 서로 부딪쳐	金銀氣相盪
아득하게 신비로운 빛을 날렸네	汗漫騰異彩
영랑이 나를 위해 신선 수레 멈추고	永郎爲我停雲軿
한가하게 꽃잎 쓸며 호숫가서 기다리니	閒掃落花湖邊待
휘영청 달 밝으면 또 따라가서	明月又相隨
한밤중에 난간에 올라 기대리	層欄半夜憑
그대 보지 못했는가	君不見
금강산의 절경이 처마 끝에 비꼈는데	金剛秀色簷際橫
신선이 아니라면 어찌 오를 수 있으랴	自非仙骨何由登
난학[138]이 흔쾌하게 초대해 주어	鸞鶴不煩招

136 등고구망원해(登高丘望遠海) : 악부(樂府) 상화가사(相和歌辭)로, 〈등고구이망원해(登高丘而望遠海)〉나 〈등고구이망원(登高丘而望遠)〉으로 표기된 곳도 있다.

137 칠성봉(七星峯) : 해산정 동쪽에 있는 바위로, 흰색 바위 일곱 개로 이루어진 듯하다. 칠성암(七星岩), 칠성석(七星石) 등으로 불리기도 하였다.

138 난학(鸞鶴) : 신선이 타는 난새와 학으로, 신선을 지칭한다.

바람을 타고 내가 날 수 있도다　　御風吾所能
북적이는 인간 세상 꿈속과도 같으니　　朝市風塵如夢裏
돌아보고 웃으면서 붉은 수레 타고 가리　　回頭笑爾朱軒乘

고성 군수 박장[139] 민수 께 받들어 올리다

奉贈高城宰朴丈 民秀

동쪽으로 말을 달려 해당화를 밟고 온 곳	飛騎東來蹋海棠
고성읍의 한쪽 편엔 큰 바다가 아득하네	高城一面水茫茫
어르신이 안개 노을 고을에서 정사 펼쳐	丈人爲政煙霞裏
나그네가 이슬 내린 누대에 올랐어라	客子登樓沆瀣傍
삼신산은 맑게 개어 밝은 달빛 연하였고	三島晴連明月色
시내들은 봄을 맞아 낙화 향기 흘리누나	百川春洩落花香
가을 되면 해금강의 빚을 정리하려는데	秋來欲了金剛債
경지 꺾어 미숫가루 만들어 주실는지[140]	倘許瓊枝折作粻

이때 바다에 바람이 사나워서 해금강을 찾을 수 없었으므로 마지막 구에 훗날의 기약을 적어 넣은 것이다.

139 박장(朴丈) : 박민수(朴民秀, 1685～?)로, 본관은 고령(高靈), 자는 자중(子中)이다. 암행 어사로 유명한 박문수(朴文秀)의 형이다.

140 가을……주실는지 : 가을에 해금강을 구경하려 하는데, 그때 고성으로 오면 숙식을 제공해 주겠냐고 박민수에게 물은 것이다. 경지(瓊枝)는 전설상의 옥수(玉樹)이다. 굴원(屈原)의 〈이소경(離騷經)〉에 "옥 가지를 꺾어서 음식을 장만하고, 옥을 곱게 빻아서 미숫가루 만들리라.〔折瓊枝以爲羞兮, 精瓊爢以爲粻.〕"라고 하였다.

삼일포에 배를 띄우다

泛舟三日浦

솔 그림자 싣고서 외로운 배가	孤舟載松影
한가하게 물속 섬의 대 옆에 떴네	閒傍水中臺
신선의 일은 이제 볼 수 없건만	惆悵神仙事
복사꽃은 잊지 않고 해마다 피네	桃花歲歲開

옥류동[141]

玉流洞

천 겹의 골짜기를 건너지르며	凌躡千重壑
위태롭게 올라서 하늘 잡으니	危登一握天
지탱하고 선 돌을 새가 피하고	石撑孤鳥讓
흩어진 내 구룡으로 전해지도다	川散九龍傳
푸른 숲엔 빗방울 맺힐 듯하고	林翠如成滴
차 향기는 연무와 짝하여 피니	茶香偶惹煙
이 세상에 신선이 존재한다면	神仙果能有
이곳이 노닐기에 적합하리라	於此稱盤旋

141 옥류동(玉流洞) : 외금강(外金剛) 구룡연(九龍淵) 쪽 길목에 있는 아름다운 협곡이다.

발연에서 불정대로 올라가는데 중간에 효양령과 박달령을 지났다. 이 두 고개는 가파른 절벽이 만 길 높이로 우뚝 서 있어 한 번이라도 발을 삐끗할 경우에는 요행을 바랄 수가 없다. 내가 진작 이런 줄 알았다면 어찌 한나절쯤 돌아가는 것을 꺼려 백천교에서 유점사(楡岾寺)로 가는 길을 택하지 않고 위태로움을 무릅썼다가 이 지경에 이르렀겠는가! 너무도 후회스럽기에 시를 지어 뒤에 이곳으로 올 사람들을 경계하는 바이다

自鉢淵訪佛頂臺 中經孝養博達 二嶺急壁陡立萬尋 一蹉趾便無幸矣 使吾早知如此 豈憚迂半日之路 不取百川橋以抵楡站 冒垂堂以及此乎 懺悔之極 詩以戒繼此者

인간 세상 험한 길을 꼽아 보아도	欲數人間險
이곳만큼 험준한 고개 없을 터	巉巖無若斯
중턱에는 난새가 피로해 쉬고	半腰鸞翅倦
성상에선 해소자노 피곤해하니	層頂日輪疲
평평한 곳에서도 눈알이 돌고	目眩平臨處
길이 꺾인 곳에서는 마음 졸이네	心寒曲折時
뒤에 오는 귀한 집 자제들이여	千金後來者
마루 끝에 앉는 것을 경계할지니[142]	戒爾坐堂垂

142 뒤에……경계할지니 : 이곳은 너무도 위험하니 절대로 이 고개에는 접근하지 말라는 뜻이다. 한(漢)나라 문제(文帝)가 말을 타고 험한 언덕을 치달리려 하자, 원앙(袁盎)이 "귀한 집 아들은 마루 끝에 앉지 않는 법이다.〔千金之子, 坐不垂堂.〕"라고 하면서 만류했던 고사가 있다. 《史記 卷101 袁盎列傳》

불정대

佛頂臺

끊어질 듯 위태로운 외나무다리 건너	枯槎爲彴絶兢如
작정하고 올라가니 비가 처음 지나가네	作意攀登雨過初
바다는 옷소매를 끌어당길 것만 같고	滄海欲句人袂去
하늘에는 홀연 돌이 허공에 솟았어라	青天忽竪石根虛
빙 두른 땅 밑에는 송림암(松林庵)이 엎드렸고	回環地底松林伏
공중에 뜬 몸 옆에선 고함치는 폭포 소리	淩厲身邊瀑布嘘
검은 곰이 곤하게 낮잠 자다 놀라 깨어	驚起玄熊亭午睡
만년 묵은 등라 뒤로 천천히 사라지네	萬年藤下去徐徐

송림암에서 쉬고 박달령으로 힘을 다해 올라갔다. 한나절을 돌고 돌아 불정대에 올라서 굽어보니 송림암이 발밑에 까마득하게 보였으므로 5구에 언급하였다.

은신대

隱身臺

만 길 벼랑 앞에 놓여 간담이 서늘한데	億丈橫前膽欲寒
꼭대기는 평평하여 편히 앉을 만하구나	頂圓終許坐能安
천지가 힘을 합해 이 구역을 만들었고	乾坤竝力斯凝就
귀신이 뿌리 잡아 돌을 깊이 박았어라	神鬼扶根邃鬱盤
창해의 긴 바람은 만겁 동안 불어오고	滄海長風通萬刦
공중의 맑은 기운 삼한을 꽉 채우도다	層空秀氣滿三韓
지척의 폭포 역시 너무도 빼어나니	飛流咫尺仍奇絶
층층이 떨어져서 열두 여울 되었구나	段段承爲十二湍

내수령을 넘다

踰內水嶺

바람결의 샘물 소리 다해 가자 석양이 져	風泉渡盡夕陽生
빼어난 기운 홀연 앞에 비껴 놀라누나	秀氣橫襟忽若驚
시야 가득 창공에는 엷은 구름 떠가고	滿眼晴空微雪色
노송나무 꼭대기에 절집들이 나타나네	檜顚飛出衆香城

마하연[143]에서 자다

宿摩訶衍

나그네가 구름과 함께 이르니	客子與雲到
중 하나가 황폐해진 암자를 쓰네	孤僧掃廢菴
만 봉우리 둘러싸서 하늘 둥글고	天團萬峯集
백 시내가 모여들어 우레 치는 듯	雷吼百川酣
옷에는 계수나무 꽃잎이 지고	衣上桂花落
창 사이의 솔은 달을 머금었어라	窓間松月含
신이 엉겨 코에 하얀 기운 생기니[144]	凝神鼻生白
단향 내음 깊은 절에 가득하여라	檀臭滿幽龕

143 마하연(摩訶衍) : 내금강(內金剛) 만폭동(萬瀑洞)의 가장 깊은 곳에 있는 유점사(楡岾寺)의 말사(末寺)로, 신라 때 의상대사(義湘大師)가 창건하였다고 한다. 지금은 사라지고 터만 남아 있다.

144 신이……생기니 : 정신을 집중하여 수양한다는 뜻이다. 불교의 수행법 중에 조용히 호흡을 하면서 코로 드나드는 기운이 하얗게 보일 때까지 관찰하는 것을 두고 한 말이다. 《楞嚴經 卷5》

만폭동
萬瀑洞

남여에서 절벽 밑을 거만하게 보지 못해	籃輿不敢傲層垠
곁눈으로 힐끗 보니 오싹하게 소름 돋네	細意窺臨凜若神
하늘이 판 큰 못들은 모두 둥근 모양인데	天鑿巨窪圓氣勢
산 흔드는 만 폭포는 성난 우레 내리치듯	山搖群瀑怒轟轔
바위는 목욕한 듯 하얀 골격 드러내고	巖淸晝浴雲霜骨
늙은 용은 봄날에 깊이 몸을 서렸어라	龍老春蟠雷雨身
양쪽 벼랑 진기한 꽃 누가 심어 놓았는가	兩岸琪花誰種得
네 신선이 수레를 매어 놓고 구경하리	四仙應爲繫飆輪

비로봉 정상에 오르다

登毘盧絶頂

발아래에 펼쳐진 삼천 리 바다	脚下三千海
찰랑이는 술잔처럼 자그마하니	盈盈小似杯
머릿속의 사념(思念)이 모두 사라져	精神一寥廓
원기와 더불어서 배회하도다	元氣與徘徊
하늘 끝에 만 가지 형상 보이고	萬象乾端出
일본에서 외로운 놀 번져 오누나	孤霞日本來
높은 곳에 눈길을 두지 않으면	不令高眼着
어떻게 큰마음이 열리겠는가	那有大心開

헐성루[145]에서 만이천봉을 바라보다
歇惺樓 瞰萬二千峯

높은 누에 올라서 신선 세계 바라보니　高樓一嘯攬蓬壺
하늘이 금강산을 조망하게 마련한 곳　天備看山別作區
무수한 봉우리들 모두 노한 듯하지만　無數飛騰渾欲怒
때론 홀로 떨어져서 외롭게 솟았어라　有時尖碎不勝孤
석양은 산 정상에 닿아 빛이 일렁이고　夕陽到頂光難定
잔설이 남은 산은 자태가 각각이네　淺雪粘鬟態各殊
향로 연기 부들자리 읊조리기 편안하니[146]　香縷蒲團吟弄穩
사공이 등산했던 어리석음 비웃노라[147]　謝公登陟笑全愚

두 번째 其二

앞을 보면 부처인데 뒤를 보면 신선 모습　前瞻如佛後如仙

145 헐성루(歇惺樓) : 정양사(正陽寺) 경내에 있는 누대로, 금강산 전체를 조망할 수 있는 곳이다.

146 향로……편안하니 : 향로 연기와 부들자리는 산사(山寺)를 뜻하는 말이다. 즉 정양사의 헐성루에 올라 편안히 산을 조망하며 시를 읊조린다는 뜻이다.

147 사공(謝公)이……비웃노라 : 정양사의 헐성루에 오르면 금강산을 한눈에 바라볼 수 있으므로, 힘겹게 봉우리마다 돌아다닐 필요가 없다는 뜻이다. 사공은 동진(東晉)의 명신(名臣) 사안(謝安)이다. 사안은 40여 세까지 20여 년을 동산(東山)에서 은거하며 조정의 부름에 응하지 않았는데, 이때 늘 나막신을 신고 소요(逍遙)하였다고 한다. 《晉書 卷79 謝安列傳》

기이한 몸 생겨난 지 몇만 년이 되었을지	怪怪身成幾億千
만고토록 은하수와 기가 서로 통하였고	萬古氣通星漢內
사시사철 높은 누대 눈서리 가에 섰네	四時樓倚雪霜邊
세상 먼지 나는 곳에 자리 잡지 않았으니	排張未有生塵地
솜씨 부려 천공(天公)에게 바치느라 애썼을 터	刻畫應勞獻技天
이틀 동안 남여가 세 번이나 이른지라	兩日籃輿三度至
떠나려니 가부좌한 중들 보기 부끄럽네[148]	去時終愧結趺禪

148 이틀……부끄럽네 : 세 차례나 헐성루에 오르느라 수도하는 중들에게 남여를 메도록 한 것이 부끄럽다는 말이다.

단발령에서 금강산을 돌아보며 서운한 마음을 읊다

斷髮嶺 回望悵吟

균천[149]의 꿈은 아직 눈에 선한데	歷歷勻天夢
막고야(藐姑射)[150]의 자태는 멀어져 가네	依依姑射容
어쩔거나 몇 발자국 걸음 옮기면	那堪移數步
일만 이천 봉우리 사라질 텐데	冥漠萬千峯

149 균천(勻天) : 균천(鈞天)과 같은 말로, 고대 전설 속에 상제(上帝)가 살고 있다는 곳이다. 《呂氏春秋 有始》 여기서는 금강산을 두고 한 말이다.

150 막고야(藐姑射) : 신선이 살고 있다는 곳으로, 역시 금강산을 이른다. 《장자(莊子)》 〈소요유(逍遙遊)〉에 "막고야 산에 선녀가 있는데 피부가 하얗고 윤택하여 옥설(玉雪)과 같다."라고 하였다.

단발령을 넘어 한나절을 골짜기로 난 길을 가는데, 경치가 더러 마음에 드는 곳이 있으므로 기뻐서 서술하다

踰斷髮嶺 行半日峽路 煙霞往往有賞心處 欣然有述

비록 길은 금강산과 멀어졌지만	縱道出山遠
여기 오니 산세가 다시 곱구나	此來山更姸
그늘이 짙은 곳은 모두 숲인데	翳然皆樹木
아름다운 곳엔 간혹 인가가 있네	佳處或人煙
노을 길엔 나무꾼의 말소리 나고	樵語雲霞徑
기장밭을 올라가는 닭이 보이네	鷄登黍稷田
묻노니 긴 시내야 너는 뭣하러	長川爾何意
골짜기 어귀까지 따라오느냐	隨我洞門前

피금정[151]

披襟亭

도화원(桃花源)은 바라봐도 다함이 없고	花源望不窮
녹색 초목 먼 물가에 생겨나도다	空翠生遙渚
떨기나무 속에서 물새가 우니	灌木水禽啼
소리는 들리지만 보이진 않네	聞聲不知處

151 피금정(披襟亭) : 강원도 금성현(金城縣) 남대천(南大川) 가에 있던 정자이다. 《대동지지(大東地志)》에는 피금정(披嶔亭)으로 되어 있다.

돌아오는 길에 삼각산을 바라보고 기뻐서 읊다

歸路望三角喜吟

뛰어난 명산 보고 눈이 조금 열렸는데	自別名山少眼開
말 머리엔 먼지 세상 아닌 곳이 없었어라	馬前無處不塵埃
뾰죽 솟은 삼각산을 보고서야 기뻐하니	始憐三角尖尖勢
중향성(衆香城)[152]에 저녁 해 비칠 때와 유사하네	猶似香城返照時

152 중향성(衆香城) : 내금강 마하연(摩訶衍) 뒤를 병풍처럼 에워싸고 있는 하얀 바위 봉우리들을 일컫는 명칭이다.

윤 승선 광의 이 야대에서 술에 취해 몸을 가누지 못하자, 성상께서 내시에게 부축하여 어전을 내려가라고 명하였다. 윤 승선이 물러간 뒤에 시를 지었기에 차운하여 받들어 올리다

尹承宣 光毅 夜對不勝酒 上命內侍扶下殿陛 退以有詩 次韻奉呈

국화 문양 기와 차니 이슬 내린 줄을 알고	黄花瓦冷露華知
태액지[153]의 은하수는 가을 기운 머금었네	星漢涵秋太液池
한 무더기 구름 속의 용안(龍顔)이 웃음 띠니	一朶雲中天帶笑
취한 신선 부축받아 어전에서 내려가네	醉仙扶下玉階時

153 태액지(太液池) : 한 무제(漢武帝)가 세운 궁원(宮苑) 안의 못으로, 여기서는 대궐을 가리킨다.

은대에서 정 상서 자휘 우량 와 금강산에서 지은 시에 대해 논한 뒤에 윤 승선 사홍 광의, 윤 승선 자후 득재 와 함께 연구를 짓다

銀臺 同鄭尙書子揮 羽良 論楓岳詩什 仍與尹承宣士弘 光毅 尹承宣子厚 得載 聯句

은대에서 술 마시며 여행담을 듣노라니 銀臺把酒聽奇遊
금강산의 가을 풍경 눈에 선히 보이는 듯 歷歷金剛眼裏秋
　자휘가 지었다.
연꽃송이 같은 산은 서로 빛을 발하는데 山似芙蓉相映發
하늘땅을 담그고서 바다가 떠 있도다 海涵天地與同浮
　사홍이 지었다.
해당화 아래로는 명사십리 흰 모래요 海棠花下鳴沙白
노송나무 그늘 속에 시내들이 흘러가네 長檜陰中百谷流
　자휘가 지었다.
한림이 시 지어서 진경을 그려 내니 內翰詩能眞境得
　자후가 지었다.
안개 노을 홀연히 육선루[154]에 가득하네 煙霞忽滿六仙樓
　백규(伯規)[155]가 지었다.

154 육선루(六仙樓) : 승정원 정청(正廳)의 누(樓)에 건 현판으로, 승정원을 가리킨다. 육선(六仙)은 승정원의 여섯 승지를 지칭하는 말이다.

155 백규(伯規) : 번암 채제공의 자(字)이다.

성현 찰방[156]으로 부임하는 강석여[157] 필리 를 전송하다

送姜錫予 必履 之任省峴郵

지난날 정처 없이 떠돌던 몸이　　疇昔萍蓬跡
국포 선생[158] 댁에서 신세 졌는데　　依因菊圃居
나이 어려 교제는 못하였지만　　周旋吾齒未
그대 얼굴 이때 처음 알게 되었소　　省識子顔初
마을 안의 강회에서 뵙기도 하고　　巷俗詩書內
운종로를 걷기도 하였었는데　　街鍾步履餘
십여 년 전 선생께서 작고하시어　　山頹十年淚
마주 보며 눈물로 옷을 적셨소　　相對重霑裾

156 성현 찰방(省峴察訪) : 성현은 경상도 청도군(淸道郡)에 소속되었던 역참이다.

157 강석여(姜錫予) : 강필리(姜必履, 1713～1767)로, 본관은 진주(晉州)이며, 석여는 그의 자이다.

158 국포(菊圃) 선생 : 강박(姜樸, 1690～1742)으로, 본관은 진주, 자는 자순(子淳)이며, 국포는 그의 호이다. 1715년(숙종41) 식년 문과에 급제하여 홍문관 정자가 되었으나, 척신(戚臣) 민진원(閔鎭遠)·어유귀(魚有龜) 등을 탄핵하다가 안주(安州)에 유배되었다. 1727년(영조3) 경연(經筵)에서 윤지술(尹志述)을 탄핵하다가 파직되었고, 그해 정미환국으로 소론이 집권하자 기용되어 홍문관의 여러 관직 및 함종 부사(咸從府使) 등을 역임하였다. 문장으로 이름이 높았고, 특히 오상렴(吳尙濂)·채팽윤(蔡彭胤) 등의 시맥(詩脈)을 계승한 것으로 알려져 있다. 번암의 부친 채응일(蔡膺一), 처삼촌인 오광운(吳光運)과 깊이 교유하였으며, 번암이 그를 스승으로 섬겼다.

두 번째 其二

가난하여 성 서쪽의 가옥을 팔고　貧賣城西宅
해변에서 농사짓는 백성이 되니　耕爲海曲氓
채란(采蘭)의 봉양 읊을 방책이 없어[159]　無方詠蘭養
밭을 갈며 여가에 글 읽었지요　餘力帶鋤經
고기 잡아 상선(商船)에 가져다 팔고　魚蟹交商舶
연무 서리 속에서 벼가 익더니　煙霜熟浦秔
궁색함은 그대에게 맞지 않기에　蓬蒿非爾輩
구만리 벼슬길에 나가게 됐소　鵬路遂崢嶸

세 번째 其三

서리 오자 성글어진 버들잎 지고　新霜落疎柳
성 남쪽엔 가을바람 소리 들리네　南郭有秋聲
저물려는 한 해를 아쉬워할 때　坐惜歲將晩
어찌하여 그대가 또 떠나가는지　如何君又行
기러기 돌아가는 한강은 넓고　歸鴻漢水闊
말 달리는 영남에는 비낀 구름들　飛馹嶺雲橫

159 채란(采蘭)의……없어 : 채란의 봉양은 진(晉)나라 속석(束晳)의 보망시(補亡詩) 〈남해(南陔)〉에 "저 남쪽 언덕에 올라, 난초를 뜯노라.〔循彼南陔, 言采其蘭.〕"라고 한 데서 나온 말로, 보배로운 향초를 뜯어 어버이에게 드린다는 뜻에서 어버이 봉양을 가리키게 되었다. 여기서는 어버이를 봉양할 생계 수단이 없다는 뜻으로 쓴 것이다.

이별한 뒤 국화꽃이 핀 것을 보면　別後逢黃菊
그리움에 술을 가득 들이켜리라　相思酒滿觥

홍 대감 중징 의 시 〈은대의 응제에서 초모를 하사받다〉에 삼가 차운하여 올리다[160]

奉次洪台丈 重徵 銀臺應製蒙賜貂帽之韻 却呈

노년에도 필력이 웅건하므로	遲暮詞鋒健
성상께서 재촉하여 상을 내리니	頒宣聖旨催
모든 게 다 성상의 은총인지라	秋毫是天眷
흰머리에 다시 봄이 오려고 하네	霜髮欲春回
토원에서 두드러진 빛을 발하고[161]	兔苑光前列
용문에서 재주를 드러냈어라[162]	龍門表上才
경조의 버들잎에 갈바람 불 때[163]	風高京兆柳
글 상자에 덮인 먼지 털어 내누나[164]	更拂篋中埃

이때 공이 한성부 우윤에 특별히 제수되는 은총을 입었다.

160 홍 대감의……올리다 : 홍 대감은 홍중징(洪重徵, 1682~1761)으로, 본관은 풍산(豐山), 초명은 중흠(重欽)이다. 자는 석여(錫餘), 호는 오천(梧泉), 시호는 양효(良孝)이다. 이 시는 1749년(영조25) 8월 홍중징이 한성부 우윤에 제수된 무렵에 지은 것이다.

161 토원(兔苑)에서……발하고 : 토원은 한(漢)나라 양 효왕(梁孝王) 유무(劉武)의 원명(園名)으로, 양원(梁園) 또는 양원(梁苑)이라고도 한다. 양 효왕이 항상 토원에서 노닐면서 추양(鄒陽), 매승(枚乘), 사마상여(司馬相如) 등 당대 제일의 문장가들을 초청하여 주연을 베풀고 시부(詩賦)를 짓게 하였다.《史記 卷58 梁孝王世家》여기서는 홍중징이 영조가 주관하는 응제(應製)에서 훌륭한 시를 지었다는 뜻으로 한 말이다.

162 용문(龍門)에서 재주를 드러냈어라 : 역시 응제(應製)에 합격한 것을 두고 한 말이다.

163 경조(京兆)의……때 : 홍중징이 가을에 한성부 우윤에 제수되었기 때문에 한 말이다.

164 글 상자에……내누나 : 이때 홍중징에게 이전에 지었던 글을 바치라는 어명이 있었던 것으로 추측된다.

관서 종사관으로 부임하는 존경당 이형[165] 종연 을 받들어 전송하다

奉送存警堂李兄 宗延 佐關西幕

역로의 홰나무 꽃 먼 하늘에 비치는데	驛路槐花映遠天
석양 무렵 말을 타고 성 남쪽을 출발하네	南城征馬夕陽前
성은 입어 푸른 산의 계수나무 작별하니[166]	主恩初別青山桂
창가 소리 녹색 물의 연꽃에서 일어나네[167]	妓曲先騰綠水蓮
가을 교외 군악 소리 먼 관서로 향해 가고	秋甸鐃笳關樹逈

165 존경당(存警堂) 이형(李兄) : 이종연(李宗延, 1701~?)으로, 본관은 연안(延安), 자는 여주(汝胄)이다. 번암의 외재종 형이다. 1727년(영조3) 증광시에 합격한 뒤 사간원 정언, 사헌부 지평 등을 지냈고, 1749년 7월 18일 평안도 도사(平安道都事)에 제수되었다.

166 성은(聖恩)……작별하니 : 이종연이 벼슬에서 물러나 지내다가 발탁되었다는 뜻이다. 한(漢)나라의 회남왕(淮南王) 유안(劉安)이 지은 〈초은사(招隱士)〉에 "깊고 깊은 산속의 계수나무 떨기여, 아름답고 무성한 가지가 서로 얽혔도다.〔桂樹叢生兮山之幽, 偃蹇連蜷兮枝相繚.〕"라고 한 것처럼, 계수나무는 은사(隱士)의 처소를 뜻하는 말로 흔히 사용된다.

167 창가……일어나네 : 이종연이 평안도 종사관으로 임명된 것을 축하하는 주연(酒筵)이 열렸다는 뜻이다. 녹색 물의 연꽃은 '녹수홍련(綠水紅蓮)'의 줄임말로, 막부(幕府)의 종사관을 지칭한다. 남조(南朝) 제(齊)의 왕검(王儉)이 위군 장사(衛軍長史)로 있을 때 그 휘하에 인재들이 많았으므로 사람들이 그곳을 부용지(芙蓉池)라고 일컬었다. 당시 문명(文名)을 떨치던 유고지(庾杲之)가 그 막부로 들어가자, 소면(蕭緬)이 "유경행이 푸른 물에 둥둥 떠서 연꽃을 의지하니, 이 얼마나 아름다운 일인가.〔庾景行泛淥水, 依芙蓉, 何其麗也!〕"라고 하였다는 고사가 전한다.《南齊書 卷34 庾杲之列傳》

그림배에 안개 달 뜬 대동강이 아름답네	畫船煙月浿江姸
이우당의 사당 아래 감당나무 늙어 가니[168]	二憂祠下甘棠老
은택으로 손자가 오십 년 뒤 부임하네	雨露孫枝五十年

공의 조부이신 이우당(二憂堂) 선생이 평안도 관찰사를 지냈으며, 이곳에 생사당(生祠堂)이 있다.

168 이우당(二憂堂)의……가니 : 이우당은 이종연의 조부 이만원(李萬元, 1651~1708)으로, 번암의 외종조부이다. 1678년(숙종4) 증광 문과에 급제하여 여러 관직을 지낸 뒤 1693년 평안도 관찰사가 되었다. 감당나무는 주(周)나라 소공(召公)이 고을을 순행(巡行)하다가 감당나무 그늘 밑에서 쉬었는데, 그가 떠난 뒤 백성들이 그를 그리며 감당나무를 감히 베지 못했다는 고사에서 나온 말이다.《詩經 召南 甘棠》 이만원이 오래전에 평안도 관찰사로 재직했기 때문에 이렇게 쓴 것이다.

새벽에 읊다

曉吟

사립문에 바람이 그치지 않아　　風扉颯未定
빈 골짝에 온갖 소리 들려오는데　　空谷發千聲
외로운 달은 찬 나무 비추고　　孤月炯寒木
첫서리가 내려서 먼 성이 맑네　　新霜澄遠城
새벽이면 성은(聖恩)에 눈물 흘리고　　君恩多曉涕
가을날 세상일로 술잔 비우네　　世事細秋觥
학문에 대한 열정 버리지 못해　　耿耿詩書計
숲속에서 밤새도록 글을 읽노라　　林燈終夜明

가는 세월

流年

종이를 바른 창이 물처럼 차서	紙閤寒如水
누웠으면 서리가 내린 줄 아네	臥知霜滿天
한밤중에 가을바람 일어나더니	西風起夜半
누런 잎이 등불 앞에 떨어지누나	黃葉落燈前
일이 적어 중처럼 선정(禪定)에 들고	事簡同僧定
국화 옆에 누워 자니 정신이 맑네	神清傍菊眠
처음 정한 마음 날로 저버리고서	初心成日負
세월만 보내는 게 부끄럽구나	默默愧流年

가을밤

秋夜

가을날 종소리가 성에 퍼지니 　秋城鍾漏發
날이 한층 쌀쌀하게 느껴지는데 　天氣却凄凄
기러기 북쪽에는 북두성 뜨고 　星斗賓鴻北
늙은 나무 서쪽에는 봉화 오르네 　風烽老樹西
게을러져 시조차도 짓지 않으니 　慵來缺詩課
벼슬 접고 은거해야 마땅하리라 　官罷合雲棲
청풍계(青楓溪)[169]의 국화를 꿈에 보지만 　夢裏楓溪菊
병들어 술 싸들고 가지 못하네 　清樽病未攜

누군가와 청풍계의 국화를 감상하러 가기로 약속했으나 가지 못했다.

169 청풍계(青楓溪) : 인왕산 동쪽 기슭 청운동 골짜기를 지칭한다.

저물녘에 바라보다

夕望

산머리에 어둑어둑 서 있는 나무 暝樹立山頂
먼 하늘의 은하수에 닿을 듯하네 逈如星漢參
해 저무니 사방 들은 한없이 넓고 菁空四野闊
종 울리자 만 집들이 고요해지네 鍾動萬家嚴
원헌은 본래 병이 든 게 아니고[170] 原憲元非病
군평은 홀로 발을 드리웠었지[171] 君平獨下簾
책 속에 참된 맛이 들어 있으니 詩書有眞味
우리 도에 침잠하여 살아가리라 吾道欲沈潛

170 원헌(原憲)은……아니고 : 원헌은 공자(孔子)의 제자이다. 노(魯)나라에 거처할 적에 몹시 가난하여 궁색하기 이를 데 없었지만 전혀 개의치 않았다. 자공(子貢)이 좋은 말을 타고 찾아가자 원헌이 명아주 지팡이를 짚고 수척한 모습으로 문을 나와 맞이하였다. 자공이 "아, 선생은 어찌 이리도 병드셨소."라고 하자, 원헌이 대답하기를 "내 들으니, 재물이 없는 것을 가난이라 하고 배우고도 행하지 못하는 것을 병이라 한다 하였소. 지금 나는 가난할 뿐 병든 것이 아니오."라고 하니, 자공은 부끄러워 어쩔 줄을 몰랐다 한다.《莊子 讓王》 여기서는 가난하게 살아가는 것이 선비의 본분이라는 뜻으로 한 말이다.

171 군평(君平)은……드리웠었지 : 군평은 한나라 때의 은사(隱士) 엄준(嚴遵)이다. 엄준은 성도(成都)의 시장에서 점집을 차려 생계를 꾸렸는데, 하루에 100전(錢)만 벌면 즉시 가게 문을 닫고 제자들에게《노자(老子)》를 가르쳤다.《漢書 卷72 王貢兩龔鮑傳》 여기서는 세상의 이익을 좇지 않고 독서하며 살아가겠다는 다짐을 드러낸 것이다.

이형 상보 씨가 9월 29일에 한양으로 왔다가 비가 내리는 바람에 발이 묶여 있었다. 얼마 후 고양으로 나가므로 써서 드리다

李兄尙輔氏用菊秋小晦至京師 滯雨 未幾出高陽 書此奉贈

사립문에 가을 기운 너무도 서늘하고	柴門秋氣極虛涼
서리 온 밤 성근 숲에 바람 소리 애절하네	切切疎林鳴夜霜
가을날 부질없이 운수의 꿈 꾸었더니[172]	歲暮空飛雲樹夢
국화주가 다해 갈 때 그대 나를 찾아왔네	君來纔及菊花觴
바닷가의 처자식은 풍년에도 수척하고	豐年海曲妻兒瘦
성 남쪽의 얘기 소리 새벽까지 이어지네	細話城南鍾漏長
한양성에 비 내리다 삼 일 만에 날이 개자	三日秦京逢霽色
쓸쓸하게 발길 다시 고양을 향하누나	蕭蕭歸馬又高陽

172 운수(雲樹)의 꿈 꾸었더니 : 운수는 벗을 그리워하는 마음이다. 두보(杜甫)의 시 〈춘일억이백(春日憶李白)〉에 "위수 북엔 봄 하늘의 우뚝 선 나무, 강 동쪽엔 저녁 무렵 구름이로다.〔渭北春天樹, 江東日暮雲.〕"라고 한 데서 유래하였다. 여기서는 이상보(李尙輔), 즉 이재망(李載望)을 그리워했다는 뜻이다.

북풍행. 양양으로 가는 상보 형을 전송하다
北風行 送尙輔兄之襄陽

시월 초 한양성에 장맛비가 쏟아지고　漢陽十月玄陰漲
한밤중에 북풍까지 사납게 불어오니　中夜北風風用壯
우뚝이 선 목멱산에 한강 물이 들이치고　木覓矗矗江漢揚
추운 성의 나무들은 어지럽게 쓰러졌네　寒城萬木俱顚狂
기러기 다 날아가고 국화도 시든 계절　南鴻翔盡黃菊萎
곳곳에 얼음 얼고 서리 잔뜩 내렸는데　川逵漠漠多氷霜
이형이 이런 때에 먼 길을 가게 되어　嗟哉李兄此時有行役
돈을 빌려 말을 사니 황갈색 말이라네　貸錢買馬馬玄黃
이형은 글을 읽어 경서에도 통달했고　李兄讀書貫聖經
이형은 시를 지어 이름 크게 날렸지만　李兄作詩擅詞場
대궐 문이 너무 깊어 재주 알릴 길이 없어　閶闔門深賦未獻
빈한한 진사로서 흰머리만 늘어 가니　進士名寒鬢欲蒼
바닷가 귀퉁이의 쓸쓸한 초가에서　蕭蕭白屋留海曲
처자식이 일 년 내내 먹고살 일 걱정하네　妻子歲暮憂衣食
스스로 양양성에 일이 있다 말을 하자　自言有事襄陽城
마부가 이른 새벽 말을 대령시켰는데　僕夫曉告遠鷄鳴
문 나서며 호탕하게 〈행로난〉[173]을 노래하니　出門浩歌行路難

173 행로난(行路難) : 세상길이 험난함을 노래한 악부가사(樂府歌辭)의 곡조이다. 진(晉)나라 포조(鮑照)가 처음 지은 뒤로 수많은 작품이 나왔는데, 그중에서도 이백(李白)의 것이 가장 유명하다.

한참 동안 고개 위에 먹구름이 자욱하네	彌時嶺黑雲崢嶸
그대 알지 못하는가	君不見
양양의 동쪽이요 한수의 위[174]에 있는	襄陽之東漢水上
낙산의 수려함은 온 천하가 안다는 걸	洛山秀色天下名
푸른 솔길 몇 리 밖에 사찰 문이 열리고	蒼松數里寺門開
붉은 언덕 천 길 아래 큰 바다가 비꼈는데	赤岸千丈滄溟橫
첩첩의 봉우리엔 의상의 전설[175] 있고	層巖合沓傳義相
빽빽한 삼목 숲엔 아명[176]의 사당 있네	靈杉結糾祠阿明
굴속의 부처님은 편안하게 앉았건만	窟中坐佛太恬如
자리 밑은 밤낮으로 바람 소리 요란하며[177]	尻下日夜風霆轟
이화정(梨花亭)엔 한밤이면 황홀한 일이 많고	梨亭五夜多恍惚
노을빛 찬란하게 아침 해가 떠오르네	紫赤縈送扶桑日
아름다운 어제(御製)[178]가 동쪽 지역 진무하고	雲漢宸草鎭東陲
우리 성조(聖祖)[179] 대필을 하사하여 찬양했지	吾祖大筆揄揚之

174 한수(漢水)의 위 : 낙산(洛山)이 남한강의 발원지 위쪽에 있다는 뜻으로 한 말이다.

175 의상(義相)의 전설 : 신라 때 의상 대사가 관음굴에서 관음보살의 진신(眞身)을 친견하고 낙산사를 건립했다는 전설을 말한다.

176 아명(阿明) : 동해(東海)를 관장하는 신(神)의 이름이다.

177 굴속의……요란하며 : 낙산사 홍련암(紅蓮庵) 밑의 관음굴을 두고 한 말이다. 의상 대사가 붉은 연꽃 위에 나타난 관음을 직접 보고 대나무가 솟은 자리에 홍련암을 지었다는 설화가 전해 내려오고 있다. 현재 홍련암의 법당 마루 가운데에는 작은 구멍이 하나 나 있어서 이곳을 통해 관음굴로 드나드는 바닷물을 볼 수 있다.

178 아름다운 어제(御製) : 숙종(肅宗)이 낙산사의 아름다운 풍경에 대해서 듣고 지어 내렸다는 시이다. 《希菴集 卷25 洛山寺御製詩板序》《海左集 卷23 洛山寺重修記》

금년 오월 초순경에 내가 여길 가게 되어 今年五月月未團
석실에서 출발하여 맘껏 유람하였으니 我從石室窮遊嬉
절벽에서 시를 읊자 큰 물고기 뛰어놀고 峭壁吟詩大魚躍
누대에서 노닐 때는 은하수가 떨어졌네 畫棟倚瑟明河落
돌아와선 넓은 바다 꿈을 꾸곤 하였는데 歸來夢想馳寥廓
우리 이형 행선지가 그 사이에 있다 하니 嗟哉李兄行色在其間
뭣 때문에 떠나면서 얼굴 찌푸리겠는가 何須去作不平顏
천오[180]에게 읍을 하고 바닷물을 떠내어서 左挹天吳右酌滄海
답답한 가슴속을 깨끗이 다 씻어 낸 뒤 澆盡輪囷磈磊之胸次
입을 열어 배 속에 든 시를 노래 부르리니 然後開口大唱腹中詩
이형의 이번 걸음 실의(失意)한 건 아니리라 嗟哉李兄此行未必非得意

179 우리 성조(聖祖) : 성종(成宗)을 지칭한다. 낙산사에 성종이 하사한 친필이 보관되어 있었다 한다. 《希菴集 卷25 洛山寺御製詩板序》《燕巖集 卷3 上巡使書》

180 천오(天吳) : 수신(水神)의 이름이다.

허진경[181] 휘 의 집에서 작은 모임을 갖고 돌아와서 가은 심숙[182]의 시에 차운하여 여러 공에게 올리다 경오년(1750, 영조26)

許晉卿 彙 宅小集 歸次街隱沈叔韻 却呈諸公案下 庚午

청명한 때에 어찌 산을 사서 은거하랴	淸時安用買山錢
별도로 남산에서 격조 있는 모임 갖네	別掃終南窈窕筵
날을 잡아 술 마시니 오래된 풍속이요	選日壺觴仍古俗
사람 향한 매화 버들 새해를 맞았어라	向人梅柳正新年
저무는 못가 대에 바둑 두는 소리 나고	池臺晚景棋聲外
봄 그늘 속 한양성엔 새들이 재잘대네	城闕春陰鳥語前
꽃이 피면 강가에서 배 띄우길 약속하니	更指江湖花滿棹
보름달이 뜰 때만 놀기 좋은 건 아니네	佳期不獨望舒圓

이때 여러 공과 정월 대보름날 달을 구경할 것과 봄 강에서 뱃놀이할 것을 약속하였다.

181 허진경(許晉卿) : 허휘(許彙, 1709~1762)로, 본관은 양천(陽川), 호는 호은(湖隱)이며, 진경은 그의 자이다. 1743년(영조19) 정시 문과에 급제하였으며, 지평(持平), 장령(掌令) 등을 역임하였다.

182 가은(街隱) 심숙(沈叔) : 심야(沈埜, 1696~?)이다. 380쪽 주35 참조.

권 양산[183] 만 의 만사 20운

權梁山 萬 挽 二十韻

쥰재(俊才)의 곤경 누가 애석해했나	驥困曾誰惜
와각(蝸角)의 영토 다툼 참지 못했네[184]	蝸爭苦未戡
재주 품고 고을 원에 머물렀으니	才猶泥下邑[185]
하늘은 왜 인재에게 각박한 건지	天豈薄奇男
고아한 곡조 절로 터득하였고	古調應心得
새 시 짓길 본래부터 좋아했으니	新詩乃性耽
이는 본래 귀한 일로 여겨졌는데	從來此事貴
오직 우리 공이 이를 감당하였네	獨許我公堪
월조[186]에서 강제를 들었거니와	月朝聞江霽

183 권 양산(權梁山) : 양산 군수(梁山郡守) 권만(權萬, 1688~1749)으로, 본관은 안동(安東), 자는 일보(一甫), 호는 강좌(江左)이다. 1725년(영조1) 증광 문과에 병과로 급제하였다. 1728년 이인좌(李麟佐)의 난이 일어나자 의병을 일으켜 반역의 무리를 진압하는 데 공을 세웠다. 그러나 적도(賊徒)가 자신을 무고하여 끌어들였다는 것을 듣고 국문을 자청하였는데, 영조가 억울함을 알고서 마음 놓고 귀향하게 하였다. 1746년 병조 좌랑으로 문과 중시에 급제하였다. 1747년부터 양산 군수로 재직하다가 1749년 세상을 떠났다. 정조 때 이조 참의에 추증되었다. 저서로 《강좌집(江左集)》이 있다.

184 와각(蝸角)의……못했네 : 세상 사람들의 명리(名利) 다툼에 끼려 하지 않았다는 뜻이다. 와각의 다툼은 달팽이의 왼쪽 뿔에 있는 촉(觸)나라와 오른쪽 뿔에 있는 만(蠻)이라는 나라가 영토를 다투느라 전쟁을 벌여 죽은 시체가 백만이나 되었다는 우화로, 《장자(莊子)》 〈측양(則陽)〉에 실려 있다.

185 邑 : 《강좌집》 부록(附錄) 〈만사(輓詞)〉에는 '位'로 되어 있다.

'조(朝)' 자는 거성(去聲)이다.[187] 희암 공(希菴公)[188]이 일찍이 공의 "강이 개니 홀연히 무지개 뜨네.〔江霽忽高虹〕"[189]라는 시구를 감상하고서 다른 사람에게 칭찬하였기 때문에 한 말이다.

총명과 넓은 도량 선망하였네　聰明艶海涵
법도대로 몰아 적식 쓰러뜨렸고[190]　範驅僵籍湜
여력으로 창엄[191]을 압도하였지　餘力壓滄弇
북해를 차고 날자 맞설 이 없고[192]　不一搏溟北

공이 중시(重試)에서 급제하였다.

186 월조(月朝) : 매달 초하루에 인물을 평하는 월조평(月朝評)으로, 월단평(月旦評)과 같은 말이다. 한(漢)나라 때 허소(許劭)가 향당(鄕黨)의 인물을 평하기를 좋아해서 매월 초하루마다 인물을 다시 품평하였던 데서 나온 것이다.《後漢書 卷68 許劭列傳》

187 조(朝) 자는 거성(去聲)이다 : 원래 '朝'는 평성(平聲)인데, 거성인 '旦' 자의 뜻으로 썼다는 말이다. 조선 태조 이성계(李成桂)의 등극 후 이름이 '단(旦)'이기 때문에 피휘하여 같은 뜻의 '朝' 자로 바꾸어 쓴 것이다.

188 희암 공(希菴公) : 번암의 종조부인 채팽윤(蔡彭胤, 1669～1731)이다.

189 강이……뜨네 :《강좌집》 권2에 실린 시 〈협의(峽意)〉의 제4구에 보인다.

190 법도대로……쓰러뜨렸고 : 법도대로 몬다는 것은《맹자》〈등문공 하(滕文公下)〉에 나오는 '범아치구(範我馳驅)'의 준말로, 사냥할 때 마부가 법도대로 말을 모는 것이다. 적식(籍湜)은 당(唐)나라 때의 시인 장적(張籍)과 황보식(皇甫湜)을 합하여 일컫는 말이다. 소식(蘇軾)의 〈조주한문공묘비(潮州韓文公廟碑)〉에 "이백과 두보를 따라 함께 어울리니, 장적과 황보식은 뒤좇다가 자빠지네.〔追逐李杜參翺翔, 汗流籍湜走且僵.〕"라고 한 데서 온 말이다. 즉 격식에 맞게 지은 시문을 다른 사람들이 따라가기 힘들었다는 뜻이다.

191 창엄(滄弇) : 창(滄)은 명나라의 문장가인 창명(滄溟) 이반룡(李攀龍)이고, 엄(弇)은 엄주산인(弇州山人)이라고 불렸던 왕세정(王世貞)이다.

192 북해(北海)를……없고 :《장자》〈소요유(逍遙遊)〉에, 북해에 사는 곤(鯤)이란 큰 물고기가 붕새로 변하여 바다를 차고 날아 구만리를 간다고 하였는데, 여기서는 권만이 문과 중시에서 그 재주를 크게 드러낸 것을 두고 한 말이다.

나라 안에 견줄 만한 사람 없었네　　無雙步斗南
노년에야 고을 원이 되어 나가니　　遨頭成晩暮
헝클어진 흰머리가 애석했지만　　華髮惜鬅鬖
관아 뜰에 핀 매화가 술을 권하고　　酒熟官梅勸
낙동강의 달빛 맑게 동헌 비췄네　　衙淸洛月參
몇 년 전에 금부(禁府)에서 심문받을 때[193]　　去年偎墨紲
며칠 동안 연이어서 담론 듣고서　　連日侍玄談

내가 공과 함께 의금부에 나가 심문을 받았다.[194]

노쇠하신 공의 말에 손뼉을 치자　　鼓掌從衰疾
취한 공은 기댄 채로 껄껄 웃었지　　掀[195]髯倚半酣
기개 높아 세상을 좁게 봤으니　　氣高今世窄
치밀한 꾀 대신이 알아보았네[196]　　籌密[197]大臣諳

193 몇 년……때 : 권만이 의금부에서 심문을 받은 것은 1748년(영조24) 10월이다. 양산(梁山) 경내의 봉산(封山)에 소나무 벌목을 금지한 것이 큰 폐단이 되고 있었으므로 권만이 이를 혁파하고자 관찰사에게 보고하였는데, 이 문제로 수사(水使) 이언섭(李彦燮)과 갈등이 빚어짐에 따라 나처(拿處)하라는 명이 내렸던 것을 가리키는 듯하다. 《江左集 附錄 行狀》《承政院日記 英祖 24年 10月 11日, 17日》

194 내가……받았다 : 번암은 1749년 8월 대신(臺臣) 송영중(宋瑩中)으로부터 부친 채응일(蔡膺一)의 이름이 역적의 공초(供招)에 언급되었다는 무고를 받고 패초(牌招)에 응하지 않아 파직된 적이 있다. 《承政院日記 英祖 25年 8月 28日》《樊巖集 卷20 辨宋瑩中筵誣書》 의금부에서 조사를 받은 것은 이와 관련이 있을 듯하지만, 권만이 의금부에서 조사받은 시기와는 일치하지 않아 단언하기 어렵다.

195 掀 : 《강좌집》 부록(附錄) 〈만사(輓詞)〉에는 '捬'로 되어 있다.

196 치밀한……알아보았네 : 권만이 양산 군수로 있던 1748년 홍계희(洪啓禧) 등이 통신사(通信使)로 일본에 갔다가 돌아왔다. 이에 앞서 권만은 양산 지역의 폐단을 해결하여 백성을 안정시킴으로써 국경을 방어하는 계책으로 삼기를 요청하는 장계(狀啓)를

공이 이때 남쪽 고을 수령으로서 예기치 못한 사태에 대비하는 방안을 강구하여 변통하려는 뜻을 가졌다.

형옥(荊玉)의 진가 아는 사람 만난 듯[198]	恰遂知荊願
책심의 부끄러움[199] 면하였기에	敎除責沈慙
이별한 뒤 꿈에 자주 찾아갔었고	嶺雲勞別夢
편지 대신 달을 보며 그리워했네	樑月替書函
버드나무 다섯 그루 문 앞에 심고[200]	門柳新栽五

올렸는데, 이때 다시 홍계희를 통해 자신의 뜻을 조정에 전하고자 편지를 보냈다. 《江左集 卷6 與通信正使》

197 密 : 《강좌집》 부록 〈만사(輓詞)〉에는 '策'으로 되어 있다.

198 형옥(荊玉)의……듯 : 형옥은 형산(荊山)에서 나는 품질 좋은 옥으로, 화씨벽(和氏璧)과 같은 말이다. 춘추 시대 초(楚)나라 사람 변화(卞和)가 형산에서 보옥(寶玉)이 들어 있는 박옥(樸玉)을 찾아내어 초나라 여왕(厲王)에게 바쳤으나, 옥이 아니고 돌이라는 옥공(玉工)들의 감정(鑑定) 때문에 죄를 받아 왼쪽 발이 잘렸다. 여왕이 죽은 후 다시 무왕(武王)에게 이것을 바쳤으나 같은 이유로 오른쪽 발이 잘렸다. 뒤에 무왕이 죽고 문왕(文王)이 즉위하자 이를 다시 바쳤는데, 왕이 그것을 옥공에게 다듬게 한 결과 세상에서 다시 얻기 어려운 귀중한 보옥을 얻게 되었다. 《韓非子 卷4 和氏》 여기서는 권만이 자신의 진가를 알아주었다는 뜻으로 한 말이다.

199 책심(責沈)의 부끄러움 : 현자(賢者)를 알아보지 못한 것에 대한 부끄러움이다. 송나라 진영중(陳瑩中)이 당대의 대학자인 명도(明道) 정호(程顥)를 몰라보고 범순부(范淳夫)에게 물은 일을 부끄럽게 여겨, 공자(孔子)가 어떠한 사람인지 몰라서 자로(子路)에게 물었던 초(楚)나라 섭현 윤(葉縣尹) 심저량(沈諸梁)의 고사에 의거하여 자신을 책하는 내용의 〈책심문(責沈文)〉이라는 글을 지었다. 《宋元學案 卷35》 여기서는 번암 자신이 권만을 알지 못했던 것에 대한 부끄러움을 뜻한다.

200 버드나무……심고 : 진(晉)나라의 도잠(陶潛)이 은거하는 집 주변에 다섯 그루의 버드나무가 서 있다 하여 오류선생(五柳先生)이라 자호(自號)하고 전(傳)을 지은 바 있는데, 여기서는 권만을 그에 비유한 것이다.

바위 정자 삼공(三公)과도 안 바꿨는데	巖亭不換三
쓸쓸히도 말세에 태어난 탓에	蕭條當[201]季葉
애석하게 좋은 나무 쓰러졌어라	顚仆惜[202]文柟
문단에는 환히 비출 무소뿔 없고[203]	藝苑亡犀照
속세에는 시끄러운 제비 소리뿐	湫寰覇燕喃
영지가 산에 오래 버려졌지만[204]	靈芝空歲晩
서대초는 춘풍을 또 머금었어라[205]	書帶又春含
현안처럼 풍질 오래 앓으시다가[206]	藥餌淹玄晏
하얀 상여 타시고 먼 길 떠나니	川原限素驂

201 當 : 《강좌집》 부록 〈만사(輓詞)〉에는 '嗟'로 되어 있다.

202 惜 : 《강좌집》 부록 〈만사(輓詞)〉에는 '奈'로 되어 있다.

203 문단(文壇)에는……없고 : 학문적으로 밝은 감식력을 갖춘 인물이 사라졌다는 뜻이다. 무소뿔에 불을 붙여 비추면 깊은 물속의 괴물들을 다 볼 수 있다는 전설이 있는데, 진(晉)나라 때 온교(溫嶠)가 우저(牛渚)에 이르렀을 때 그 물의 깊이를 헤아릴 수 없고, 또 괴물이 물속에 많이 있다고 하므로, 무소뿔에 불을 붙여 비추자 온갖 기이한 형태의 수족(水族)들이 다 보였다고 한다. 《晉書 卷67 溫嶠列傳》

204 영지(靈芝)가……버려졌지만 : 권만이 재능을 품고도 세상에 크게 쓰이지 못했다는 뜻이다.

205 서대초(書帶草)는……머금었어라 : 서대초는 한(漢)나라 정현(鄭玄)이 불기산(不其山) 기슭에서 후학을 가르칠 때 자라났다는 풀인데, 줄기가 부추처럼 길고 질겨 제자들이 책을 묶는 띠로 사용하였다 한다. 스승의 유적지를 말할 때 인용되는 고사이다. 또 송(宋)나라 주광정(朱光庭)이 명도(明道) 정호(程顥)를 뵙고 돌아와서 사람들에게 "한 달 동안 춘풍 속에 앉아 있었다."라고 말했다고 한다. 《晦庵集 卷98 伊川先生年譜》 여기서는 권만이 온화한 기상으로 제자들을 가르치고 이끌었다는 뜻으로 한 말이다.

206 현안(玄晏)처럼……앓으시다가 : 현안은 진(晉)나라 황보밀(皇甫謐)의 호이다. 황보밀은 평생 저술에 몰두하여 조정에서 불러도 나가지 않았고, 만년에는 풍질(風疾)을 앓았지만 책을 손에서 놓지 않았다고 한다. 《晉書 卷51 皇甫謐列傳》

상심하여 조령 쪽을 돌아보지만 傷心鳥嶺色
캄캄하여 이내조차 보이지 않네 蒼慘不成嵐

또
又

남을 대신하여 지은 것이다.

범상하지 않은 기상 가을날의 매 같더니	奇氣飛騰快隼秋
어찌하여 빠른 날개 숲 언덕에 떨어졌나	如何逸翮鎩林丘
노년에 동부(銅符) 차니 겸제 직책 아니었고[207]	暮年銅竹非兼濟
여사로 본 금니를 재차 쉽게 거뒀어라[208]	餘事金泥易再收
이름 높은 영남 땅에 난새가 매였더니	名大炎維朱鳥縶
사람 떠난 빈 골짝에 백구가 시름하네	人亡空谷白駒愁
삼청[209]은 붕당끼리 결탁하는 곳과 달라	三淸異似群朋界
백옥루에 글을 쓰게 할 수도 있으리라[210]	倘許文章用玉樓

207 노년에……아니었고 : 동부(銅符)는 지방 수령이 차는 인장이다. 겸제(兼濟)는 온 세상을 구제하는 것으로, "곤궁하면 그 몸을 홀로 선하게 하고, 영달하면 천하를 모두 선하게 한다.〔窮則獨善其身, 達則兼善天下.〕"라는 맹자의 말에서 나왔다. 《孟子 盡心上》 노년에 양산 군수가 되었지만 역량을 펼칠 만한 자리가 아니었다는 뜻이다.

208 여사(餘事)로……거뒀어라 : 금니(金泥)는 금가루를 섞은 아교로, 국가의 중요한 문서를 봉(封)하는 데 사용되었으므로 임금이 내리는 교서 등을 뜻한다. 권만이 애써 노력하지 않았음에도 쉽게 중시(重試)에 합격하였다는 뜻으로 한 말인 듯하다.

209 삼청(三淸) : 도가(道家)에서 말하는 최고의 선경(仙境)으로, 천상 세계를 뜻한다.

210 백옥루에……있으리라 : 백옥루는 문인이 죽어서 간다는 천상의 누각인데, 당나라 천재 시인 이하(李賀)가 27세에 죽을 때 천상에서 붉은 옷을 입은 사람이 용을 타고 내려와서 "상제가 백옥루를 완성하고 그대를 불러다가 기문을 지으라고 명하였다."라고 하며 그를 데려갔다는 말이 전한다. 《昌谷集 李長吉小傳》 여기서는 권만이 이승에서 발휘하지 못한 문학적 역량을 천상에서는 마음껏 펼칠 수 있을 것이라는 뜻으로 한 말이다.

병조 좌랑으로서[211] 어가를 배종하여 영희전[212]에 가다
以騎曹郎陪駕永禧殿

성상께서 촛불 아래 사모의 정 쏟으시니	聖主凝情燭焰中
늦은 밤 별과 달이 영희전에 가득하네	二更星月滿祠宮
어제(御製)를 편집한 뒤 담당 신하 물러가자[213]	宸章編了詞臣退
잔잔한 바람결에 패옥 소리 들려오네	淸珮聲搖細細風

211 병조 좌랑으로서 : 번암이 병조 좌랑에 제수된 것은 1750년(영조26) 1월 26일이다.

212 영희전(永禧殿) : 1619년(광해군11) 태조와 세조의 영정을 모시기 위해 설치한 전각이다. 처음 이름은 남별전(南別殿)이었는데 숙종 때 영희전으로 고쳤다. 뒤에 원종과 숙종, 영조, 순조의 영정을 추가로 모셨다.

213 어제(御製)를……물러가자 : 당시 영조가 신하들과 함께 선왕(先王) 숙종의 어제를 정리하고 있었던 듯하다.

내성[214]에 입직하다

直內省

대궐에는 새가 울고 버들가지 실 같은데	掖垣啼鳥柳絲絲
비궤에 향 피우니[215] 낮 시간이 더디구나	棐几焚香午景遲
어전(御殿) 근처 병조에 비이슬이 많이 내려	天近西曹多雨露
일찍 핀 꽃가지가 난간에 와 닿았어라	早花先發入欄枝

214 내성(內省) : 내병조(內兵曹)와 같은 말로, 조선 시대 궁궐 안에 두었던 병조의 분사(分司)이다.

215 비궤(棐几)에 향 피우니 : 조용히 독서한다는 뜻이다. 비궤는 비자나무로 만든 좋은 궤안(几案)인데, 통상 서안(書案)을 지칭한다. 송나라 진덕수(眞德秀)의 〈심경찬(心經贊)〉에 "밝은 창가 비궤 위에, 맑은 대낮 향 피우고, 책을 펴고 숙연하게, 나의 천군 섬기노라.〔明窓棐几, 淸晝鑪薰, 開卷肅然, 事我天君.〕"라고 하였다

내성에 입직하여 우연히 읊다
直省偶吟

누각 앞에 남은 꽃이 저물녘에 화사한데	簾閣餘花耿暮天
어구의 봄 나무에 빗소리가 전해지네	御溝春樹雨聲傳
시절이 평화로워 노복들도 조용하니	時平院隷無呼喚
병조 낭관 한가하게 한나절 잠을 자네	兵部郎閒半日眠

동원
東園

동산의 고운 풀은 연기처럼 푸릇하고 東園芳草綠如煙
복사꽃 자두꽃 핀 봄이 한창 어여쁜데 桃李花開春正姸
머리를 늘어뜨린 여섯 살 된 봉[216]이가 阿鳳髧毛纔六歲
애써 이웃 여자에게 그네뛰기 배우누나 强隨鄰女學鞦韆

216 봉(鳳) : 이태운(李台運)에게 시집간 번암의 막내 여동생의 딸로, 번암에게는 조카딸이 된다. 이태운 부부는 결혼 후에도 대부분을 번암의 본댁에서 생활했으며, 번암의 부친 채응일(蔡膺一)이 병산 현감(屛山縣監)으로 있을 때도 봉이 병산 관아에 함께 있었던 기록이 보인다.《樊巖集 卷7 屛衙雜詠, 卷37 祭亡妹李氏婦文》

직소에서 조 참의 명채 의 시에 받들어 차운하다

直中 奉次曺參議 命采 韻

저물어 가는 산엔 구름 있지만	山晩雲留氣
숲은 개어 새들이 즐거워하네	林晴鳥悅心
낭관이 할 일 없어 자리에 앉아	仙郎坐無事
깜빡 졸다 나지막이 읊기도 하네	微睡或微吟

아버님께서 병산 비안의 별호(別號)이다. 현감에 제수되어 7월에 부임하시게 되었으므로 배종하여 한강을 건넌 뒤 말 머리에서 작별 인사를 올리고 돌아왔다. 자식으로서 쓸쓸하고 슬픈 마음을 금할 수 없기에 시를 지어 달래다

家大人出宰屛山 比安號 以七月赴任 陪渡漢江 馬首辭歸 下情不勝凄黯 詩以自遣

가을날에 가없는 강을 건넜다	江漢秋無際
외로운 배로 혼자 돌아왔어라	孤舟悵獨回
흰 구름 먼 하늘을 덮고 있으니	白雲千萬里
오늘 밤 꿈이 정히 아득하리라	今夜夢悠哉

추석에 독음[217]의 선산으로 나가다

秋夕 出禿音先壟

필마로 동대문 밖 길을 나서니 匹馬靑門道
이슬은 촉촉하고 새벽닭 우네 晨鷄白露天
금년에는 역병이 돈 때문인지 今年多癘氣
옛 무덤엔 성묘객이 많지 않구나 古墓少香煙
교외 제단(祭壇) 나무 뒤로 별이 지더니 星落郊壇樹
들판 나루 배에는 구름이 짙네 雲深野步船
동쪽으로 나타나는 예쁜 봉우리 妍岑正東出
저 멀리가 미음[218]의 선산이로다 遙識渼陰阡

217 독음(禿音) : 경기도 양주(楊州) 경내의 마을로, 예전에 석실서원(石室書院)이 있던 지금의 남양주시 수석동 부근이다.

218 미음(渼陰) : 독음의 이칭(異稱)이다.

선산에 전을 올리고 죽은 누이[219]의 묘소에도 전을 올린 뒤 감회를 읊다

奠先壟 仍及亡姊墓 感吟

옛날에는 우리 집이 더욱 가난해	伊昔貧尤甚
누이를 늘 굶주리게 하였었는데	常令阿姊飢
동헌에서 명절 제수 마련해 오니	官廚備節祀
갈바람이 마음을 슬프게 하네	人意颯秋悲
앙상한 가로수 옆 강물은 맑고	樾瘦晴灘去
차가운 개오동에 석양이 지네	楸寒落景垂
노친의 소매 안이 편안할 테니	老親雙袖穩
혹여 혼이 남쪽으로 가 있을는지[220]	靈或已南陲

죽은 누이가 숨이 끊어지기에 앞서 아버님의 손을 잡고 "죽은 뒤에 제 영혼이 아버님의 소매 속에 있을 것입니다."라고 하였다.

219 죽은 누이 : 번암이 14세이던 1733년(영조9)에 죽은 누이이다. 《樊巖集 卷38 祭亡姊氏處子文》

220 노친(老親)의……있을는지 : 죽을 때 말한 대로 누이의 혼령이 어쩌면 비안(比安)에 있는 부친의 소매 속에 들어가 있을지도 모르겠다는 뜻이다.

8월 27일에 원손이 탄강하였으므로[221] 공경히 율시 한 수를 지어 춤출 듯이 기쁜 마음을 표현하다

八月二十七日 元孫誕降 敬成一律 庸寓蹈忭之忱

떨어지는 물시계가 새벽을 알리는데 滴滴金壺送曉籌
신비한 향기 낮게 경춘루[222]를 감쌌어라 異香低擁景春樓
천신이 힘을 합해 새끼 양을 낳듯 하니[223] 天神竝力眞如達
삽시간에 기쁜 소식 나라 안에 퍼졌도다 寰宇傳聲不啻郵
동방에서 백 년 안에 못 보았던 경사이고 事罕我東今百載
숙종께서 팔월에 탄강하신 상서 같네[224] 祥同肅廟降中秋

221 8월……탄강하였으므로 : 원손(元孫)은 사도세자(思悼世子)와 혜빈(惠嬪) 홍씨(洪氏)의 적장자인 의소세손(懿昭世孫, 1750～1752)이다. 이름은 정(琔)이고, 정조(正祖)의 동복형이다. 1751년(영조27) 6월 왕세손에 책봉되었으나, 1752년 세 살의 나이로 죽자 영조가 친히 의소라는 시호를 내렸다. 뒤에 사도세자가 장종(莊宗)으로 추존되었을 때 의소세자(懿昭世子)로 격상되었고, 곧이어 장종이 장조 의황제(莊祖懿皇帝)로 다시 추존되자 의소태자(懿昭太子)로 격상되었다. 능원은 경기도 고양시 덕양구 원당동 서삼릉 경내의 의령원(懿寧園)이다.

222 경춘루(景春樓) : 창경궁 경춘전(景春殿)을 이른다. 원래 대비의 침전 건물이지만 왕비의 산실청(産室廳)으로도 쓰였다. 의소세손이 태어난 곳이다.

223 새끼……하니 : 양이 새끼를 낳는 것처럼 원손을 쉽게 분만하였다는 뜻이다. 《시경(詩經)》 〈생민(生民)〉에 "달이 차서 출산할 때에 이르자, 초산을 새끼 양을 낳듯이 하니.〔誕彌厥月, 先生如達.〕"라고 하였다. '달(達)'은 처음 태어난 새끼 양을 가리킨다.

224 숙종(肅宗)께서……같네 : 숙종은 1661년(현종2) 8월 15일에 탄생하였고, 의소세손은 1750년 8월 27일에 탄생하였는데, 8월은 공자가 탄생한 달이기 때문에 더욱 상서롭다는 말이다. 공자의 탄생일은 10월 27일이라는 설이 있지만, 주(周)나라의 10월

빛나는 종묘사직 반석처럼 안정되니　　　　煌煌社稷爲磐石
대궐에서 기뻐하며 용안을 우러르네　　　　喜氣端門仰冕旒

은 하(夏)나라의 8월에 해당하므로 조선 시대의 책력으로 보면 8월에 해당한다. 실제로 《궐리지(闕里志)》 및 《사문유취(事文類聚)》 등 문헌에도 공자의 탄일이 8월 27일로 되어 있다. 《承政院日記 英祖 27年 1月 12日》

북평사로 나가는 홍 학사[225] 중효 를 전송하다
送洪學士 重孝 評事之行

동문 밖의 관로가 수주[226]로 이어지니	靑門官路接愁州
호기로운 대장부가 먼 변방에 부임하네	意氣男兒事遠遊
태백성을 밤에 살펴 오랑캐의 국운(國運) 알고	胡運三更看太白
팔월에도 북방의 서리[227] 검에 번뜩이리	燕霜八月上吳鉤
요하의 기러기는 찬 사막에 아득하고	遼河落鴈迷寒磧
영탑의 누런 구름 수루 옆에 떠 있을 터	寧塔黃雲傍戍樓
흉년이라 성상께서 북쪽 지방 염려하니	荒歲九重勤北顧
비단 전두 내려 주는 풍류는 억제하오[228]	風流莫以錦纏頭

225 홍 학사(洪學士) : 홍중효(洪重孝, 1708~1772)로, 본관은 풍산(豐山), 자는 성원(聖源), 호는 백서헌(柏西軒)·소와(疎窩)이다. 원주에서 살았다. 1740년(영조16) 증광 문과에 장원하여 여러 청요직(淸要職)을 역임하였다.

226 수주(愁州) : 함경도 종성(鍾城)의 고호(古號)이다.

227 북방의 서리 : 춘추 시대 음양가(陰陽家)인 제(齊)나라 출신 추연(鄒衍)이 연 혜왕(燕惠王)에게 충성스러웠는데, 참소를 입어 감옥에 갇히자 하늘을 향해 통곡하니, 무더운 여름이었는데도 서리가 내렸다고 한다.《論衡 卷5 感虛篇》 여기서는 종성이 옛 연나라 지역과 가깝기 때문에 쓴 말이다.

228 비단……억제하오 : 한양에서 멀리 떨어진 함경도 경성(鏡城)에서 기녀들과 사랑놀이에 빠져 지내지 말라는 농담조의 구절인 듯하다.

대가(大駕)가 온천에 행차한 것을 노래하다[229]

駕幸溫泉歌

온양 땅의 상서로움 궁궐까지 이어지니　　溫陽瑞氣連宮闕
신령스런 온천에서 무럭무럭 피는 증기　　中有靈泉氣鬱嵂
군왕의 가려움증 김을 쐬어 씻으려고　　君王有疾思熏洗
역마가 쉴 새 없이 달려 운송하였어라　　驛騎絲絡顚且蹶
푸른 끈 친 어로[230]가 삼백 리에 이어지고　　青繩御路三百里
여섯 필의 말 나란히 새벽길을 출발하니　　六龍雅雅淸晨出
구월의 나루에는 배다리가 설치되고　　西津九月舟爲梁
하늘에는 깃발 가득 군악(軍樂) 소리 퍼지도다　　旌旗塞天笳吹發
지난날 선왕께서 온천으로 행차할 때[231]　　聞說先王昔幸行
금상이 반열에서 시위(侍衛)했다 들었으니　　今上班居雲劍列
풀 위에는 가죽 신발 흔적이 남아 있고　　芳草履綦痕猶在

229 대가(大駕)가……노래하다 : 1749년(영조25) 영조가 가려움증으로 고생하다가 겨울 무렵 온천수를 수송해다 환부를 씻고 담그는 요법을 썼지만 큰 효험이 없었다. 이에 1750년 9월 온양온천으로 행차하였으므로 당시의 일을 시로 지은 것이다.

230 푸른……어로(御路) : 푸른 끈으로 임금이 행행하는 길의 경계를 표시한 것으로, 온양온천으로 향하는 행차를 뜻한다. 왕건(王建)의 시 〈온천궁행(溫泉宮行)〉에 "시월 초하룻날 천자께서 행차하니, 푸른 끈 친 어로에는 먼지 한 점 볼 수 없네.〔十月一日天子來, 青繩御路無塵埃.〕"라고 하였다.

231 지난날……때 : 1717년(숙종43)에 숙종이 온양온천으로 행행한 것을 두고 한 말이다.

옛 성의 횃대에는 향기 아직 풍기리라　　古壁衣椸香未歇
그로부터 세월이 삼십사 년 흘렀지만　　邇來三十有四載
효성 깊어 옛 생각에 눈물을 지으실 터　　舜孝不盡羹墻泣
어가의 행렬 점점 멀어져 가건마는　　淸蹕依依聲漸遠
유도하는 관료[232]들은 백사장에 서 있도다　　留都百僚沙頭立
소신이 얼마 전에 해치관을 새로 쓰니[233]　　小臣新辭獬豸冠
주남에 머물렀던 나그네와 한이 같네[234]　　恨如周南留滯客
바라는 건 옥체가 건강을 회복하고　　但願玉體康且適
백신의 보우 입어 환궁하는 것뿐이네　　百神扶擁還京國

232 유도(留都)하는 관료 : 왕이 도성을 떠났을 때 도성에 남아 정무를 처리하는 관료들이다.

233 소신(小臣)이……쓰니 : 해치관(獬豸冠)은 법을 집행하는 관원들이 쓰던 모자로, 여기서는 번암이 1750년(영조26) 6월 25일 사헌부 지평에 제수된 것을 두고 한 말이다.

234 주남(周南)에……같네 : 한(漢)나라 무제(武帝)가 태산(泰山)에 봉선(封禪)하는 의식을 거행할 때 태사공(太史公) 사마담(司馬談)은 주남 지역인 낙양에서 병을 앓느라 참가하지 못했으므로 매우 유감스럽게 여겼다고 한다. 《史記 卷130 太史公自序》 즉 자신이 새로 사헌부에 제수되어 영조의 행차를 수행하는 반열에 들지 못한 것이 한스럽다는 뜻이다.

어머님의 판여를 받들고 병산 임소에 계신 아버님에게로 갈 적에 찬 강의 배 위에서 용시[235]와 이별하다

奉慈氏板輿赴家君屛山任所 氷湖舟中別龍施

가을날의 이별 본래 슬픈 법인데	離人本悲秋
오늘은 처량하게 비까지 오네	況乃秋雨至
말 머리엔 큰 강이 가로놓이고	大江馬前橫
차가운 비는 그칠 기미가 없네	寒聲來不已
눈에 선히 보일 듯한 대은정[236] 위에	宛彼戴恩亭
그대와 손을 잡고 올랐었는데	携手與子倚
뱃사공은 내 마음을 알지 못하고	長年不解意
떠나자고 연달아서 재촉하누나	連聲催我起
나의 행차 어찌 아니 영광될쏜가	吾行豈不榮
판여에 깃발 밝게 나부끼는데	板輿爛旖旎
아쉬운 건 그대와 작별을 하고	所嗟與爾別
천리 멀리 험한 산길 가는 거라네	雲棧邈千里
바람 불어 배는 곧 떠나려는데	風帆儼欲動
이별의 말 거듭해서 주고받으니	別語殊亹亹
부지런히 독서하라 권하고 나서	上言勤讀書
내게 자주 편지하라 당부하노라	下言頻寄字

235 용시(龍施) : 번암의 외사촌 동생 이보연(李普延)이다. 373쪽 주23 참조.

236 대은정(戴恩亭) : 한강 가에 있던 인평대군(麟坪大君)의 정자이다.

조령

鳥嶺

중한 관문 있는 덕에 바다 요기 사라지니　重關不閉海氛收
밤에도 행인들의 노랫소리 들리누나　歌嘯行人夜未休
내 흐르는 골짜기에 가을바람 몰아치고　百谷川鳴秋籟壯
붉게 물든 봉우리엔 태양이 흘러가네　千巖葉赤日輪流
구름 끝의 옛 성첩(城堞)은 양을 잃고 고쳤는데[237]　雲端古堞亡羊補
나무 끝의 판여는 새와 함께 떠가도다[238]　樹杪輕輿竝鳥浮
모친 위해 편안하게 앉을 자리 마련하니　要爲老親供宴坐
대자리와 비단 방석 깊은 못을 굽어보네　錦筵華簟壓神湫

237 구름……고쳤는데 : 임진왜란을 겪고 나서 조령의 제2관문인 중성(中城)을 설치하고, 그 후 1708년(숙종34)에 중성을 중건하고, 제1관문인 초곡성(草谷城)과 제3관문인 영성(嶺城)을 축조한 것을 두고 한 말이다.

238 나무……떠가도다 : 어머니를 태운 판여를 받들고 가파른 조령의 나무 사이를 지나가는 모습을 묘사한 것이다.

망북정[239]

望北亭

붉은 단풍 푸른 벼랑 가을날에 선명하니	紅樹蒼崖秋正鮮
관아에서 보는 경치 선경(仙境)이라 할 만하네	官居有此合稱仙
둘러싼 들 밖에선 굽이도는 물 만나고	回環野外相逢水
툭 트인 기둥 앞엔 하늘이 끝없어라	豁達楹前未了天
동헌의 모퉁이엔 갈매기 놀라 깨고	鷗夢每驚山縣角
역정에서 피는 연기 솔 그늘이 누르네	松陰低壓驛亭煙
건너편 숲에 사는 소군[240]을 불러 놓고	隔林喚取蘇君至
시내 달이 둥근 밤에 거문고를 연주하리	抱得瑤琴溪月圓

239 망북정(望北亭) : 경상도 비안(比安) 관내에 있던 정자이다.

240 소군(蘇君) : 한 문제(漢文帝) 때 계양군(桂陽郡)에 살던 소선공(蘇仙公)이 학을 타고 날아갔는데, 오랜 세월이 흐른 뒤에 읍성의 누대에 학이 날아와 앉았다. 어떤 사람이 학을 향해 탄알을 쏘자 학이 누대의 판자를 발톱으로 할퀴었는데, 그 자국이 "성곽은 그대론데 사람은 달라졌네. 삼백 갑자 지나서 돌아왔으니, 내가 소군이거늘 어찌하여 탄알 쏘나.〔城郭是, 人民非. 三百甲子一來歸, 吾是蘇君, 彈何爲?〕"라고 쓴 것처럼 보였다고 한다.《神仙傳 蘇仙公》여기서는 단순히 학을 지칭하는 말이다.

시월 보름날 달빛이 매우 아름답기에 앞 시내로 걸어 나갔다가 빙 돌아서 망북정에 올라 회포를 쓰다

十月之望 月色正佳 步出前川 迤登望北亭 書懷

시내 따라 걸어가니 갈매기 놀라 깨고	沿沙步屧警眠鷗
바람은 선들선들 들머리를 지나가네	風縷悠揚野渡頭
솔 아랫길 홀로 오니 누런 잎이 흩어지고	松逕獨來黃葉散
벼랑에서 읊조리니 흰 구름이 그윽하네	巖崖孤嘯白雲幽
서리 내린 천지에는 달이 높이 걸렸는데	霜澄六合高懸月
거울 같은 물 두 줄기 누대를 감쌌어라	鏡夾雙流窈抱樓
무엇보다 북두성을 한밤중에 바라보니	最是北辰中夜望
시름으로 아득해져 습령 시[241]를 읊조리네	隰苓歌調莽生愁

241 습령(隰苓) 시 : 《시경(詩經)》〈간혜(簡兮)〉에 "산에는 개암나무가 있고, 습지에는 감초가 있도다. 내 누구를 그리워하는가, 서방의 미인이로다. 저 미인이여, 서방의 사람이로다.〔山有榛, 隰有苓. 云誰之思? 西方美人. 彼美人兮, 西方之人兮.〕"라고 하였는데, 이는 서주(西周)의 현왕(賢王)을 그리는 내용이다. 여기서는 대궐에 있는 임금을 그리워한다는 뜻으로 쓴 것이다.

신미년(1751, 영조27) 정월에 아내[242]가 죽었다는 소식을 듣고 병산 관아에서 서울 집으로 돌아가려 하였다. 눈물을 훔치며 심정을 기술하다

辛未正月 聞室人喪報 自屛衙將還京第 抆淚述懷

비록 간들 누구를 만나겠는가	縱去那相見
내가 가도 이미 다 늦은 일인데	吾行已後時
약봉의 서찰[243] 받고 놀란 이 마음	驚心藥峯札
녹문의 기약 어긴 한을 남겼네[244]	遺恨鹿門期
도성에서 아득히 먼 봄 기다리고	故國迷春望
빈집에서 긴긴밤을 원망했으리	虛堂怨夜遲
이별할 때 처량하게 내게 한 말을	凄涼臨別語
차마 다시 떠올리지 못하겠어라	不忍更提思

242 아내 : 초취(初娶)인 동복 오씨(同福吳氏, 1723~1751)로, 부친은 직장(直長) 오필운(吳弼運)이다.

243 약봉(藥峯)의 서찰 : 처가에서 온 부고를 이른다. 약봉은 약현(藥峴)과 같은 말로, 지금의 서울시 중구 만리동 입구에서 충정로 3가로 넘어가는 고개이다. 번암의 스승이자 처삼촌인 오광운(吳光運)의 집이 여기에 있었고, 번암의 아내 동복 오씨(同福吳氏)의 본가도 이곳이었던 듯하다.

244 녹문(鹿門)의……남겼네 : 벼슬을 버리고 아내와 함께 은거하려던 계획을 실행하지 못한 것이 한스럽다는 뜻이다. 후한(後漢)의 방덕공(龐德公)이 남군(南郡)의 양양(襄陽)에서 살다가 형주 자사(荊州刺史) 유표(劉表)의 초빙에 응하지 않은 채 처자를 거느리고 녹문산(鹿門山)에 들어가 은거했던 데서 나온 말이다.《後漢書 卷83 逸民列傳 龐公》

두 번째 其二

사람 일은 여의찮은 것이 많지만	人事應多失
슬픔의 단서 실로 만 겹이로다	悲端實萬重
하늘은 아들 하나 주지 않았고	天何慳一子
남편은 또 겨울 내내 멀리 가 있어	郎又隔三冬
편모가 염습(殮襲)하는 수의(壽衣)를 짓고	斂服偏親製
계집종이 빈소에 전(奠)을 올리네	床需短婢供
가련하게 원통함이 가슴에 맺혀	可憐冤結意
매일 밤 꿈속으로 찾아오도다	連夜夢相從

길을 떠나 심천의 점사에서 묵었는데 밤새도록 눈이 내렸다

發程 宿深川店 終夜雨雪

몇 번이나 잠이 깨어 시간을 물어보고	五起深窓問曉籌
이웃 닭이 세 번 울자 등잔불을 밝혔지만	隣鷄三唱一燈幽
밤새도록 처마 위에 눈 내리는 소리 들려	茅簷雨雪終宵響
눈물 닦는 나그네의 머리가 다 세려 하네	掩淚行人欲白頭

새벽에 삼뢰를 건너는데, 십여 자나 쌓인 눈에 말이 빠지고 길에는 지나가는 사람이 없었다. 심회를 읊다

曉發渡三瀨 丈雪沒馬 路無人行 感吟

새벽에 일어나니 엄청나게 눈이 쌓여	曉起關河三丈雪
나는 새도 끊어지고 길도 알아볼 수 없네	飛禽斷絶路無歧
가엽게도 말 한 필로 새벽길을 가는 이 몸	可憐匹馬聞鷄客
누굴 보러 고생하며 집으로 가려 하나	辛苦還家欲見誰

광대천 점사에서 한양에서 온 심부름꾼을 만나다

光大遷店舍 遇京伻

저녁 무렵 촌 점사에 들었다가 만난 사람	荒店逢人落照餘
말 앞에서 몇 통인가 봉한 서신 건네는데	馬前呈得幾封書
홀로 남아 한양 집을 지키던 내 아내가	吾妻獨守吾廬在
도리어 시부모님 안부 물은 것이었네	倘向高堂候起居

조령
鳥嶺

점심 무렵 조령 아래 당도해 보니　　午到鳥嶺底
골짜기에 그늘 아직 걷히지 않고　　長陰宿未洩
열 자도 넘을 듯이 눈이 쌓여서　　雪積丈有餘
키가 큰 편백만이 보일 뿐이네　　聳檜纔不沒
모진 바람 눈 쌓인 언덕 흔드니　　戕風攪屯素
휘날려서 연무처럼 흩뿌리는데　　飄似煙靄潑
거대한 바위에는 고드름 기둥　　巨巖被氷溜
하얀 쇠가 튼튼하게 박힌 듯하네　　贔屭立晶鐵
성곽은 말끔하게 모습 변하고　　城郭澹改色
빈숲에는 도깨비의 휘파람 소리　　魑魅嘯空樾
잔도가 열흘가량 막혀 있어서　　棧途阻一旬
장사꾼들 머리가 다 세려고 하네　　商旅變鬢髮
나의 말이 지치고 병든 탓으로　　我驢玄以黃
남여 타고 험한 고개 올라가는데　　籃輿乘巀嵲
산은 추워 새와 짐승 자취 끊기고　　山寒鳥獸絶
골짜기엔 거센 바람 그치지 않네　　林壑迴蕭瑟
소나무는 바람 속에 윙윙거리고　　松聲和空籟
차츰차츰 어둠이 내려앉으니　　稍稍暝意發
어둑해진 마을을 굽어보고야　　俯視村墟杳
종이 배가 고픈 줄을 깨닫는구나　　徒御載飢渴

나그네는 본래부터 감회 많은데 客子固多感
경색마저 무척이나 시름겨우니 物色況愁絶
시내는 다 동쪽으로 내달리지만 奔川盡東逝
흘러가면 언제 다시 돌아오는가 東逝反何日
산 정상이 하늘에 닿을 것 같아 絶頂高近天
도성까지 바라볼 수 있을 듯하니 可以望京洛
도성 안에 그리운 내 집 있지만 京洛有吾家
사람 없어 적막감에 잠겼으리라 人亡簾戶闃
너무나도 가련한 배 속의 아이 絶憐腹中兒
태어나서 곧바로 숨을 거두니 落地俄不育
애통함이 마침내 빌미가 되어 哀傷遂作祟
죽을 때도 원통하여 눈물 흘렸네 冤淚死盈睫
지아비는 근친(覲親) 가서 안 돌아오고 夫子覲未還
시부모는 영남 땅에 머물러 있어 舅姑在南邑
덩그러니 빈소에 놓인 널 하나 一棺廓獨處
두어 명의 노복이 지킬 뿐이네 守者數婢僕
운명이 어찌 이리 기구한 건지 嗚呼奈何天
이웃들도 비통하고 가련해하네 里閭猶悲惻
내 노정은 헛되이 지체되건만 我行其虛徐
영령은 간절히 날 기다리리라 精靈望我切
비통하게 조령에서 시를 읊는데 悲吟鳥嶺歌
미점에는 새 달이 벌써 떴구나 薇店已新月

조령 점사에서 아내 꿈을 꾸고 일어나 심경을 읊다

鳥嶺店舍 夢起感吟

하늘 밑 산성에는 눈이 개지 않았는데	天壓重城雪未開
두어 집에 연기 피고 만 솔이 슬피 우네	數家煙火萬松哀
외로운 혼 천 길이나 되는 재를 마다 않고	孤魂不怕千尋嶺
낭군의 여정 좇아 이곳까지 이르렀네	又逐郎行此地來

숭선리[245] 점사에서 아내가 스스로 "살아 돌아왔다."라고 말하는 꿈을 꾸었다. 깨어난 뒤에 눈물을 주체할 길이 없어 두서없이 쓰다

崇善店 夢室人自言生還 覺後不勝涕淚 聊書此

쓸쓸한 촌 점사에 달이 지는 시간인데	野店蕭蕭落月空
새벽 날씨 하도 추워 등불조차 희미하네	曉寒燈焰不成紅
꿈속에선 죽은 자도 살아서 돌아오니	死人亦有生還日
어찌하면 인간 세상 꿈과 같이 될 수 있나	安得人間似夢中

245 숭선리(崇善里) : 충주(忠州) 서쪽 신니곡면(申尼谷面)에 속했던 마을이다.

용인 점사에서

龍仁店

어둠 깔린 산골 마을 눈이 울을 감쌌는데	暝入山村雪擁籬
주모의 포대기엔 칭얼대는 어린아이	主人襁裏有啼兒
집이 좁고 누추한들 무슨 상관 있겠는가	繩樞甕牖何妨窄
아이 낳고 나무하면 즐거움이 예 있으니	妻產夫樵樂在斯

옛집에 도착하다

到舊第

해진 수건 낡은 경대 해는 지려 뉘엿뉘엿　　敗帨殘奩日欲曛
널 하나가 적막하니 울부짖은들 들을까　　一棺冥寂叫何聞
빈 뜰에 눈 쌓이고 사람 자취 없는데　　虛庭積雪無人跡
천 리 밖의 낭군이 이제서야 도착했네　　千里阿郎始到門

정월 대보름 밤에

上元夜

해마다 밝은 달이 뜨는 정월 대보름날	每歲佳辰上元夜
달을 향해 아들 낳게 해 달라고 빌던 아내	山妻拜月願生男
가련하게 세상 뜨고 아들도 못 봤는데	可憐人死仍無子
변함없이 봄 도성은 환한 달빛 머금었네	依舊春城月色含

아내의 장례 때 아버님이 천 리 밖 병산에서 올라오셔서 이삼십 일을 머물고 관아로 돌아가셨다. 아버님과 헤어지는 날 슬프고 서운한 심정을 가눌 길이 없어 심경을 시에 드러내다

室人之葬 家大人自屛山千里駕臨 留數旬還衙 去留之際 不勝凄黯 情見于詩

갑작스런 죽음으로 매사가 다 글렀는데	沙刦蒼茫萬事非
한양에는 봄이 가고 주룩주룩 비가 오네	禁城春盡雨淋扉
빈 뜰에는 여전히 개가 집을 지키고	依依守屋空庭犬
상자 속의 옷에는 향기 아직 남았어라	黯黯留芬故篋衣
새가 우는 새벽 창엔 꿈이 짧아 싫거니와	啼鳥曉窓嫌夢短
꽃이 지는 골목에는 사람이 드물구나	落花深巷見人稀
내일 아침 눈물로 아버님을 전송하면	朝來泣送南歸旆
풀이 돋은 병산에는 잔도가 희미하리	芳草屛山棧道微

아내가 쓰던 상자와 궤를 팔라고 권하는 사람이 있기에 시로 답하다
人有勸賣舊用箱几者 詩以答之

빈방에 석양빛이 뽀얀 먼지 비추는데	空堂返照曖遊塵
붉은 궤와 검은 상자 자취 이미 묵었어라	彤几𣝌函跡已陳
잘 간직해 두라고 여종에게 일러두니	細飭女奚勤護視
훗날에 제사 모실 사람에게 전해 주리	他時傳與祭君人

함평 현감으로 나가는 정현로[246] 항령 를 전송하다
送鄭玄老 恒齡 出宰咸平

등불 밝힌 대궐 깊이 성왕께서 계신 곳에	三淸華燭玉皇尊
어사가 만언소(萬言疏)를 담은 상자 올렸는데[247]	御史琅函一萬言
어찌하여 공명은 지방관에 불과한가	何事功名猶下邑
경세제민(經世濟民) 계책 올려 왕을 감동시켰건만	當時經濟動宸閽
봄날에 섭석 따라 구가 소리 퍼져 가고[248]	春隨葉舃村謳發
꽃 에워싼 반여[249]에는 어른대는 밝은 햇살	花擁潘輿日彩翻
조정에서 균역법의 시행 급히 여긴다니	聞說廟堂均稅急
포부 펼쳐 성은에 보답하게 될 날 오리	能將抱負答君恩

246 정현로(鄭玄老) : 정항령(鄭恒齡, 1700~?)으로, 본관은 하동(河東)이며, 현로는 그의 자이다. 1743년(영조19) 알성 문과에 급제한 뒤 동몽교관(童蒙敎官), 예문관 검열, 사헌부 지평 등을 역임하였다. 지리학에 밝았고, 특히 백리척(百里尺)을 사용하여 〈동국대지도(東國大地圖)〉를 제작해서 영조의 칭찬을 받았다고 한다.

247 어사(御史)가……올렸는데 : 1750년(영조26) 3월 14일, 정항령이 사헌부 지평으로서 대리청정 중이던 세자에게 양역(良役)에 관련된 폐단 등 여러 가지 사안에 대해 장문의 상소를 올린 것을 말한다. 사헌부가 옛날 어사대(御史臺)와 같은 역할을 하는 기관이므로 '어사'라고 지칭한 것이다.

248 봄날에……가고 : 정항령이 고을을 잘 다스려 백성들의 칭송이 도성까지 들려올 것이라는 말이다. 섭석(葉舃)은 후한(後漢) 왕교(王喬)가 섭현(葉縣)의 현령으로 재직할 때 신발을 오리로 만들어 타고 날아서 도성(都城)을 오갔다는 고사를 인용한 것이다.《後漢書 卷82 方術列傳 王喬》

249 반여(潘輿) : 정항령이 어머니를 모시고 함평으로 부임하기 때문에 한 말이다. 401쪽 주77 참조.

홀로 밤을 보내며 심경을 적다

獨夜書懷

봄부터 여름까지 빈집에서 기식하니	空齋寄食夏兼春
명색은 주인이나 도리어 손님 같네	也道主人還是賓
깜깜해진 묵은 뜰엔 기다리는 이 있을 듯	黯黯荒庭如有待
아득한 새벽꿈은 깨고 나면 허망할 뿐	茫茫曉夢每非眞
담장 옆의 늙은 나무 안개 속에 꽃이 피고	頹垣老樹煙華濕
빈 골짜기 깊은 샘에 날 저물자 바람 이네	空谷幽泉暝籟新
절서가 점차 변해 묵은 자취 희미하니	時序漸移陳跡曖
적막한 등불 아래 슬픈 심정 암담해라	寂寥燈下暗傷神

백저행

白紵行

눈부시게 하얀 모시 흰 눈처럼 깨끗하니　皎皎白紵白如雪
집사람이 죽기 전에 옷을 짓던 것이라네　云是家人在時物
집사람이 어렵사리 남편 위해 마련해서　家人辛勤爲郎厝
옷을 짓다 못 끝내고 먼저 죽고 말았어라　要襋未了人先歿
늙은 침모 묵은 상자 열어 보고 울먹이며　舊篋重開老姆泣
솜씨 없어 아씨 대신 지을 수가 없다 하네　誰其代斲婢手拙
온폭을 이미 잘라 마름질은 끝마쳤고　全幅已經刀尺裁
두어 줄 바느질한 흔적이 남아 있네　數行尙留針線跡
아침에 시험 삼아 빈방에서 펼쳐 보니　朝來試拂空房裏
어렴풋이 당신 얼굴 다시 보는 것만 같소　怳疑更見君顔色
지난날 창가에서 바느질을 하던 때에　憶昔君在窓前縫
이 옷 입은 나를 보지 못할 술을 알았겠소　安知不見今朝着
물건은 하찮아도 나에게는 소중하니　物微猶爲吾所惜
당신 손길 닿은 옷을 다시 입기 어려우리　此後那從君手得
황천의 당신에게 누가 내 말 전해 줄까　誰能傳語黃泉下
모시옷이 낭군 몸에 아주 잘 맞는다고　爲說穩稱郎身無罅隙

지은이 **채제공(蔡濟恭)**

1720년(숙종46)~1799년(정조23). 조선 후기의 문신으로, 본관은 평강(平康), 자는 백규(伯規), 호는 번암(樊巖)·번옹(樊翁)이며, 시호는 문숙(文肅)이다. 1743년 문과 정시에 병과로 급제하여 승문원권지부정자에 임명되면서 관직 생활을 시작하였다. 1748년 11월 영조의 특명으로 시행한 한림소시(翰林召試)에서 수석을 차지하여 예문관의 사관이 되었고, 이후 대사간, 한성 판윤, 병조 판서, 예조 판서, 호조 판서 등을 역임하였다. 1780년 역적 홍국영과의 친분, 사도세자에 대한 신원 주장으로 공격을 받자 사직하고, 명덕산(明德山)과 노량(鷺梁) 등지에서 은거하였다. 1788년 우의정이 되었으며 2년 후 좌의정으로 승진하면서 3년간 혼자 정승을 맡아 국정을 운영하였다. 영조가 사도세자의 죽음을 후회하여 기록한 〈금등(金縢)〉을 정조와 함께 보관할 유일한 신하로 채택될 만큼 두 국왕의 깊은 신임을 받았으며, 정조의 탕평책을 추진한 핵심적인 인물이었다. 사후인 1801년 황사영백서사건(黃嗣永帛書事件)으로 관작이 추탈되었다가 1823년 영남만인소로 신원되었다. 문장은 소차(疏箚)에 능했고, 시풍은 위로는 이민구(李敏求)·허목(許穆), 아래로는 정약용(丁若鏞)으로 이어진다고 한다. 문집으로 《번암집》이 있다.

옮긴이

조순희(趙順姬)

경북 안동에서 태어났다. 국민대학교 대학원에서 조선시대사로 석사 학위를 받았다. 민족문화추진회 국역연수원 상임연구부를 졸업하였고, 한국고전번역원에 재직 중이다. 번역서로 《홍재전서》, 《기언》, 《명재유고》, 《허백당집》, 《회재집》 등이 있다.

번암집 2

채제공 지음 | 조순희 옮김

2017년 9월 30일 초판 1쇄 발행

발행인 신승운 | 발행처 한국고전번역원
등록 2008. 3. 12. 제300-2008-22호
주소 (03000) 서울시 종로구 비봉길 1
전화 02-6263-0464 | 팩스 02-6339-0724 | 홈페이지 www.itkc.or.kr

연구총괄 이기찬 | 연구기획 이신경
자문 임정기

책임편집 한문희 | 편집진행 박정열
편집교정 서세영 송숙희 | 조판 김지현 | 제작 김형석
디자인 씨디자인 | 인쇄 ㈜완산정판

값 20,000원
ISBN 978-89-284-0428-5 94810
978-89-284-0427-8 (세트)
* 이 책은 2017년도 교육부 고전번역사업비로 출간한 것임.